난생 처음 한번 공부하는
동양미술 이야기

4 5호16국과 남북조시대 미술
중원과 변방의 충돌, 새로운 중국이 태동하다

난생 처음 한번 공부하는 동양미술 이야기 4
- 5호16국과 남북조시대 미술

2025년 3월 27일 초판 인쇄
2025년 4월 8일 초판 펴냄

지은이   강희정

단행본사업본부장   강상훈
편집위원   최연희
구성·책임편집   윤다혜
편집   엄귀영 이희원 조자양 김남윤
마케팅   윤영채 정하연 안은지 박찬수 강수림
디자인   위앤드
일러스트   김보배 김지희
인쇄   영신사

펴낸이   윤철호
펴낸곳   (주)사회평론
등록번호   10-876호(1993년 10월 6일)
전화   02-326-1182(마케팅)
이메일   naneditor@sapyoung.com

ⓒ강희정, 2025

ISBN 979-11-6273-341-7 03600

책값은 뒤표지에 있습니다.
사전 동의 없는 무단 전재 및 복제를 금합니다.
잘못 만들어진 책은 구입하신 서점에서 바꾸어 드립니다.

난생 처음 한번 공부하는
동양미술 이야기

4 5호16국과 남북조시대 미술
중원과 변방의 충돌, 새로운 중국이 태동하다

강희정 지음

사회평론

개척의 시대
도약하는 미술

시간은 물처럼 흐르고 세상은 빛처럼 빠르게 변합니다. 선사시대 문명의 발생부터 동서 교역의 상징, 실크로드의 미술을 두루 다룬 『난처한 동양미술 이야기』가 벌써 4권에 이르렀네요. 눈부시게 환한 문명을 꽃피운 아시아에서도 시간은 어김없이 흐르고 그만큼 미술도 풍성해졌지요.

• • •

4권에서는 외래문물의 홍수 속에 변화의 기로에 선 3~6세기 중국의 미술이 펼쳐집니다. 동과 서, 좀 더 정확히는 중국과 중앙아시아 사이에 교역이 활발하던 시기의 미술이죠. 서 멀리 페르시아와 로마의 문물까지 중국에 전해진 때였어요. 그 중심에는 무기를 들고 말을 탄 북방 유목민과 상업의 귀재 소그드인의 활약이 있었습니다. 유목민을 포함한 북방의 이민족들은 살기 좋고 풍요로운 땅을 찾아 남하했습니다. 그 과정에서 한족과 마찰을 빚으며 서로 힘을 겨뤘어요. 마찰은 곧 크고 작은 전투로, 마침내 전쟁으로 이어져 결국 한족은 이민족 앞에 무릎 꿇고 맙니다. 이로써 이민족은 오랜 세월 한족의 땅이었던 중원을 차지하게 되고, 한족은 중원에서 쫓겨나 남쪽으로 달아나지요. 그렇게 중국 북방을 장악한 이민족과 남방의 한족은 각자의 자리에서 미술을 탄생시켰습니다. 놀라우리만치 서로 다른 모습의 미술을 말이에요.

쟁기질한 밭에서 곡식이 더 쑥쑥 자라고 열매가 풍성하게 열린다는 사실을 아나요? 딱딱하게 굳은 흙을 쟁기질로 풀어주면 땅이 숨 쉴 수 있게 되고, 땅속 영양분도 고루 섞이기 때문이죠. 중국 북방에 발 디딘 대표적인 다섯 이민족, 즉 5호의 말발굽은 중원이라는 굳은 땅을 송두리째 갈아엎는 쟁기와 다름없었습니다. 중원은 5호를 통해 비로소 갖가지 열매가 주렁주렁 열리는 비옥한 땅으로 거듭나니까요. 이민족이 중국 땅에 가져온 문화와 그들 특유의 개방성은 중국에 새로운 미술의 씨앗을 심었습니다. 그중 하나가 불교 미술이에요. 중국 북방의 이민족 왕들은 인도와 서역의 고승들을 불러다 불교 경전을 번역하게 했습니다. 대규모 석굴사원을 짓고, 불상을 조성했죠. 신앙의 공간을 장엄하게 만들기 위해 석굴사원 곳곳을 벽화로 치장했습니다. 한나라 때는 전혀 볼 수 없던 새로운 방식의 그림이었어요.

한편 남쪽으로 쫓겨간 한족은 패배의 충격으로 실의에 빠져 지냈습니다. 그러나 이들은 그 절망까지 그러모아 미술의 동력으로 삼았어요. 그 결과 남방은 산수(山水)라는 새로운 미술 영역을 개척했습니다. 아무 쓸모 없는 그림은 왜 그리는지, 인간에게 그림은 왜 필요한지 설명하기 위해 화론(畫論)을 만들었죠. 불안과 좌절로 황폐해진 마음은 어느덧 미술 속에서 위안을 얻었습니다. 그뿐인가요? 한족은 기름지고 다채로운 남방의 풍토를 활용해 도자기를 개발하는 데도 성공합니다. 새로운 땅에서 제대로 기술적 성취를 이룬 거예요. 이처럼 3~6세기 중국 북방과 남방은 자신들만의 고유한 미술을 빚어냈습니다.

...

어떤 이는 이 시대를 한(漢)과 호(胡)가 대결하고 융합한 시대라고 말합니다. 사람을 주체로 두면 맞는 말이죠. 동시에 중국이라는 땅 자체를 놓고 본다면 이 무렵은 남과 북의 개척 시대라고 할 수 있어요. 이전에 없던 새로운 문명으로의 도전과 개발이 이루어진 시대라는 뜻입니다.

삼국시대, 5호16국시대, 남북조시대를 관통하는 말이 바로 '개척'입니다. 19세기 미국에 서부 개척의 바람이 불었던 것처럼 이 무렵 중국은 지금까지와는 차원이 다른 변화와 혁신을 마주하게 됩니다. 보다 나은 기술과 새로운 기법을 활용해 자신들의 취향을 한껏 드러낸 이 시대의 미술을 만나볼까요?

난생 처음 한번 공부하는 동양미술 이야기 4 — 차례

서문: 개척의 시대, 도약하는 미술 • 005
이야기를 읽기 전에 • 010

I 충돌하는 두 세계
— 5호16국시대가 열리다

01 초원의 기억 • 015
02 북방 유목민이 몰려오다 • 053
03 중국으로 가는 길 • 107
04 하늘에서 땅으로, 땅에서 하늘로 • 149

II 위협하는 자와 위협받는 자
— 남북조시대: 남조와 북조의 미술

01 대나무 숲에서 노니는 마음 • 187
02 용이 날아간 순간 • 219
03 두 개의 그림 • 261
04 호는 한의 모자를, 한은 호의 모자를 • 303
05 흙과 불의 연금술 • 341

III 입에는 꿀을, 손에는 아교를
─ 중국의 소그드인

01 실크로드의 트렌드 세터 ・387
02 불을 숭배하는 사람들 ・425
03 중원의 새로운 이방인 ・469

인명·지명 찾아보기 ・526
사진 제공 ・531

이야기를 읽기 전에

- 본문에는 내용 이해를 돕기 위한 가상의 청자가 등장합니다. 청자의 대사는 강의자와 구분하기 위해 색글씨로 표시했습니다.

- 미술 작품과 유물 도판의 캡션은 작가명, 작품명, 연대, 출토지, 소장처 순으로 표기했습니다. 독서의 편의를 위해 본문에서는 별도의 부호로 표시하지 않았습니다. 작품명과 연대는 소장처 정보를 바탕으로 학계의 일반적인 기준을 따라 적었습니다. 작가명과 출토지는 표기할 필요가 없는 경우엔 생략했습니다.

- 외국의 인명 및 지명은 국립국어원 어문 규정의 외래어 표기법을 따랐습니다. 다만 관용적으로 굳어진 일부 이름은 예외를 두었습니다. 중요한 인명과 지명은 검색하기 쉽도록 원어명 또는 영어를 병기해 책 뒤에 실어놓았습니다.

- 단행본은 『 』, 논문과 신문은 「 」, 영화 등 기타 작품 이름은 〈 〉로 표기했습니다.

- 따로 온라인 부가 자료가 있는 경우 QR코드를 넣어두었습니다. QR코드를 스캔하면 공식사이트 nantalk.kr의 해당 자료 페이지로 연결됩니다.

참고 **QR코드 스캔 방법** (아래 방법은 스마트폰 기종에 따라 달라질 수 있습니다)

❶ 네이버, 다음 등 포털 사이트 어플/앱 설치

❷ 네이버: 검색 화면 하단 바의 중앙 녹색 아이콘 클릭 …▸ QR/바코드
  다음: 검색창 옆의 아이콘 클릭 …▸ 코드 검색

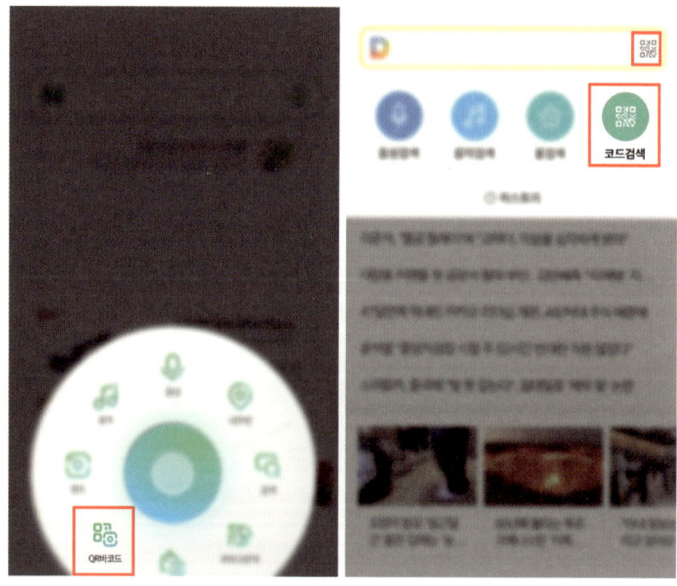

❸ 스마트폰 화면의 안내에 따라 QR코드 스캔
  ※ 위 방법이 아닌 일반 카메라 어플/앱을 이용할 수도 있습니다.

I

충돌하는 두 세계

— 5호16국시대가 열리다 —

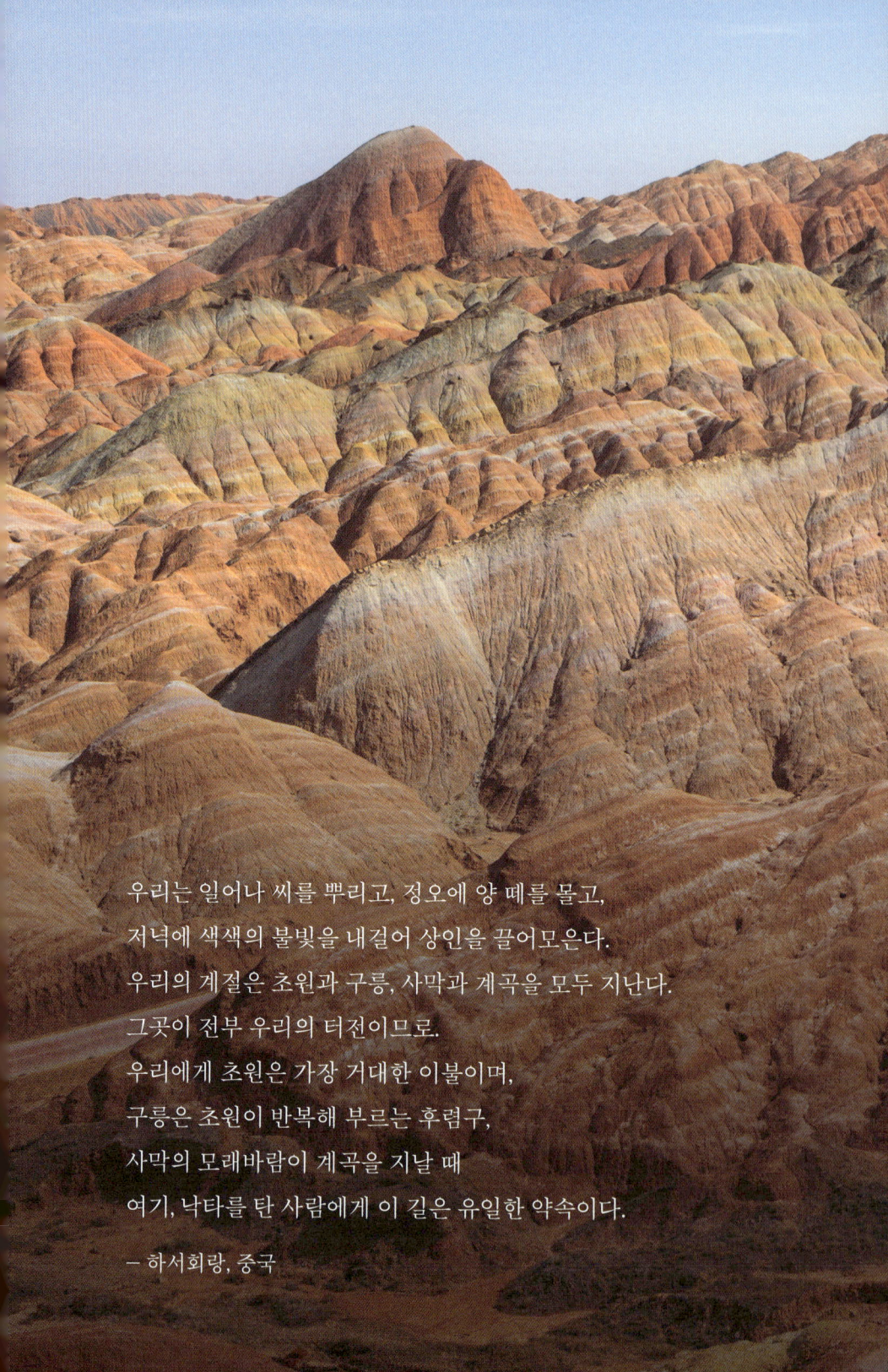

우리는 일어나 씨를 뿌리고, 정오에 양 떼를 몰고,
저녁에 색색의 불빛을 내걸어 상인을 끌어모은다.
우리의 계절은 초원과 구릉, 사막과 계곡을 모두 지난다.
그곳이 전부 우리의 터전이므로.
우리에게 초원은 가장 거대한 이불이며,
구릉은 초원이 반복해 부르는 후렴구,
사막의 모래바람이 계곡을 지날 때
여기, 낙타를 탄 사람에게 이 길은 유일한 약속이다.

– 하서회랑, 중국

사라지는 이유를 별들로 둘러대도
생성하는 근원은 풀줄기로 나온다.

— 바오긴 락그와수렌, 「묘지」

＃ 01

초원의 기억

#만리장성 #유목민 #유라시아 초원 #동물 장식

중국 만리장성은 우주에서도 보인다는 말이 있죠. 어느 우주비행사의 입에서 나온 이 이야기는 여기저기 퍼져 오래도록 사실로 여겨졌어요. 최근 미국 항공우주국 나사(NASA)가 그렇지 않다고 밝히기 전까지는요.

어쩐지 환상이 깨진 것 같아 아쉬운 마음이 드네요.

하지만 누가 뭐래도 만리장성은 세계에서 가장 큰 규모를 자랑하는 장성입니다. 2012년 중국은 만리장성의 길이를 21,196킬로미터로 공식 발표했어요. 지구 둘레가 약 4만 킬로미터이니 지구 반 바퀴에 해당하는 어마어마한 길이입니다. 그런데 이 주장을 곧이곧대로 받아들이기엔 찜찜한 면이 있는 것도 사실이에요. 중국이 발표한 21,196킬로미터에는 고구려와 발해의 성곽이 포함되거든요.

만리장성
중국 북부에 길게 걸쳐 있는 만리장성은 중국을 대표하는 유적으로, 한 해 평균 1천 만 명의 관광객이 찾아오는 명소다. 현재 만리장성은 일부 구간만 관광이 가능하다.

고구려와 발해는 우리나라 역사잖아요.

맞습니다. 그래서 일부 사람들은 중국이 만리장성의 길이를 고무줄처럼 늘이고 있다며 비판하기도 합니다. 동북공정이라는 거죠.
만리장성의 역사는 지금으로부터 2,200년 전으로 거슬러 올라갑니다. 중국의 그 유명한 진시황이 만리장성을 쌓았어요. 그러나 오늘날 우리가 보는 만리장성은 진시황이 쌓은 만리장성과 위치나 외관이 조금 다릅니다.

지금 중국에 있는 만리장성이 진시황이 쌓은 게 아니라는 건가요?

오늘날 우리가 보는 만리장성은 14세기 명나라가 흙으로 된 장성의 성벽을 허물고 벽돌로 다시 쌓은 겁니다. 그 과정에서 만리장성의 위치도 조금 남쪽으로 내려갔어요. 아래 지도를 보세요. 중국 서쪽에 있는 가욕관부터 동쪽 산해관까지가 명나라 때 조성된 만리장성입니다.

천년이 지나서 만리장성을 다시 쌓은 이유가 있나요?

사실 만리장성은 명나라 때만 재정비된 게 아닙니다. 진나라 때부터 명나라 때까지 무려 1,500여 년간 꾸준히 보수됐어요. 보통은 북방 유목민의 침략을 막아내기 위해서였다고 하죠. 고대 중국인들은 북방 유목민을 무척 경계했거든요.

만리상성 위치
기원전 214년 진시황이 쌓은 만리장성과 14세기경 명나라가 다시 쌓은 장성은 성벽의 모양이나 위치에 차이가 있다. 오늘날 우리가 보는 만리장성은 명나라 때 조성된 장성이다.

짐승의 탈을 쓴 사람들

인면수심(人面獸心)이라는 말을 들어봤을 겁니다. 사람의 얼굴에 짐승 같은 마음이라는 뜻의 사자성어죠. 인면수심은 반고라는 한나라 학자가 '오랑캐들은 머리를 풀어헤치고 옷깃을 왼쪽으로 여미며 사람의 얼굴을 하였으되 마음은 짐승과 같다'라고 쓴 글에서 유래했습니다. 여기서 말하는 오랑캐가 흉노예요. 흉노는 당시 북방 유목민을 대표하는 유목민족이었습니다.

중국에서 흉노에 대한 평가가 무척 야박했네요.

수치와 예의를 모르는 종족이라며 비난받았죠. 아래는 중국 문헌 「흉노열전」에 나오는 기록입니다.

> (흉노는 싸움이 유리하면) 나아가고 불리하면 물러났는데, 달아나는 것을 수치로 여기지 않았다. 오로지 이익이 있는 곳에 있고자 할 뿐 예의를 알지 못했다. 임금부터 (그 아래의 모든 사람들이) 가축의 고기를 먹고 그 가죽과 털로 옷을 해 입었다. 젊은이가 기름지고 맛있는 음식을 먹고 늙은이는 그 나머지를 먹었다. 건장한 사람을 중히 여기고, 노약자들을 경시했다. 아비가 죽으면 (그를 잇는 아들이) 그 후처를 아내로 맞고 황제가 죽으면 (남아 있는 형이나 아우가) 그 아내를 차지하였다. … (높은 사람의 이름을) 부르는 것을 꺼리지 않았으며 성(姓)이나 자(字) 같은 것은 없었다.

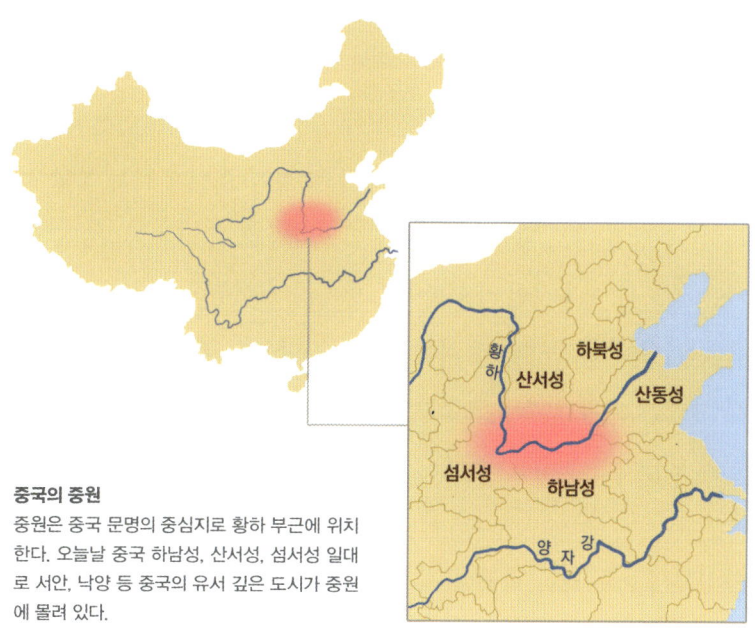

중국의 중원
중원은 중국 문명의 중심지로 황하 부근에 위치한다. 오늘날 중국 하남성, 산서성, 섬서성 일대로 서안, 낙양 등 중국의 유서 깊은 도시가 중원에 몰려 있다.

어른을 공경할 줄도 모르고 미개한 풍속을 지녔다고 말하는 것 같은데요.

그렇습니다. 반면 한나라 사람들은 스스로를 유구한 역사와 전통을 지닌 문명인이라고 생각했습니다. 그도 그럴 것이 한나라를 세운 한족은 기원전부터 황하 일대에서 문명을 일으킨 민족이었어요. 위 지도의 붉은색 표시를 보세요. 예로부터 중국인들은 이곳을 중국 문명의 중심지라는 뜻에서 중원(中原)이라 불렀습니다. 오늘날 중국인들이 자신들의 원류로 삼는 조상이 바로 중원의 한족이에요.

한족 하면 중원, 중원 하면 한족이라는 거네요.

문명인이라는 자부심으로 똘똘 뭉친 한족은 자신을 천하의 중심이라 여기고 중원 바깥의 이민족을 모두 오랑캐라 부르며 업신여겼습니다. 특히 중국 한족이 가장 멸시했던 부류가 초원에 사는 북방 유목민, 즉 말을 타고 활을 쏘는 기마 민족이었죠. 이들의 거침없고 사나운 태도와 이질적인 생활방식은 한나라 사람들에게 충격과 공포를 안겨줬어요. 문명의 흔적이라곤 눈곱만큼도 찾을 수 없는 미개한 야만인, 오랑캐 중의 오랑캐, 그것이 한족의 눈에 비친 북방 유목민의 모습이었습니다.

자신들과 너무 달라 폄하하는 마음이 들었나 봐요.

사실 유목민을 야만인으로 여긴 건 한족만이 아니었습니다. 그리스, 로마 등 서양 문화권에서도 유목민은 약탈과 침략을 일삼는 잔인한 종족으로 묘사됐어요. 유목민이 전 세계적으로 활약한 4~6세기경 유럽에서는 유럽 대륙을 휩쓸었던 유목민, 즉 훈족을 문명의 파괴자, 마녀들에게서 태어난 자식, 신의 재앙이라 부르며 악마화하기도 했습니다.

그럼 유목민들은 중국이나 유럽 사람들을 어떻게 생각했나요?

안타깝게도 유목민의 기록은 발견된 게 없습니다. 오늘날 우리가 확인할 수 있는 건 그리스인이나 로마인, 중국인과 같은 정주민이 유목민에 대해 남긴 기록이 대부분이에요. 정주민은 유목민과 반대되는 말로 일정한 곳에 자리 잡고 사는 사람을 말합니다.

유목민이 남긴 기록을 볼 수 없다니 아쉬워요.

동감입니다. 이처럼 정주 세계를 문명으로, 유목 세계를 야만으로 바라보는 일방적인 관점은 오늘날까지 이어지며 유목민에 대한 오해와 편견을 낳았어요. 진시황이 쌓은 만리장성도 그중 하나죠.

| 방어냐 침략이냐 |

많은 사람이 진시황의 만리장성을 두고 북방 유목민의 침략을 막기 위해 쌓은 장성이라고 말합니다. 그러나 이러한 인식에는 유목민은 가해자, 중국 정주민은 피해자라는 선입견이 깔려 있어요. 그 말이 사실이라면 만리장성은 그저 야만적인 유목민들로부터 중국 정주민을 보호하기 위해 쌓은 성벽이 됩니다.

듣고 보니 그러네요. 뭔가 한쪽 편만 드는 것처럼 꺼림칙해요.

중국이 북쪽에 장성을 쌓은 건 기원전 4세기경 전국시대부터였어요. 전국시대는 중국이 여러 나라로 쪼개져 다투던 때였습니다. 그중 몇몇 나라는 북방 유목민을 견제하고, 전쟁으로 확장한 영토를 외부에 알리려는 목적으로 장성을 쌓았어요. 이후 진나라가 중국을

오르도스와 만리장성
중국을 통일한 진시황은 오르도스 지역에 만리장성을 건설함으로써 북방 유목민의 침략을 막고 인근의 유목민과 이민족 세력을 몰아내고자 했다.

통일하자 진시황은 북쪽에 띄엄띄엄 있던 장성을 하나로 연결해 만리장성을 완성했습니다.

진시황이 처음부터 만리장성을 쌓은 게 아니군요.

네. 위 지도는 진시황이 만리장성을 쌓았을 무렵의 모습이에요. 만리장성 남쪽의 오르도스를 보세요. 이 땅은 본래 흉노의 초기 활동지였습니다. 그런데 진시황이 오르도스 부근에 만리장성을 축조하자 흉노는 이 지역에 더는 발 딛기 어렵게 됐어요. 하루아침에 근거지를 잃은 겁니다.

오르도스시에 위치한 신도시 강파십
오르도스의 'orda'는 고대 튀르크어로 수많은 궁전을 의미한다. 오르도스고원 중남부에 위치한 강파십은 2000년경 건설된 신도시로, 유적지와 박물관, 테마 광장 등이 즐비한 관광특구다.

| 계절 따라, 풀 따라 |

유목민들은 떠돌며 사는 사람들 아닌가요? 근거지가 있다니 무슨 말인가요?

우리가 갖는 가장 큰 오해가 유목민을 정처 없이 떠도는 존재라고 생각하는 겁니다. 하지만 그렇지 않아요. 유목민들에게는 봄, 여름, 가을, 겨울 각 계절마다 일정하게 머무르는 거주지가 있었어요.

이런 이야기는 처음 들어요.

이해합니다. 본격적인 이야기를 하기 전에 유목민들의 주무대인 유라시아 초원에 대해 살펴볼 필요가 있겠군요. 아래 지도의 붉은색이 유라시아 초원입니다. 헝가리에서 중국 동북부 지역에 이르는 유라시아 초원은 기원전 1000년경부터 유목민들이 삶을 꾸린 땅이었어요. 일찍이 이곳을 휘젓고 다녔던 유목민들이 스키타이와 흉노입니다.

스키타이는 기원전 1000년경, 흉노는 기원전 400년경 등장한 유목민이에요. 알타이산맥 근처 파미르고원을 경계로 서쪽은 스키타이가, 동쪽은 흉노가 위세를 떨쳤습니다. 두 유목 세력은 활동 지역이 달랐지만 서로 비슷한 문화를 공유했어요.

유라시아 초원의 유목민들
스키타이는 유목민이 세운 최초의 국가로 카스피해 동쪽에서 흑해 북쪽 초원에 걸쳐 자리했다. 몽골 초원을 중심으로 활동한 흉노는 스키타이와 같은 문화를 공유했다.

저 넓은 땅에 사는 유목민들이 모두 다요?

초원에서의 삶은 어떤 민족이건 비슷합니다. 동일한 기후가 동일한 문화를 만든 셈이죠. 초원이 풀로만 뒤덮인 까닭은 춥고 건조한 기후 탓에 나무가 자라지 못하기 때문이에요. 유라시아 초원에 속한 몽골 초원만 해도 연 평균 강수량이 약 300밀리로, 우리나라 연 강수량의 10분의 1밖에 안 됩니다. 추운 데다 비도 적게 내리는 초원에서 벼농사를 짓거나 작물을 재배하는 일은 꿈도 꿀 수 없어요. 대신 유목민들은 소나 말, 양과 염소 같은 가축을 키웠습니다. 그래서 늘 가축을 배부르게 먹일 수 있는 목초지를 찾아 헤맸죠. 스키타이, 흉노 모두 마찬가지였어요.

그럼 그런 곳에 눌러살면 되지 왜 계절마다 이동하는 건가요?

가축을 데리고 한곳에 오래 머무르면 금세 초지가 파괴되기 때문입니다. 예를 들어볼게요. 유목민들이 가장 흔하게 기른 가축은 양입니다. 양은 무리 짓는 습성이 있어 떼로 몰려다녀요. 적게는 100마리, 많게는 300마리가 함께 생활하죠. 목초지는 한정돼 있는데 양 수백 마리가 1년 내내 한곳에서 풀을 뜯는다고 생각해 보세요. 풀이 남아날까요? 목초지가 황폐해지는 건 시간문제겠죠. 그러니 유목민들은 계절마다 가축을 데리고 이동할 수밖에 없었습니다.

양이 초원에서 풀을 뜯는 모습을 낭만적이라고 생각했는데….

유목민들이 오래도록 나라를 세우지 않고 씨족이나 부족 같은 소규모 단위로 뿔뿔이 흩어져 산 이유도 여기에 있습니다. 한곳에서 너무 많은 사람이 모여 목축을 하면 자연이 훼손되는 것을 피할 수 없기 때문이에요. 씨족·부족 중심의 이동 목축은 유목민 스스로를 위한 것이기도 했지만 궁극적으로는 생태계를 해치지 않으면서 다른 유목 부족과 더불어 사는 방법이었습니다. 유목 세계에 국경선이 없는 이유죠.

그러네요. 지도만 봐도 초원에는 국경선이 없어요.

반면 정주민들은 일정한 곳에 머무르며 해마다 같은 땅에서 농사를 짓습니다. 그 때문에 이들에게 땅은 반드시 정복하고 소유해야 하

는 대상이었어요. 땅을 소유하지 않고서는 생존이 어려웠기 때문입니다. 같은 이유로 정주민에게는 국경선을 긋는 일이 중요했어요. 국경선을 경계로 외부의 침략에 맞서고 적극적으로 자연을 개발하는 것이 이들의 방식이었죠. 정주 세계에서 울타리를 세우는 일이 당연했다면 유목 세계에서는 울타리를 허무는 일이 자연스러웠습니다.

유목민이건 정주민이건 세계를 대하는 나름의 관점이 있었네요.

그런 의미에서 만리장성은 정주 세계가 세운 울타리라고 할 수 있어요. 하지만 흉노에게 이 울타리는 이동 목축을 가로막는 장애물일 뿐이었습니다. 다시 오르도스로 돌아가볼까요?

몽골 초원
몽골 초원은 흉노의 주요 활동지로 흉노를 비롯한 여러 유목민들의 삶의 터전이었다. 초원의 유목민들은 가축을 데리고 물과 풀을 찾아 계절마다 이동하는 유목 생활을 했다.

오르도스고원
오르도스고원은 황하가 북쪽으로 크게 휘어져 흐르는 오르도스 만곡에 위치한다. 오르도스 만곡의 북쪽 지역은 하투(河套)라 불리는데 드넓은 초원이 펼쳐진 비옥한 곳이다. 흉노를 비롯한 유목민들은 이 지역을 차지하기 위해 중국과 치열한 경쟁을 벌였다.

막남과 막북
막남은 막북에 비해 습윤하고 자연환경이 쾌적해 유목민들이 선호한 지역이었다.

흉노의 초기 활동지였던 오르도스는 몽골 초원에 위치합니다. 몽골 초원은 고비 사막을 중심으로 남과 북으로 나뉘어요. 고비 북쪽은 막북, 고비 남쪽은 막남이라 불렀죠. 막북과 막남은 한자로 사막 막(漠) 자를 쓰는데, 막북은 사막의 북쪽을, 막남은 사막의 남쪽을 뜻합니다.

사막 근처의 땅은 황량하지 않나요?

오르도스가 있는 막남은 황하를 끼고 있어 목초지가 풍족할 뿐 아니라 음산산맥을 오가며 계절에 따라 유목 생활을 하기 좋은 곳이었어요. 겨울에는 오르도스로 이동해 추위를 피하고 여름에는 음산산맥 기슭으로 올라가 바람이 잘 통하는 곳에서 가축을 기를 수 있었죠. 그런데 진시황이 이 길목에 만리장성을 쌓아버렸습니다. 오르도스에서 활동한 흉노 입장에서는 생존을 위협받는 일이었어요.

갑자기 날벼락을 맞은 것 같았겠네요.

그렇습니다. 이 지역에서 이동 목축은 물 건너간 셈이죠. 그런데 흉노만 피해를 본 게 아니에요. 산지와 초원의 특징을 두루 갖춘 막남에서는 농사도 지을 수 있었던 까닭에 흉노 말고도 다양한 방식으로 생계를 꾸리는 사람들이 어울려 살았습니다. 목축과 농사를 병행하면서요. 진시황의 만리장성은 흉노뿐 아니라 막남에 거주하는 또다른 이민족들까지 장성 바깥으로 밀어냈습니다. 많은 사람들이 삶의 터전을 빼앗긴 거예요.

| 울타리를 넘어 |

그러나 흉노는 이 위기를 기회로 삼습니다. 오르도스를 넘겨주고 북쪽으로 쫓겨났지만, 곧 초원의 다른 유목 부족들과 손을 잡거든요. 타국의 전쟁포로들, 흉노와 함께 북쪽으로 밀려난 이민족들, 중국에서 도망치거나 추방된 한족 등도 여기에 흡수됩니다. 기원전 210년경 이들이 함께 모여 세운 나라가 바로 흉노제국이에요.

흉노제국에는 유목민이 아닌 사람도 있었던 거군요.

흉노제국은 초원에 뿔뿔이 흩어져 살았던 유목민들이 유목민이 아닌 사람들까지 모아 형성한 정치적 공동체였습니다. 인종, 언어, 고향이 다른 사람들이 중국이라는 거대한 제국에 맞서 나라를 세운 겁니다. 이후 흉노제국은 한나라의 조공을 받을 만큼 강력해져요. 한편 흉노의 눈치를 살피는 신세로 전락한 한나라는 전세를 뒤집을 기회만 노립니다. 흉노를 꺾기 위해 온갖 정보를 모으는 동시에 말을 잔뜩 수입해 흉노에 대항할 기마병도 조직하죠.

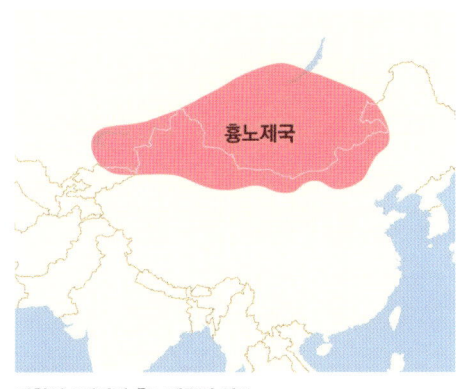

기원전 2세기경 흉노제국의 영토
기원전 2세기 흉노제국은 인근 유목 세력을 정벌해 영토를 넓히고, 한나라를 압박해 조공을 받아내는 한편 서역까지 진출한다.

그래서 한나라와 흉노가 또 맞붙나요?

네. 기원전 129년 단단히 준비를 마친 한무제는 흉노와의 전쟁을 선포합니다. 이를 기점으로 40년간 지속된 전쟁에서 흉노는 한나라에 주요 활동지를 모두 빼앗기고 남흉노와 북흉노로 분열해요. 남흉노는 한나라에 흡수되어 2세기경 멸망하고, 초원의 북흉노 역시 차츰 세력을 잃어 흩어지고 맙니다.

흉노도 결국 지는 태양이 됐군요.

흉노제국은 사라졌지만 그 이름은 후대에도 이어집니다. 한때 한나라라는 거대 제국과 맞설 만큼 위용을 떨쳤고 드넓은 영토를 점령했던 흉노는 초원의 기마 유목민을 대표하는 이름이 돼요. 흉노 이후 등장한 유목국가들은 자기네야말로 흉노를 계승한 나라라며 앞다퉈 목소리를 높였죠. 그중에는 신라 김씨 왕족도 있었습니다.

갑자기 신라가 나오네요?

김씨 왕족이 본격적으로 신라를 다스리기 시작한 4세기경은 북방 유목민들이 중국을 쥐락펴락할 만큼 강력하게 세력을 떨친 시기였어요. 이때 신라는 북방 유목민의 전설적 존재인 흉노를 자기네 선조라 주장하며 신라 김씨 왕족도 흉노 못지않게 강한 세력임을 과시했습니다. 7세기경 신라 문무왕은 무덤에 자기 조상이 흉노 출신의 중국 관료 김일제라고 남기기까지 했어요.

진짜인가요? 아니면 허풍인가요?

정확한 사실은 알 수 없습니다. 그러나 분명한 건 신라인들까지 흉노의 후예를 자처할 만큼 당시 흉노의 명성이 자자했다는 사실이죠. 페이지를 넘기면 강력한 기마 민족이었던 흉노의 기개를 보여주는 미술을 만날 수 있습니다. 중국 내몽골에서 발견된 흉노 왕의 금관입니다.

이런 모양의 왕관은 처음 봐요. 맨 꼭대기에 있는 건 새인가요?

— 투후제천지윤전칠엽

문무왕릉 비석
신라 문무왕릉에서 발견된 비문에는 투후제천지윤 전칠엽(秺侯祭天之胤傳七葉), 즉 "하늘에 제사 지내는 투후의 후손이 7대를 전하여…하였다"라는 문장이 나온다. 여기서 투후는 흉노 휴도왕의 아들 김일제(기원전134~86년)로, 한나라에 포로로 끌려왔다가 한무제의 총애를 받고 관직에 오른 인물이다.

| 동물에 둘러싸여 |

매입니다. 사진으로는 잘 보이지 않지만 매가 발 딛고 선 부분에 늑대가 양을 물어 죽이는 장면이 표현돼 있어요. 중앙의 매는 그 광경을 위엄 있는 자태로 내려다보고 있죠. 금관 중간 부분에 호랑이로 추정되는 동물이 이빨을 드러낸 채 사납게 으르렁거리고, 그보다 더 아래로 가면 뿔이 달린 양이 말과 머리를 맞대고 다투는 모습을 볼 수 있습니다. 동물들의 격렬한 싸움 장면이 고스란히 담긴 이 왕관은 초원의 분위기를 물씬 풍기는 한편 흉노 왕의 기세등등한 모습을 상상하게 합니다.

왕관의 동물 장식이 흉노왕과 특히 잘 어울리는 것 같아요.

초원에서 온종일 동물과 어울려 지낸 유목민들은 미술에 동물을 자주 등장시켰어요. 더욱이 유목민들은 밥 먹듯 사냥하며 맹수의 위협적인 모습을 자주 본 만큼 동물의 움직임을 더 면밀히 포착할 수 있었습니다. 동물끼리 다투거나, 맹수가 초식 동물을 잔혹하게 물어 죽이는 장면은 유목민 미술에 빈번히 등장해요. 동물의 모습을 사실적으로 묘사하면서 양의 뿔이나 호랑이의 이빨처럼 특징적인 부분을 더 두드러지게 표현하는 것도 유목민 미술의 유별난 점입니다.

그래서 동물의 모습이 유독 실감 나 보인 거군요.

매형 금관식, 기원전 3세기, 몽골 출토, 내몽골박물관
무게만 1kg이 넘는 황금관으로 매, 말, 양 등 동물들이 장식돼 있다. 흉노 왕의 무덤에서 출토됐다.

은제 말띠드리개, 기원전 1세기~기원후 1세기, 몽골 골모드 20호묘 출토
흉노인들은 정수리에 큰 뿔이 달린 일각수를 상서로운 동물로 생각했다.
다양한 동물의 모습이 섞여 있어 환상적인 분위기를 풍긴다.

그렇습니다. 유목민들은 실제 동물에도 관심이 많았지만 전설이나 상상 속 동물을 표현하는 일도 즐겼어요. 왼쪽은 흉노가 사용했던 말띠드리개로, 말걸이에 매달아 장식하는 물건입니다.

말띠드리개 속의 동물을 보세요. 얼굴과 몸통은 말처럼 보이는데 갈기는 없고 턱에 물음표를 거꾸로 매단 듯한 수염이 있어요. 생김새도 독특하지만 머리 위에 높이 솟은 뿔이 신비로워 보이죠. 배경에는 구불구불한 모양의 구름이 장식돼 있어 마치 전설 속 동물이 하늘을 날아다니는 것 같습니다.

서양의 유니콘이 생각나요.

마구의 종류

초원의 기억

| 황금을 지키는 사람들 |

아래 흉노 카펫에는 말띠드리개의 동물 못지않게 신비로운 동물이 표현돼 있어요. 카펫 상태가 좋지 않아 실물을 옮긴 일러스트로 카펫 전체 모습을 살펴보겠습니다.

요소가 무척 많네요.

언뜻 복잡해 보이지만 가만히 들여다보면 특정 문양이 반복되는 것을 알 수 있습니다. 카펫 한가운데에는 소용돌이무늬가, 카펫 가장자리에는 동물 두 쌍이 번갈아가며 표현됐어요. 옆에서 카펫에 등장하는 동물 문양을 더 자세히 볼 수 있습니다.

흉노 카펫 일러스트
카펫 한가운데에는 양털에 회오리무늬를 수놓았고, 테두리는 갈색 천을 둘러 동물들로 장식했다. 기하학적인 무늬, 동물 장식 등 유목민 미술의 특징을 잘 보여준다.

흉노 카펫(부분), 기원전 1세기~기원후 1세기, 몽골 출토, 예르미타시박물관
유목민들은 초원에서 자주 접하는 동물들뿐 아니라 상상 속 동물도 실감나게 묘사했다.

여기 동물들도 서로 다투고 있어요.

유목민 미술에 나타나는 동물들의 격투 장면은 생동감 넘치는 표현이 일품이에요. 동물들의 펄쩍거리는 움직임을 보세요. 그러나 표현 방식은 대부분 정형화돼 있어요. 맹수가 다른 동물을 물어뜯는 장면도 마찬가지죠.

위 그림에서 왼쪽에 있는 동물은 뿔과 눈, 입 언저리가 황소처럼 보입니다. 오른쪽 동물은 머리 주변에 갈기가 있어 언뜻 사자가 연상되지만 분명하진 않아요. 여러 동물의 외양을 합쳐놓은 듯하죠. 목덜미를 물려 잔뜩 흥분한 황소가 당장이라도 맞은편 동물을 뿔로 들이받을 기세예요.

흉노 카펫(부분), 기원전 1세기~기원후 1세기, 몽골 출토, 예르미타시박물관
유목민 미술에서 동물들의 격투 장면은 맹수가 자신보다 약한 동물을 물어뜯는 정형화된 모습으로 표현되는 일이 많았다.

위 그림 역시 반복되는 동물 그림 중 하나입니다. 입을 벌린 채 혀를 내밀고 필사적으로 달아나는 동물은 순록이에요. 정신없이 내달리는 순록의 다리가 얼마나 급박한 상황인지를 보여주지요. 뒤쪽에는 순록의 몸통을 바짝 끌어안고 등허리를 물어뜯는 동물이 있습니다. 날개가 있어 얼핏 새처럼 보이는 이 동물은 그리핀을 표현한 것 같아요.

그리핀이라고요? 난생처음 듣는 동물인데요.

스키타이 유목민 미술에 단골로 등장하는 상상의 동물이지요. 그리핀이라는 명칭은 그리스 신화에서 유래했어요. 그리스 역사가 헤로

도토스가 유라시아 초원 한복판 알타이산맥에 사는 유목민들을 '황금을 지키는 그리핀'이라 불렀던 게 계기가 됐죠. 말을 몰고 초원을 거칠게 달리는 유목민들의 모습을 신화 속 동물에 빗댄 겁니다.

그런데 왜 유목민들이 황금을 지킨다는 건가요?

알타이산맥은 기원전부터 금이 많이 나는 곳으로 유명했어요. 알타이라는 이름도 튀르크어로 황금을 뜻합니다. 맹수와 새의 모습이 합쳐진 그리핀은 황금을 사랑한 유목민들이 만들어낸 동물로 보통 사자의 몸에 독수리의 머리를 하고 있어요.

알타이산맥을 가로지르는 카툰강 풍경
알타이산맥은 러시아, 중국, 몽골, 카자흐스탄 일부에 걸쳐 있는 산맥으로, 시베리아 남쪽에 위치한다. 알타이 지역에 인류가 등장한 시기는 백만 년 전이며 여러 유목민들이 이 지역에서 활동했다. 사진 속 카툰강은 러시아 알타이 공화국과 알타이 지방을 흐르는 강이다.

스키타이 황금 목걸이, 기원전 4세기, 우크라이나 역사보물박물관
새의 얼굴에 짐승의 몸을 한 그리핀은 스키타이 유목민에 의해 흉노는 물론 중국, 그리스, 로마까지 전파되었다.

왼쪽은 기원전 4세기경 제작된 스키타이 유목민의 황금 목걸이입니다. 두 마리 그리핀이 말을 공격하는 모습이 표현됐죠.

이 그리핀은 얼굴이 닭처럼 생겼어요.

조류의 얼굴에 몸통은 맹수인 점이 흉노 카펫의 그리핀과 흡사합니다. 스키타이의 그리핀이 흉노 미술에서 발견되는 건 놀라운 일도 아니에요. 동물 모티프의 미술품은 유목민들이 활약했던 유라시아 초원 전역에서 수두룩하게 나오니까요. 스키타이와 흉노는 유목민으로서 비슷한 문화를 공유한 겁니다. 둘 다 동물을 비중 있게 다룬 미술을 남긴 점만 봐도 알 수 있죠. 유목민과 동물의 관계가 아주 밀접해 보입니다.

| 신성한 사슴의 뿔 |

그런데 스키타이 미술에 그리핀 이상으로 자주 등장한 동물이 또 있습니다. 바로 사슴이지요.

사슴이 등장하는 특별한 이유가 있나요?

유목민들에게 사슴은 신성한 존재였습니다. 유라시아 초원의 시베리아 지역에서는 선사시대부터 사슴뿔을 쓰고 춤을 추며 하늘과 소통하는 샤먼 의식이 행해졌어요. 시베리아 곳곳에 소규모로 흩어져 사는 에벤키족은 최근까지도 사슴뿔을 형상화한 관을 착용하고 의례를 치렀습니다.

사슴뿔이 신비로워 보여서 신성하게 생각한 걸까요?

시베리아 사람들에게 사슴뿔은 하늘과 땅을 이어주는 매개체로 인식됐습니다. 자르고 또 잘라도 계속해서 자

에벤키족의 샤먼관, 20세기 초, 아무르주립박물관
사슴뿔을 형상화한 샤먼관으로 몸체는 스웨이드로 제작했다. 관 한가운데는 둥근 청동 거울을 부착했고, 관 하단에 붉은색, 흰색 및 검은색 끈을 장식해 화려함을 뽐냈다.

라는 사슴뿔은 무한한 생명력을 상징했죠. 이 믿음은 초원의 유목민들에게 그대로 이어져 뿔이 강조된 사슴 장식을 탄생시켰습니다. 이런 모습의 미술품은 유라시아 초원 곳곳에서 발견돼요. 옆을 보세요. ①번 사슴 장식은 기원전 7세기경에 제작된 것으로, 유라시아 초원 서쪽 끝 흑해 연안에서 출토됐습니다. 아래 ②번은 알타이 지역의 파지리크 고분에서, ③번은 카스피해 북쪽에 있는 필리포브카 고분에서 발견된 사슴 장식이에요.

아래에 있는 사슴 장식들은 뿔이 아주 하늘을 뚫을 기세네요.

❶ 사슴 장식, 기원전 7세기, 흑해 연안 코스트롬스카야 고분 출토, 예르미타시박물관
❷ 사슴 장식, 기원전 5세기, 알타이 파지리크 2호분 출토, 예르미타시박물관
❸ 사슴 장식, 기원전 4세기, 카스피해 북쪽 필리포프카 고분 출토, 푸시킨수팁박물관

유목민들의 사슴 숭배 신앙은 선사시대부터 존재했으며 그 영향으로 뿔이 강조된 사슴 장식이 유목민 미술에 등장했다.

사르마트 금관, 1~2세기, 흑해 연안 노브체르카스크 호훌라치 고분 출토, 예르미타시박물관
금관 중앙에 있는 인물은 그리스·로마 여신으로 추정되며 그 위로 사슴 두 마리가 세계수를 지키고 있다. 사르마트의 여성 부족장이 사용한 금관으로 보인다.

그래서인지 유목민들의 사슴뿔을 하늘과 땅을 잇는다는 전설의 나무, 세계수와 관련지어 해석하기도 합니다. 시베리아 사람들은 예부터 죽은 이의 영혼이 나무에 깃든다고 믿었어요. 영혼이 깃든 나무가 하늘을 향해 가지를 뻗어, 망자의 영혼을 천상 세계로 데려다준다고 생각했죠. 사실 하늘과 땅을 이어주는 나무라는 신화는 세계 전역에 존재합니다. 사슴과 관련된 신앙 역시 유라시아에만 있었던 건 아니에요. 그러나 사슴뿔을 강조한 미술을 탄생시키고 그것을 널리 퍼뜨린 이들은 초원의 유목민들이었습니다.

미술은 역시 눈으로 볼 수 있게 표현하는 게 중요한 것 같아요.

유목민들은 세계수와 사슴의 모티프를 권력자의 위엄을 드러내는 데도 활용했어요. 스키타이의 뒤를 이어 기원전 3세기부터 기원후 2세기까지 흑해 연안을 차지한 유목민족 사르마트가 그랬죠. 왼쪽은 사르마트 부족장이 썼던 금관입니다. 금관 중앙에 세계수로 추정되는 나무가 보여요. 이 나무를 사이에 두고 화려한 뿔을 가진 수사슴 두 마리가 마주 서 있습니다.

이 사슴들도 뿔이 예사롭지 않네요.

그렇죠? 몽골 초원에서 생활했던 또다른 유목민인 선비족도 비슷한 미술품을 만들었습니다. 오른쪽은 선비족이 착용한 관모 장식으로, 직물이나 가죽으로 만든 모자에 끼워 사용하는 물건입니다. 나뭇가지처럼 뻗어 있는 사슴뿔 위에 나뭇잎 모양의 금판을 더해 생명의 나무 세계수를 암시했어요. 같은 유목민 미술 아니랄까봐 모티프가 비슷합니다.

다음 페이지 지도를 통해 지금껏

관모 금장식, 4~5세기, 북경국가박물관
중국 북방을 통일한 뉴복빈 선비속의 관모 장식으로, 사슴뿔과 나뭇가지가 동시에 연상되는 독특한 형태가 인상적이다.

유라시아 전역에 퍼져 있는 사슴 장식

048　　　　　　　　　　　　　　　　　　　　　Ⅰ 충돌하는 두 세계

살펴본 사슴 장식이 유라시아 초원 전역에 퍼져 있었음을 확인할 수 있습니다.

오른쪽 아래에 있는 건 신라 금관 아닌가요?

맞습니다. 심지어 유목민 미술의 영향은 신라 금관에까지 이어졌어요. 신라 금관은 출(出) 자 모양의 나뭇가지 장식과 사슴뿔 장식으로 이루어져 있습니다. 사슴뿔 모양을 그대로 형상화한 점은 선비족과 같지만 신라 금관의 사슴뿔 장식이 더 추상적이죠.

금관, 6세기 초, 경주 금령총 출토, 국립중앙박물관
금령총 금관은 신라 금관의 기본 형태를 따라 나뭇가지를 형상화한 출(出) 자 모양의 장식과 사슴뿔 장식으로 이루어졌다

금관만 놓고 보면 신라 문무왕이 자신을 흉노의 자손이라 일컬을 만하네요.

먼 옛날 시베리아의 제사장이 머리에 썼던 사슴뿔은 그로부터 수천 년이 지나 신라에서 왕이 쓰는 금관이 됐습니다. 하늘과 땅을 이어 주는 제사장의 사슴뿔이 어느새 금관으로 바뀌어 절대자의 권위를 상징하는 형상이 된 거예요.

초원의 유목민들은 척박한 자연환경에 적응하며 자신들만의 생활 양식과 미술을 탄생시켰습니다. 동시에 뼛속 깊이 새겨진 개방성으로 다른 지역의 문화도 거침없이 받아들였어요. 흉노제국이 탄생할 수 있었던 배경에는 이 같은 유목민들의 포용력이 있었습니다. 이들의 가장 강력한 무기는 다름 아닌 열린 마음이었어요.

나아가 유목민들은 말을 타고 드넓은 지역을 돌아다니며 자신의 문화는 물론, 세계 각지의 다양한 문화를 주변에 퍼트리는 사람들이었습니다. 그 과정에서 유목 세계와 정주 세계는 수천 년간 대결과 교류를 거듭하며 서로 영향을 주고받았어요. 특히 유목민족과 한족은 실크로드와 중국 북방 지역을 놓고 쉼 없이 경쟁한 사이였지요. 그리고 4세기경 북방 유목민들은 마침내 자신의 발아래 한족을 무릎 꿇립니다. 다음 강의에서는 이 역사적인 순간의 미술을 만나보겠습니다.

| 필기 노트 | 01. 초원의 기억

북방 유목민을 대표하는 흉노와 중원의 한족은 고비 사막 남쪽에 있는 오르도스 지역을 두고 오랜 세월 각축을 벌인다. 이 과정에서 유목 세계와 정주 세계는 교류를 거듭하며 서로 영향을 주고받는다. 특히 광활한 자연을 닮은 유목민 미술은 중국뿐만 아니라 우리나라에도 전해져 당시 위용을 떨쳤던 유목민들의 기상을 느끼게 한다.

- **문명인과 야만인**
  유목민(↔정주민) 한곳에 터를 잡고 사는 정주민과 달리 계절에 따라 거주지를 옮겨 다님. 척박한 자연환경 탓에 목축으로 생계를 꾸림. 그러나 정주민이었던 중국 한족들은 이러한 삶의 방식을 야만적인 것으로 여김.

- **위기를 기회로**
  오르도스 고비 사막 남쪽에 위치한 흉노의 초기 활동지.
  만리장성 진시황이 흉노의 침략을 막기 위해 세운 성벽. 그러나 경계 없이 자유롭게 살아온 유목민의 입장에서는 삶을 가로막는 장벽이었음.
  흉노제국 만리장성에 가로막혀 근거지를 잃은 흉노는 다양한 출신의 사람들을 수용해 제국을 건설함. 이후 한나라의 조공을 받을 만큼 강력한 나라로 성장함.

- **동물과 가까이**
  흉노의 매형 금관식 동물끼리의 격투 장면은 유목민 미술의 단골 주제였음. 동물을 사실적으로 묘사하되 동물의 특정 부분을 부각해 생동감 넘치게 표현함.
  사슴 장식 사슴 숭배 신앙이 있었던 유목 세계에서는 뿔이 강조된 사슴의 이미지를 미술품으로 제작함. 유라시아 초원 곳곳에서 뿔이 강조된 사슴 장식이 발견됨.
  ⋯→ 우리나라 신라 금관도 유목민들의 사슴 장식에 영향을 받았음.

진리의 물결은 넓고 넓어 만만 리에 펼쳐지고
깨달음의 길은 탄탄해 바람을 좇는 말이로다.

– 중관대사, 「광산뇌징(匡山靁澄) 스님이 법어를 구하기에」

02

북방 유목민이 몰려오다

#5호16국 #격의불교 #혼병
#미륵교각상 #병령사

아는 중국 소설을 물으면 열 명 중 한 명은 삼국지를 떠올릴 겁니다. 삼국지의 내용은 잘 몰라도 이 이야기에 등장하는 영웅호걸들의 이름만큼은 우리에게 무척 친숙하죠. 특히 위나라를 세운 조조, 촉나라를 세운 유비, 오나라를 세운 손권이 유명합니다.

그중 조조는 한나라의 마지막 황제를 꼭두각시처럼 부리고, 220년 한나라가 멸망하는 데 결정적인 역할을 한 인물이었어요. 하지만 이런 조조마저 삼국통일을 이루지 못했다는 사실을 아나요? 그 꿈을 이룬 사람은 따로 있었어요. 바로 위나라의 귀족 사마염이었죠. 사마염은 280년 서진을 세우고 삼국을 통일했습니다.

사마염도 서진도 모두 낯설어요.

그럴 만합니다. 위나라의 귀족이 합심해 세운 서진은 51년간의 짧은

츠키오카 요시토시, 눈보라를 헤치고 제갈공명의 은신처를 찾아간 유비, 관우, 장비의 모습, 1883년
서진시대에 진수가 저술한 『삼국지』는 한나라 말부터 서진 초까지를 다룬 역사서이다. 명나라의 나관중은 이 역사서에 영감을 받아 소설 『삼국지연의』를 썼고, 이후 이 이야기는 동아시아 전체에 퍼져 다양한 형태로 재생산됐다. 이 그림은 일본 우키요에로 제작됐다.

통치를 끝으로 멸망했어요. 사리사욕에 눈먼 귀족들이 부와 권력을 독식했을 뿐, 정사에는 무관심했거든요. 게다가 황족 출신 제후들은 서로 황제가 되겠다며 난을 일으켰죠. 여덟 명의 제후가 일으킨 이 내란을 '팔왕의 난'이라고 합니다. 이 과정에서 서진의 제후들은 전투력이 강한 북방 유목민을 앞다투어 용병으로 고용했어요. 그러나 이는 서진의 몰락을 앞당긴 원인이 됐습니다.

유목민을 용병으로 고용한 일이 말인가요?

네. 오래전부터 중국에 들어와 살던 유목민들은 비참하기 짝이 없는 생활을 이어가고 있었습니다. 한족의 차별과 냉대 속에 유목민 상당수가 가난에 허덕이거나 한족의 노예로 전락했죠. 한족을 향한 원망이 극에 달한 시점에 서진의 제후들이 유목민을 용병으로 고용했으니 적의 손에 무기를 쥐여준 꼴이나 마찬가지였습니다. 그러던 어느날 유목민 출신으로 중국에 머물던 유연이 소리쳤어요. "서진이 함부로 우리를 노예로 부렸다!" 304년, 유연은 군대를 일으켜 중국에 한(漢)이라는 이름의 나라를 세웠습니다.

한나라가 부활한 거네요!

아닙니다. 여기서 한은 유목민이 세운 나라로, 220년 몰락한 한나라와는 다른 나라입니다. 이후 유연의 한은 311년 서진을 쑥대밭으로 만들었어요. 수도 낙양이 불타고 황제마저 포로로 끌려갔죠. 유연의 포로가 된 서진의 황제는 노예처럼 허리에 앞치마를 두르고 오랑캐 왕에게 술을 따르는 모욕을 당했어요. 이 광경을 지켜본 서진의 신하들은 가슴을 치며 통곡했고요.

결과가 너무 참혹해요.

설상가상 서진이 약해진 틈을 타 중국 주변의 또다른 유목민족들도 중국 땅에 몰려오기 시작했습니다. 이미 내부 분열로 혼란이 극에 달해 있던 서진은 유목민족의 연이은 침략으로 끝내 멸망해요. 하

서진의 몰락과 5호16국의 탄생
북방 유목민에게 패해 중원을 떠난 서진의 귀족들은 중국 남방에서 동진을 건국하고, 중국 북방은 5호16국의 차지가 된다.

지만 그사이 서진의 황족과 귀족들은 남쪽으로 달아나 현재 중국의 남경인 건강에서 다시 진나라를 세웁니다. 317년에 건국된 이 나라를 서진과 구별해 동진이라고 불러요.

서진의 지배층은 남쪽으로 내려가 겨우 목숨을 부지했군요. 한족의 자존심에 금이 가는 소리가 들리네요.

아무래도 충격이 컸겠지요. 그 후 과거 서진의 땅이었던 중국 북방은 티베트와 몽골 초원 등지에서 남하한 유목민들의 차지가 됩니다. 오른쪽 지도의 선비, 흉노, 갈, 강, 저가 이때 중국 북방에 나라를 세운 유목민족이에요. 이 다섯 유목민족을 5호라고 합니다. 이들이 중국에 세운 16개의 나라가 바로 5호16국이지요. 이로써 양자강을 경계로 북방은 5호16국이, 남방은 동진이 다스리게 돼요.

중국 북방에 나라가 16개나 있었다니 엄청 혼란스러웠겠어요.

16개의 나라가 다 같은 때 있었던 건 아닙니다. 이 나라들은 생겨났다 사라졌다 하며 140년 넘게 존속했어요.
게다가 5호16국은 우리에게 낯선 나라만은 아니에요. 5호 중 하나인 선비족이 그렇죠. 선비족은 모용 선비와 탁발 선비, 두 부족으로 나뉘는데 이 가운데 모용 선비는 고구려의 철천지원수였어요. 모용 선비가 세운 전연이 342년 고구려를 침략해 고구려 백성 5만여 명을 끌고 갔거든요.

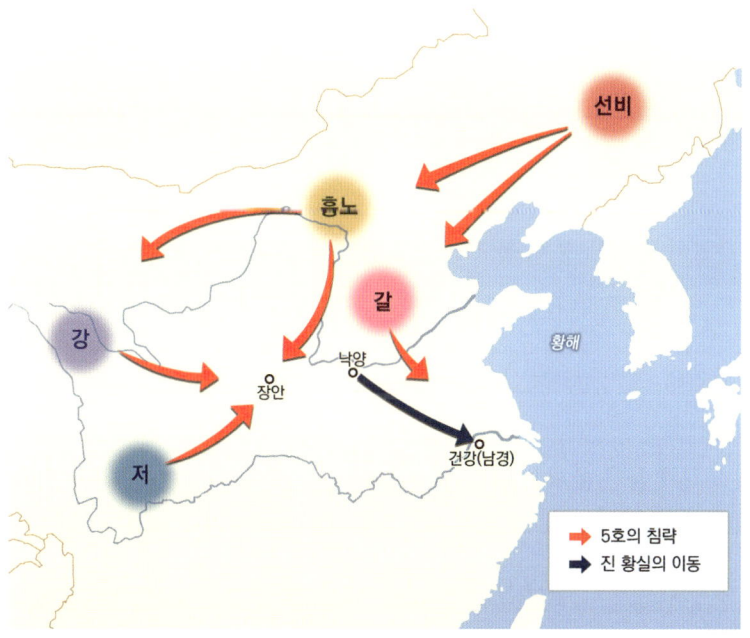

북방 유목민의 중국 침략
흉노를 비롯해 강, 저, 갈, 선비 등 유목민족들은 중국 땅에 침략해 중국 북방을 점령한다. 이후 중국은 유목민 왕조가 다스리는 북방, 한족 왕조가 다스리는 남방으로 나뉘어 서로 다른 문화를 꽃피운다.

하지만 5호16국에서 제일 강한 나라는 전진이었습니다. 376년 일시적으로 중국 북방을 통일했을 정도였죠. 이때 전연의 모용평 장군은 전진에 무참히 패한 뒤 고구려로 망명하게 돼요.

그렇게 원수를 졌는데 전연 사람이 고구려에 도움을 청했다고요?

안 그래도 전연에 아득바득 이를 갈던 고구려는 모용평을 그 자리에서 붙잡아 전진으로 압송해버립니다. 전진의 왕 부견은 그 답례로 고구려에 승려를 보냈고, 이를 계기로 고구려 땅에 불교가 전파됐어요. 한마디로 고구려에 불교의 씨앗을 뿌린 건 한족이 아니라 바로 중국 북방의 유목민 왕이었던 겁니다. 이들이 중국에 불교를 전파한 주역이었습니다. 북방 유목민이 아니었다면 불교가 중국 전역으로 퍼져나가기는 어려웠을 거예요.

막연히 중국을 통해 불교가 전파됐다고 생각했지, 유목민족의 주도로 불교가 퍼져나갔을 줄은 몰랐어요.

| **도교가 품은 불교** |

중국에 불교가 전해진 건 한나라 명제 때였습니다. 67년에 불교가 들어왔다는 공식 기록이 남아 있죠. 그러나 한족 왕조가 다스린 3세기경까지 불교는 중국에 쉽사리 뿌리내릴 수 없었어요. 이미 중국에

는 유교와 도교라는 강력한 사상이 존재했기 때문입니다.

유교와 도교가 불교에 적대적이었나요?

당시 유교는 중국에서 정치 이념이자 사회 윤리의 바탕이었습니다. '임금은 임금답고, 신하는 신하다우며, 아버지는 아버지답고, 아들은 아들다울 것'을 강조한 유교의 윤리는 사회 질서가 유지되길 바라는 지배층의 요구에 딱 들어맞았어요. 누구나 자기 역할에 맞는 인과 예를 실천한다면 조화로운 사회가 되어 효율적으로 나라를 통치할 수 있었기 때문입니다.

그런데 불교에서 중요한 건 속세를 떠나 깨달음을 얻는 거였어요. 싯다르타도 속세와 인연을 끊고 출가해 수행을 했잖아요. 한족 지배층 입장에서 부모 형제를 떠나 출가하라고 가르치는 불교는 사회 질서를 어지럽히는 위험한 사상으로 여겨졌습니다.

하긴 유교 사회에서 가족을 등진다는 건 불효를 저지르는 거니까요.

중국에 불교가 들어왔지만 그다지 영향력이 강하지 않았던 이 시기의 특징이 잘 남아 있는 미술이 있어요. 바로 혼병(魂甁)입니다. 혼병은 250년에서 350년 사이에 중국 남쪽 지역에서 주로 제작됐습니다. 서진 영토의 무덤에서만 발견됐죠.

혼병이 뭔가요?

혼병, 3세기, 전장박물관
혼병은 3세기경 중국 남방에서 집중적으로 제작되었다. 초기에는 혼병에 불상이 표현되지 않지만 후대로 갈수록 불상을 넣는 일이 잦아졌다. 이 혼병에는 새가 무려 68마리, 그 밖에 원숭이, 사자, 사슴, 거북, 도마뱀, 다람쥐 등 동물 58마리가 장식돼 있다. 또 불상 7구, 인물 10명으로 꾸며졌다.

망자의 혼이 머무는 병이라는 의미로 혼병이라고 해요. 혼병은 모양만 항아리처럼 생겼지 어디까지나 부장품입니다. 왼쪽 혼병만 해도 입구 부분이 작은 그릇처럼 살짝 오목할 뿐 그 아래는 다 막혀 있어요. 실생활에서 사용하는 용기가 아닌 거죠. 또 혼병은 중국에서 막 불상이 표현되기 시작할 무렵의 모습을 살필 수 있는 유물입니다. 혼병 중앙부를 보세요. 원숭이, 다람쥐, 산양 등 동물들 사이에 익숙한 형상이 눈에 띕니다. 정수리의 육계, 머리 뒤의 둥근 광배, 양반다리 같은 결가부좌 자세까지 딱 봐도 불상이에요.

그러게요. 설명을 듣고 보니 불상이 맞네요.

이 불상이 불상다워 보이는 건 도상(圖像)을 잘 지켰기 때문입니다.

(왼쪽)혼병에 장식된 불상 세부, 3세기, 전장박물관 (오른쪽)불상 도상
인도에서는 일찍이 부처의 외형을 32상 80종호로 특징지었다. 그중 대표적인 것 세 가지가 정수리가 솟은 육계, 눈썹 사이의 흰털 백호, 몸에서 나오는 진리의 빛 광배다.

북방 유목민이 몰려오다　　　　　　　　　　　　　　　　　　　　　　　　061

도상이란 어떤 대상을 표현할 때 널리 받아들여지는 일정한 형식을 뜻해요. 불상의 육계나 광배가 도상의 일종이죠. 그러나 혼병의 불상은 오늘날 우리가 생각하는 불상처럼 절에 귀중히 모셔놓고 그 앞에서 108배를 하는 조각과 성격이 다릅니다.

혼병에 있는 불상은 불상이 아니라는 건가요?

그건 아닙니다. 도상만 보면 불상이 맞아요. 하지만 그렇다고 당시 사람들이 혼병을 향해 절을 했을까요? 기도하고 구원을 빌었을까요? 그럴 리가 없어요. 이때 불상은 예배 대상이 아니라 일종의 장식이었습니다. 혼병에 있는 여느 상서로운 동물 장식과 별 차이가 없었던 거죠. 불교가 창시된 인도에서는 처음부터 불상을 예배 대상으로 삼아 단독상으로 제작했어요. 혼병의 불상과 인도 불상의 다른 점입니다.

중국 사람들은 인도 사람들과 불상을 다르게 인식했나 봐요.

흔히 불교가 전해질 때 삼보, 즉 3가지 보배가 온다고 해요. 불상, 경전, 승려가 그것이죠. 그런데 이때 한족은 불교 신앙과 상관없이 불상을 만들었습니다. 그 결과 자신들에게 익숙한 도교를 바탕으로 부처를 인식했어요. 부처가 도교의 신선과 같은 존재라고 생각한 겁니다. 이렇게 중국 전통 사상에 기대어 불교를 이해한 이 시기의 중국 불교를 격의불교(格義佛敎)라고 해요.

갑자기 신선 취급을 받은 부처님은 황당했겠어요.

한나라 이래 한족은 도교의 신선 사상에 푹 빠져 있었습니다. 모두가 신선을 동경하며 신선이 되길 꿈꿨죠. 이들에게 신선이란 속세를 초월한 불로불사의 존재였어요. 그래서 부처를 신선 세계의 일원으로 생각한 거죠. 어디선가 부처가 보통 존재가 아니라는 소문을 듣긴 했는데 한족에게 대단한 존재란 신선이었으니 말이에요.

| 신선 세계 속의 부처 |

오매불망 신선이 되어 불로장생하기를 바랐던 중국 사람들은 신선이 깊은 산속에 산다고 생각했습니다. 신선들이 사는 전설의 산을 곤륜산이라고 하는데, 중국 무협지나 드라마에 자주 나오는 풍경을 떠올리면 돼요. 깊고 험한 산속에 안개가 자욱하고, 온갖 동물이 뛰놀고, 저 너머로 희미하게 보이는 중국식 궁궐이 있고, 그곳에서 선녀처럼 아리따운 여인이 슬며시 모습을 드러내는 이미지 말입니다. 혼병 윗부분은 그 같은 신선 세계를 재현했어요.

신선 세계라고요? 그냥 복잡해 보이기만 한데요.

자세히 보면 곳곳에 산짐승들이 가득한 깊은 산속을 표현한 걸 알 수 있습니다. 페이지를 넘겨 혼병을 다시 보세요. 새 떼에 가려 잘 보이

천상 세계와 지하 세계(부분), 3세기, 전장박물관
혼병 윗부분은 죽은 이가 가게 될 천상 세계를, 아랫부분은 지하 세계를 묘사했다. 물의 세계인 지하 세계에는 수생 동물들이, 신선이 사는 천상 세계에는 산짐승들이 가득하다.

지 않지만 이곳은 궁궐 외벽입니다. 천상의 궁궐에는 옥황상제든, 신선 중의 신선인 서왕모든, 신령스러운 존재가 살고 있겠죠.

혼병 맨 꼭대기에 다닥다닥 붙어 있는 게 모두 새였군요.

중국 사람들은 예부터 새들이 죽은 이의 영혼을 하늘로 보내준다고 믿었습니다. 그래서 망자의 혼을 담는 혼병에 이토록 많은 새를 표현한 거죠. 사실 새와 죽음을 연관짓는 사고방식은 중국에만 있었던 건 아니고 전 세계에 퍼져 있었어요.

이제 혼병 맨 아랫단을 볼까요? 혼병 윗부분을 신선들이 사는 세계로 표현했다면 맨 아래는 거북, 두꺼비, 도마뱀 같은 수생 생물이 사는 세계로 묘사했습니다. 망자의 넋이 머무는 지하 세계를 나타낸 겁니다. 고대 중국인들은 천상 세계를 신선 세계로, 지하 세계를 물의 세계로 여겼거든요.

그럼 불상은 신선 세계에 있는 거네요?

네. 혼병의 불상은 신선 세계에 표현됐어요. 당시 중국인들이 부처를 신선의 일원으로 생각했다는 걸 다시금 확인할 수 있습니다. 이처럼 한나라 말부터 삼국시대, 즉 4세기까지는 불상이 중국에서 관습적으로 사용되던 상징 요소와 함께 등장하는 일이 잦았습니다. 한마디로 이 시기 불상은 중국 전통 시상에 포섭됐어요. 따라서 혼병의 불상은 엄밀한 의미로 불교 미술이라 말하기 어렵습니다. 불교적 요소가 들

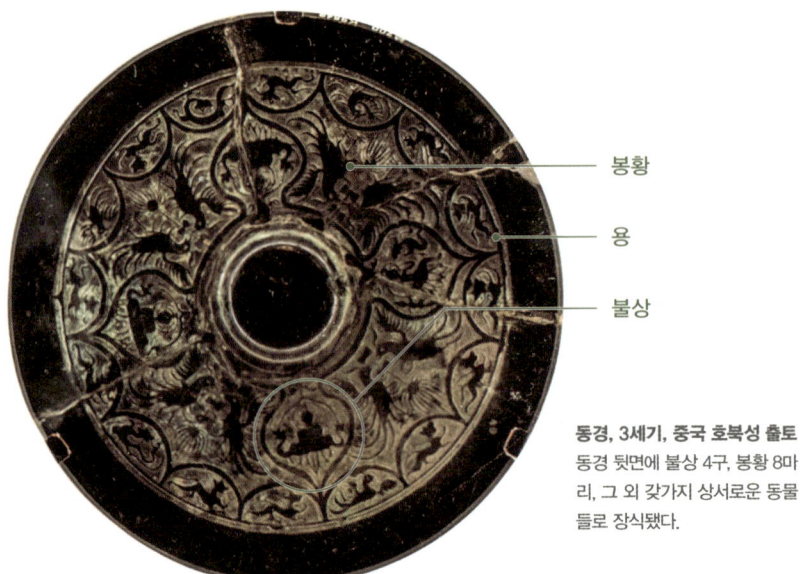

— 봉황
— 용
— 불상

동경, 3세기, 중국 호북성 출토
동경 뒷면에 불상 4구, 봉황 8마리, 그 외 갖가지 상서로운 동물들로 장식됐다.

어간 미술이라 보는 게 맞아요. 비슷한 예가 위에 있는 동경(銅鏡)입니다. 동경은 청동으로 만든 거울을 말해요. 여기서 불상은 중국에서 상서롭다고 여겨진 봉황, 주작, 용과 뒤섞여 묘사됐어요. 부처를 상서로운 존재의 하나로 인식했기에 그럴 수 있었던 거죠.

| 전통이 없으면 편견도 없다 |

그러나 유목민들이 중국 북방을 차지한 뒤 불상의 위상은 확연히 달라집니다. 그냥 불교적 요소가 아니라 진짜 불교 미술이라 할 만한 것들이 등장하거든요. 누구라도 그 앞에서 절할 수 있게 말이에요. 옆 페이지 왼쪽은 5호16국 중 하나인 후조에서 338년에 만든 불상입니다. 혼병보다 조금 늦은 시기에 제작됐어요.

확실히 이 불상 앞에서는 절할 수 있겠어요.

그렇습니다. 오늘날 우리가 절에서 보는 불상과 다르지 않죠? 혼병의 불상이 마치 신선 중의 하나인 것처럼 모호하게 표현됐다면, 후조의 불상은 완전한 단독 예배상입니다. 게다가 이 불상은 인도에서 전해진 초기 불상 도상을 제법 잘 따랐어요. 불상 하단이 훼손되어 확인할 수는 없지만 대좌에 구멍이 뚫린 걸로 봐서 이곳에 사자 조각을 끼워 넣은 것으로 짐작되거든요. 인도에서는 사자가 석가모니를 상징하는 동물이었어요. 아래 오른쪽은 2세기경 인도 간다라 불상입니다. 대좌 양편에 사자가 조각돼 있죠.

— 사자

(왼쪽)건무 4년명 금동불좌상, 338년, 중국 출토, 샌프란시스코아시아박물관
(오른쪽)불좌상, 2~3세기, 간다라 출토, 베를린민족학박물관
5호16국 중 하나인 후조에서 만든 불상은 인도 북부 간다라 지역에서 만든 초기 불상을 중국화한 것이다. 간다라 불상 도상이 서역을 거쳐 중국 북부에 전해지고 어느 정도 세월이 흐른 걸 알 수 있다.

북방 유목민이 몰려오다

유목민들은 처음부터 인도를 따라 불상을 만들었군요.

중국 북방의 5호16국은 한족보다 과감히 불교를 수용했습니다. 한족이 도교라는 자신의 전통을 바탕으로 불교를 이해했다면 유목민들은 있는 그대로 불교를 받아들였어요. 전통이나 규범에 얽매이기보다 그때그때 가장 효율적인 선택을 하며 유연하게 살아온 유목민들의 성향 덕분이죠.

그럼 이때 유목민들에게 불교가 효율적으로 보였다는 건가요?

그렇습니다. 자세한 이야기는 뒤에서 하기로 하고 여기선 당시의 상황만 간단히 짚어보겠습니다. 유목민 왕들이 이제 막 중국 북방을 점령한 4세기 초는 인도 불교가 동쪽으로 널리 퍼진 시기였습니다. 불교를 전파하기 위해 인도나 중앙아시아 승려들이 중국에 많이 찾아왔죠. 5호16국의 유목민 왕들은 이들을 두 팔 벌려 환영했어요. 서쪽에서 온 승려들이 미래의 길흉을 점치고 도술을 부릴 수 있다고 믿었거든요. 이들에게 신통력이 있다고 생각한 겁니다.

승려들이 신통력을 지녔다는 이야기는 처음 들어요.

앞에서 본 금동불좌상을 만든 후조에도 불도징이라는 이민족 승려가 있었습니다. 당시 불도징은 주술에 능하고 귀신을 잘 부리는 승려로 유명했어요. 자신의 밥그릇에서 연꽃이 피어나는 도술을 선보여 단번에 왕의 믿음을 샀다고 하지요. 이를 계기로 불도징은 후조 왕실의 극진한 대접을 받으며 나라의 미래를 점쳤고, 왕이 가장 신뢰하는 조언자로 활약했습니다.

정말 불도징한테 신통력이 있었던 거예요?

아마 불도징 같은 승려들의 진짜 능력은 신통력이었다기보다 빠른 상황 판단과 남다른 관찰력으로 주변 정세를 꿰뚫어보는 안목이 아니었을까 싶어요. 더욱이 실크로드를 거쳐 중국까지 불법을 전하러 온 승려들은 경험이 풍부했을 뿐 아니라 식견도 넓었습니다. 이제 막 유목 생활을 청산하고 정주민으로서 새 삶을 시작한 5호16국의 유목민 왕들에게 이만한 조언자도 없었을 거예요. 이들은 이민족 승려의 지혜와 신비한 힘을 탐내 앞다퉈 궁에 승려를 들이고 불교를 받아들였습니다. 승려가 궁에 있다는 것만으로 나라의 위신이 높아질 정도였어요.

5호16국에서는 능력 있는 이민족 승려들이 무척 귀했겠네요.

맞습니다. 그렇게 중국 땅에 오게 된 승려 중 한 명이 쿠마라지바입니다. 생전 쿠마라지바의 명성이 얼마나 높았던지 5호16국의 전진, 후량, 후진이 차례로 쿠마라지바를 고승으로 모셨어요. 산스크리트어와 한사에 두루 능통했던 구마라지마 덕택에 중국에서 불교 경전의 정확한 번역이 가능했습니다. 경전을 번역한 고승이야 한둘이

수바시 사원
수바시 사원은 쿠차의 대표적인 불교 유적으로 동한시대부터 당나라 말까지 번성했다. 신장위구르에서 가장 큰 불교 유적이었으나 현재는 사원 대부분이 훼손되어 황폐한 모습만 볼 수 있다.

아니었지만, 특히 쿠마라지바의 번역은 중국 불교를 한 단계 끌어올린 것으로 평가받아요. 경전 번역으로 불교 교리를 제대로 이해하게 되면서 격의불교도 막을 내리게 되죠.

불도징이나 쿠마라지바 모두 인도에서 온 승려였나요?

아닙니다. 불도징과 쿠마라지바는 둘 다 서역 쿠차 출신의 승려였어요. 서역은 실크로드 사막길이 관통하는 지역으로 타클라마칸 사막의 오아시스 도시들이 모여 있는 곳입니다.
오른쪽 지도의 ①번이 서역이에요. 오늘날 서역은 중국 신장위구르에 속하지만 옛날에는 중국 땅이 아닌 때가 더 많았어요. 중국 북방은 서역과 가까워 서역 불교의 영향을 많이 받았습니다. 서역 불교는 인도 불교에 서역의 지역적 특성이 가미된 불교였어요. 한편 인

도 불교가 서역을 거쳐 5호16국에 전해지는 데는 하서회랑의 역할이 컸습니다. 하서회랑은 아래 지도의 ②번 구간으로 돈황에서 난주에 이르는 길을 말합니다.

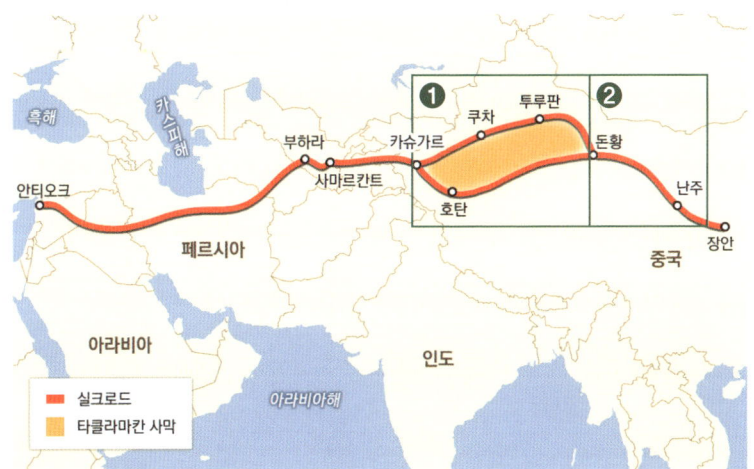

실크로드와 서역
고대 중국인들은 중국 너머의 서쪽 지역을 막연히 서역이라고 불렀다. 좁은 의미의 서역은 오늘날 중국 신장위구르 일대로, 중앙아시아, 인도, 중국과 이어지는 실크로드의 핵심 구간이었다.

| 중국으로 가는 길 |

하서회랑(河西回廊)의 하서는 황하의 서쪽을 뜻하고, 회랑은 영어로 코리더(corridor), 즉 복도를 의미합니다. 한마디로 황하 서쪽에 있는 좁고 긴 통로가 하서회랑이죠. 아래 지도에서 돈황과 난주 사이의 길을 보세요. 하서회랑은 좌우가 높은 산맥으로 가로막혀 있어 길이 푹 파묻혀 보이는 탓에 복도 같은 모습을 하고 있답니다. 하서회랑 남쪽은 험난한 기련산맥이, 북쪽은 첩첩이 자리한 산맥 너머 고비 사막이 펼쳐지거든요.

기다란 형태가 언뜻 이탈리아 지도 같아요.

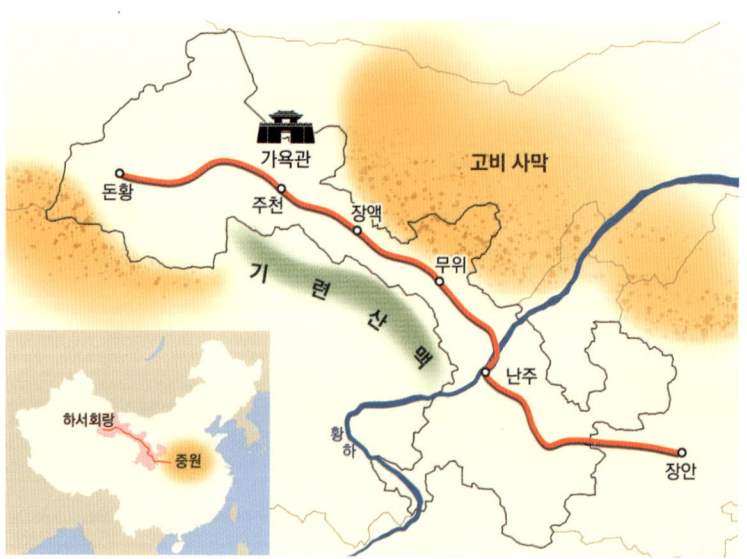

서역과 중원을 잇는 하서회랑
오늘날 중국 감숙성에 위치한 하서회랑은 중원과 서역을 잇는 유일한 통로다.

기련산
기련산은 중국 청해성과 감숙성 사이를 가로지른다. 하서회랑 남쪽에 위치해 남산(南山)이라고도 불리며, 해발고도가 평균 3,200m에 이른다.

맞습니다. 산맥과 사막으로 꼼짝없이 막혀 있는 하서회랑은 외통수 길이기도 합니다. 이곳 말고는 우회할 수 있는 길이 전혀 없어요. 그 때문에 하서회랑은 실크로드에서 중국 중원으로 이어지는 유일한 길이 됐습니다.

엄청 중요한 길이군요.

아주 중요했죠. 서역의 문물이 중국으로, 중국의 문물이 서역으로 전해지는 딘 하나의 길이었으니까요. 불교 역시 이 길을 통해 중국에 전파됐어요. 하서회랑은 5호16국의 유목민 왕들이 각축을 벌인

하서회랑의 불교 석굴사원들

시기에 중국 불교의 메카가 됩니다. 위 지도의 동굴 표시는 하서회랑에 있는 불교 석굴사원들이에요.

불교 메카답게 석굴사원이 많네요.

이 무렵 하서회랑에는 중국의 어느 지역보다 월등히 많은 불교 사원이 지어졌습니다. 그중 돈황의 막고굴은 불교 신자들이 가장 오래도록 찾은 불교 석굴사원이었어요. 4세기부터 14세기까지 무려 천년이 넘는 세월이었죠. 막고굴은 366년 낙준이라는 승려가 처음 굴을 판 데서 유래했습니다. 불법을 구하러 서역으로 향하던 낙준은 하서회랑의 모래바람 속에서 홀연히 모습을 드러낸 천 명의 부처를 목격했어요. 이후 낙준은 그 자리에 굴을 파고 수행을 하기 시작했죠.

막고굴, 4~14세기, 중국 감숙성 돈황
1,000년 넘게 불교 석굴사원으로 이용된 막고굴은 중국 불교 미술의 보고다. 막고굴이 조성된 명사산(鳴沙山)은 '모래가 운다'는 뜻인데, 바람이 불어 모래가 일면 마치 우는 소리처럼 들린다고 해서 붙은 이름이다.

홀연히 나타난 천 명의 부처라니 판타지 영화 같네요.

낙준이 본 건 신기루였을 겁니다. 그러나 낙준의 사례를 계기로 많은 사람이 이곳에 석굴을 파고 불상을 봉헌하면서 막고굴은 천불동이라는 별명을 얻게 됐어요. 천불동이란 천 명의 부처가 있는 곳이라는 뜻입니다. 실제로 막고굴에 천 명의 부처가 있는 건 아니지만 낙준이 본 환상이 천년이라는 시간 동안 현실이 되어갔다고 할 수 있겠군요. 그만큼 많은 불교 신자가 불상을 바친 곳이니 말이에요.

막고굴에서 낙준이 조성한 최초의 석굴도 볼 수 있나요?

막고굴 제275굴, 4세기 후반~5세기 초, 중국 돈황
제275굴은 막고굴에서도 현존하는 가장 오래된 석굴로 제268굴, 제272굴도 비슷한 시기에 지어졌다. 중국 초기 불교 미술을 살필 수 있는 귀중한 석굴이다.

안타깝지만 낙준의 석굴은 남아 있지 않습니다. 대신 5호16국시대에 지어진 다른 석굴을 볼 수 있어요. 위를 보세요. 막고굴에서 가장 오래된 제275굴입니다. 제275굴은 5세기 초에 5호16국 중 하나인 북량이 조성했어요. 그런데 희한하게도 이 석굴에는 불상이 아니라 보살상이 있습니다. 불상이 속세를 떠난 부처의 형상이라면 보살은 속세에 남아 중생을 구원하는 존재예요. 부처랑은 다르지만 부처에 버금가는 존재가 보살이죠.

불상과 보살상은 어떻게 구분하나요?

(왼쪽)미륵보살상, 2~3세기, 로스엔젤레스카운티미술관
(오른쪽)불좌상, 2~3세기, 간다라 출토, 베를린민족학박물관
속세에 남은 보살은 부처와 달리 장신구를 걸친 모습으로 만든다. 막고굴 미륵교각상은 대좌 양쪽에 사자를 배치하고 장신구를 잔뜩 걸친 모습이 인도 간다라 미륵보살상과 흡사하다.

옷차림만 봐도 알 수 있습니다. 속세를 떠난 부처는 아무 장신구도 하지 않지만 여전히 속세에 머무는 보살은 화려하게 치장하거든요. 위 사진은 인도 간다라 조각으로 왼쪽이 보살상, 오른쪽이 불상입니다. 목걸이, 귀걸이, 팔찌 등 장신구를 주렁주렁 단 보살상과 장신구 하나 없는 불상의 모습이 확연히 다르죠.

옆 페이지의 막고굴 보살상은 화려하게 꾸민 외관이 위에 있는 인도 보살상과 아주 비슷합니다. 막고굴과 간다라 보살상 모두 상의는 벗고 하의는 치마처럼 보이는 옷을 입었어요. 가슴께에 있는 굵고 큰 목걸이도 눈에 띕니다.

(왼쪽)인도 간다라 미륵보살상, 2~3세기, 로스엔젤레스카운티미술관
(오른쪽)막고굴 제275굴 미륵교각상, 4세기 후반~5세기초, 중국 돈황
인도 간다라 보살상과 막고굴 보살상은 같은 미륵보살이지만 얼굴 생김새가 전혀 다르다. 불교 미술이 중국에 전해지는 과정에서 변화를 겪었음을 알 수 있다.

반면 두 보살상은 얼굴 생김새가 전혀 달라요. 왼쪽 인도 보살상이 또렷한 이목구비에 콧수염이 있는 서구적인 외모라면 오른쪽 막고굴 보살상은 짧은 얼굴에 볼이 통통해 언뜻 아이 같아 보여요.

막고굴 보살상은 중국인 외모를 흉내 내서 제작한 게 아닐까요?

중국인보다는 서역인과 더 닮았어요. 옆 페이지는 서역에서 발굴된

서역에서 발견된 두상들
이 두상들은 20세기 초 독일 탐험가 르 코크가 서역 쿠차에 있는 키질 석굴사원에서 발견했다. 동그란 얼굴, 짧은 목, 가운데로 몰린 오밀조밀한 이목구비는 서역 불상과 보살상의 전형적인 모습이다. 4~5세기 하서회랑의 불교 미술은 서역의 영향을 받아 서역 불보살상과 이목구비가 흡사하다.

조각입니다. 짧은 얼굴에 작은 눈코입이 중앙에 몰려 있는 모습이 막고굴 보살상의 얼굴과 흡사해요. 서역과 가까운 하서회랑의 석굴사원들은 서역 불교의 영향을 받아 조성됐어요. 정확히는 인도 불교의 영향을 받은 서역 불교 미술의 영향이죠.

인도 불교 미술이 하서회랑에 직접 전해진 게 아니네요?

그렇습니다. 인도 불교 미술은 서역을 거쳐 하서회랑에 영향을 주었고, 이후 중국 내륙으로 전해졌어요. 보살상의 자세도 마찬가지입니다. 왼쪽 페이지에 있는 막고굴 보살상처럼 오른쪽 다리를 왼쪽 다리 위로 올려 'X' 자로 교차시킨 이 자세를 교각좌라고 해요. 교각좌의 기원은 인도 간다라 보살상까지 거슬러 올라갑니다.

| 교각좌의 전래 |

아래 사진을 보세요. ①번은 2세기경에 제작된 인도 간다라 보살상, ②번은 6세기경 벽화로 서역 쿠차에 있는 키질 석굴사원의 보살상이에요. 이전 시대의 벽화는 훼손이 심해 6세기 벽화를 가져왔지만 키질 석굴사원에서는 일찍부터 이런 교각상을 그렸습니다.

❶ 미륵교각상, 2세기, 간다라 출토
❷ 미륵교각상, 6세기, 키질 제224굴, 중국 신장위구르 쿠차
❸ 미륵교각상, 4세기 후반~5세기 초, 막고굴 제275굴

꼭 학생들이 교실에 얌전히 앉아 있는 모습 같아요.

그렇게도 보이는군요. 특히 ③번 막고굴 교각상은 머리에 쓴 관이 ②번 교각상과 비슷해요. ①번, ②번, ③번 세 보살상은 교각좌뿐 아니라 미륵이라는 공통점도 있습니다. 그래서 이 조각들을 미륵교각상이라고도 부른답니다. 미륵보살이란 다음 생애에 부처가 될 보살을 말해요. 인도 간다라에서 시작된 미륵교각상은 실크로드를 통해 하서회랑에 전해지며 크게 유행했어요. 하서회랑이 아닌 다른 지역에서도 미륵교각상을 만들 정도였죠. 위는 중국 하북성에서 출토된 미륵교각상입니다. 동그란 얼굴이 막고굴의 미륵상과 닮았어요.

미륵교각상, 중국 하북성 출토, 하북성박물관
하북성 내에서도 중원과 인접한 곡양현에서 출토된 미륵교각상이다. 머리에 쓴 높은 보관, 사자가 있는 대좌, 교각좌까지 전형적인 미륵교각상의 모습을 하고 있다.

유목민들 덕에 중국 내륙에서도 미륵교각상을 다 보게 되네요.

심지어 6세기경에는 중국에 미륵불이라는 개념도 생깁니다. 미륵불의 불(佛)은 부처를 뜻하는데, 이 무렵 미륵불은 다음 페이지 사진처럼 불상의 모습을 한 교각상으로 표현됐어요. 정수리의 육계와 장신구가 없는 소박한 차림새로 보아 이 조각은 불상이 확실합니다.

미륵불은 중국식으로 변한 불교의 한 단면이에요. 인도와 서역에서 미륵은 아직 수행하는 보살이었지 부처는 아니었거든요. 한족이 부처를 신선 세계의 일원으로 생각한 게 얼마 전이었던 것 같은데 정말 많이 달라졌죠? 5호16국이 중국 불교에 끼친 영향을 실감할 수 있습니다.

미륵교각상, 6세기, 중국 섬서성 출토, 서안비림박물관
정수리의 육계, 소박한 옷차림으로 보아 불상임을 알 수 있다. 여기에 교각좌를 더해 미륵불을 표현했다.

미륵보살이 있는데 번거롭게 왜 미륵불을 만든 걸까요?

중국이 불교의 종주국이 아니었기 때문입니다. 자신들을 천하의 중심이라 여겼던 중국 한족은 불교에서 만큼은 자기네가 변방이라는 걸 실감할 수밖에 없었어요. 석가모니 부처가 태어나 열반에 든 곳은 인도였지 중국이 아니었으니까요. 그래서 미륵불을 만들어 '우리에게 석가모니 부처는 없지만 미래에 올 부처인 미륵불이 있다, 우리는 미륵불의 구원을 받을 것이다'라고 위안을 삼은 거죠.

중국 사람들이 자기네를 변방이라고 생각했다는 게 놀라운데요.

중국 역사에서 흔치 않은 일입니다. 이렇듯 이민족을 통해 중국 내륙으로 전해진 불교는 한족의 사고방식을 뒤흔들었습니다.

| 험난한 불교도의 길 |

하서회랑에는 막고굴과 함께 꼭 둘러봐야 하는 불교 석굴사원이 있습니다. 하서회랑의 동쪽 끝, 난주에 위치한 병령사 석굴사원이죠. 막고굴에 낙준이 있다면 병령사에는 법현이 있습니다. 법현은 동진의 승려였어요. 4세기 말 불법을 공부하기 위해 인도로 향한 법현은 하서회랑에 잠시 들러 3개월간 수행을 했다고 하지요. 그 장소가 바로 병령사였습니다.

이때 병령사가 유명했나봐요.

적어도 승려들 사이에서는 그랬던 것 같습니다. 병령사로 가는 길이 보통 험한 게 아닌데 굳이 고생을 하며 병령사를 찾은 걸 보면요. 다음 페이지를 보면 알겠지만 병령사는 배를 타고 들어가야 할 만큼 외진 곳에 있습니다. 저도 작은 통통배를 타고 황하를 거슬러 올라 병령사에 간 적이 있어요. 황하가 어찌나 누렇던지 혹시 사고로 배가 뒤집혀 그 물을 마시게 될까봐 내내 마음 졸였었죠.

병령사 가는 길
병령사 석굴사원은 하서회랑 난주에서 40km 떨어진 소적석산(小積石山) 절벽에 조성됐다. 배를 타고 30~40분가량 깊이 들어가야 방문할 수 있는 외진 곳에 위치하며, 확인된 석굴 개수만 184개에 달한다. 최근에는 도로가 개통되어 육로로도 방문이 가능하다.

소적석산 임벽을 둘러싸고 흐르는 황하
사암으로 이루어진 소적석산은 석굴을 파기에 용이한 반면 풍화되기 쉽다는 단점이 있다. 소적석산을 둘러싸고 흐르는 황하의 물이 누렇다.

강물이 진짜 걸쭉한 흙탕물이에요.

19세기까지는 제대로 된 배도 없이 양가죽을 공처럼 부풀려 만든 공기주머니를 뗏목에 매달고 황하를 건넜대요. 그보다 전에는 어떻게 이 험난한 길을 헤치고 석굴사원에 간 건지 상상이 안 될 정도입니다. 병령사가 이토록 발 닿기 어려운 곳에 있는 것만 봐도 이 시기 중국 석굴사원들이 유목민 군주의 주도로 조성됐다는 걸 알 수 있어요. 유목 생활을 하며 험난한 지형을 자주 오간 유목민과 달리, 기름진 곳에 터를 잡은 정주민이라면 평소에 가지도 않는 외진 곳에 사원을 지을 리 없으니까요. 옆의 사진이 병령사 석굴사원입니다.

엄청나게 큰 불상이 가장 먼저 눈에 들어와요.

어마어마하지요. 불상이 하도 커서 옆에 있는 계단이 장난감 같습니다. 이 불상은 803년 당나라 때 조성한 거예요. 첫눈에 기가 죽을 만큼 위용이 대단하지만 병령사의 하이라이트는 이 불상이 아닙니다. 오른쪽 사진에서 맨 꼭대기에 있는 움푹한 석굴이 보이나요? 이 석굴은 병령사에서 제일 크고 오래된 제169굴이에요. 당나라 대불 정수리 위에 있는 석굴이죠. 대불 높이가 27미터쯤 되니, 대략 10층짜리 건물 높이에 석굴이 있는 겁니다. 사진 속 가파른 계단을 하염없이 올라가야 마주할 수 있는 굴이에요.

불교도들의 믿음을 시험하는 계단이네요.

병령사 석굴사원, 중국 감숙성 난주
병령사의 병령은 티베트어로 10만 불, 즉 10만의 부처를 한자로 음역한 말이다. 높이 27m의 대불은 크기부터 자태까지 위용이 넘친다.

60도가 넘는 경사도 문제지만 발판이 얼마나 좁은지 몰라요. 제가 이 석굴에 가려고 계단을 올랐는데, 240밀리 신발 앞부분만 발판에 걸칠 수 있었어요. 발판이 고작 10센티 남짓 되는 것 같았죠. 한걸음이라도 잘못 디뎠다간 목숨을 내놓아야 할 판이에요. 그러나 계단을 다 오르면 오른쪽 위와 같은 광경을 만날 수 있습니다.

이 굴은 어쩐지 산만한 느낌이 드는데요.

처음부터 불상이나 탑을 어디에 어떻게 배치할지 미리 계획을 세운 뒤 석굴을 조성하는 인도와는 확연히 달라요. 아래 인도 칼리 석굴사원과 비교해보세요. 인도나 서역에 있는 불교 석굴사원은 보통 이 사진처럼 공간 맨 안쪽에 스투파를 둡니다. 그리고 탑돌이를 할 수 있게끔 스투파를 둘러싸고 양쪽에 좁은 통로를 내죠.
하지만 병령사 제169굴은 불상들이 무계획적으로 배치됐어요. 후원자가 요청할 때마다 동굴 암벽에 두서없이 불상과 벽화를 제작한 탓입니다. 또한 자연 동굴을 이용해 조성한 석굴이라 굴 안쪽이 넓고 환해요. 눈대중으로 봤을 때 30명은 거뜬히 앉을 수 있을 만한 넓이 같았습니다. 석굴사원에 이렇게 확 트인 공간이 있다는 건 인도나 실크로드의 여느 석굴과는 확실히 다른 점입니다.

그런데 이것보단 사원 바깥에 있는 당나라 불상이 더 대단해 보여요.

이 석굴이 특별히 주목받은 이유가 있어요. 조성 시기가 분명한 중

**(위)병령사 제169굴 내부 모습, 420년
(아래)칼리 제8굴, 1~2세기, 인도 마하라슈트라주**

병령사 제169굴은 인도나 서역의 불교 석굴들과 달리 자연 동굴을 이용해 무계획적으로 조성되어 불상이나 벽화의 배치가 임의적이다. 제169굴은 넓이 약 27m, 길이 약 9m, 높이 15m로 병령사 석굴사원에서 가장 크다.

병령사 제169굴의 명문
제169굴 명문에는 먹글씨로 '서진건홍원년(西秦建弘元年)'이라는 글귀가 적혀 있다. 제169굴이 조성될 당시 이 땅은 5호16국 중 하나인 서진이 다스렸는데 이때 정권을 잡은 유목민 왕조가 걸복씨였다.

국 불교 석굴 가운데 가장 오래된 석굴이거든요. 돈황 막고굴 초기 굴보다 이른 시기에 조성됐죠. 위는 제169굴의 일부 모습이에요. 사진 한가운데에 직사각형으로 된 부분은 명문이 적힌 자리입니다. 이곳에 '건홍 원년, 3월 24일에 건립했다'는 내용이 등장해요. 건홍 원년은 420년으로, 여기서 건홍은 서진의 왕 걸복치반의 연호입니다. 즉 이 석굴은 걸복치반이 420년에 지은 겁니다.

잠깐만요, 서진은 사마염이 세운 나라잖아요?

지금 언급하는 서진은 위나라의 귀족이었던 사마염이 256년에 세운 서진과 다른 나라입니다. 이 석굴을 조성한 서진은 5호16국의 선비족이 385년에 세운 나라예요. 둘은 서진(西晉)과 서진(西秦)으로 한자도 다르답니다. 제169굴은 인도 불교가 어떻게 서역과 하서회랑을 거쳐 중국에 도달했는지, 어떻게 유교와 도교라는 산을 넘어 중국에 퍼질 수 있었는지 알려줍니다. 병령사 석굴사원은 훗날 중국에 불교 열풍을 불러일으킨 대승불교의 영향을 보여주거든요.

대승불교의 영향이라뇨?

인도에서 처음 발달한 불교는 소승, 즉 상좌부불교입니다. 상좌부불교는 속세를 벗어나 수행을 통해 깨달음을 얻는 것을 최종 목표로 삼았어요. 그런데 중국에서 성행한 건 대승불교였습니다. 개인의 열반이 아니라 중생의 구원에 초점을 맞춘 대승불교는 상좌부불교와 달리 고된 수행을 강조하지 않았죠. 대신 부처를 믿고 선하게 살면 구원받을 수 있다고 이야기했습니다.

구원받을 수 있는 조건이 확 낮아진 거네요.

더욱이 대승불교에서는 부모와 가족을 버리고 무조건 출가해야 한다고 주장하지도 않았어요. 그 덕에 충·효를 중시한 중국 사람들은 유교적 가치관을 지키면서 불교를 받아들일 수 있게 돼요. 병령사는 이러한 대승불교의 사상이 담긴 석굴사원입니다.

| 속세의 삶이 없다면 깨달음도 없다 |

아래는 제169굴에 있는 벽화입니다. 대승불교 경전 중에서 『유마경』의 일화를 보여주는 그림이죠. 2세기경에 출현한 『유마경』은 중국 불교의 초석이 된 경전으로, 출가를 중시한 기존 불교와 달리 속세에서도 충분히 수행이 가능하다는 주장이 담겨 있어요. 마음을 갈고닦아 깨끗하게 만들면 비록 자기가 발 딛고 선 곳이 속세일지라도 그곳이 불국토(佛國土), 즉 부처가 있는 곳이라고 말이에요.

그냥 누가 누워 있는 그림으로만 보이는데요.

유마거사와 문수보살의 대담
이 그림은 대승불교 경전인 『유마경』에 등장하는 일화를 그린 것이다. 재가 신도인 유마거사가 문수보살의 병문안을 받고 상체를 일으켜 문답을 하고 있다.

092　　　　　　　　　　　　　　　　　　Ⅰ 충돌하는 두 세계

이 장면은 『유마경』의 주인공인 유마거사가 병에 걸려 몸져누웠다는 소식을 듣고 문수보살이 병문안을 온 일화를 그린 겁니다. 다리를 쭉 뻗고 기대앉은 인물이 유마거사, 왼쪽에 서 있는 인물이 문수보살이에요. 흐릿하긴 하지만 그림 속 유마거사와 문수보살 사이에 유마(維摩)라고 적힌 한자를 볼 수 있습니다.

무슨 중요한 이야기라도 나누는 걸까요?

병색이 완연한 유마거사를 본 문수보살이 걱정스러운 얼굴로 물었습니다. "아니, 거사님! 무슨 연유로 이토록 병환이 깊으신 겁니까?" 그러자 유마거사가 이렇게 대답했어요. "중생이 병들었는데 내가 어찌 아프지 않겠소."

뭔가 감동적이네요. 제가 병들면 보살님도 아프다는 거잖아요.

그런데 이 말을 하는 유마거사는 보살이 아니었습니다. 그냥 일반 신도였어요. 유마거사의 거사(居士)는 출가하지 않은 불제자, 즉 속세에 머무는 재가 신도를 말해요.
유마거사는 원래 인도의 부유한 상인이었는데, 석가모니의 설법을 듣고 제자가 되기로 결심한 인물입니다. 그러나 다른 제자들과 달리 출가를 하지 않았죠.

일반 신도가 보살님처럼 말해도 되는 건가요?

유마거사라면 자격이 충분했습니다. 보살들조차 유마거사의 지혜에 탄복하곤 했으니까요. 유마거사는 틈만 나면 보살들을 불러다 쓴소리를 했는데 누구 하나 유마거사의 말에 토를 달지 못했어요. 웬만해선 유마거사의 지혜를 당해낼 재주가 없었던 겁니다. 어찌나 보살들을 들들 볶았던지 유마거사를 피해 다니는 보살들까지 있었답니다. 유마거사가 아프다는 소리를 듣고도 병문안 가길 꺼릴 정도였죠. 그래서 문수보살이 손수 유마거사의 병문안을 간 거예요.

보살들도 잔소리는 듣기 싫었나봐요.

괜히 찾아갔다가 유마거사와 논쟁이라도 벌어지면 무슨 망신을 당할지 몰라 미리 피한 거죠. 재가 신도였지만 보살을 뛰어넘을 정도로 명민했던 유마거사의 일화는 중국인들에게 뜻깊게 다가왔습니다. 출가를 하지 않아도 수행이 가능하며, 출가와 재가가 다르지 않다고 생각하게 한 계기가 된 겁니다. '불교를 받아들인다고 해서 꼭 부모 형제를 버리고 출가해야 하는 건 아니구나!'라는 깨달음을 얻은 거지요.

적당히 현실과 타협하며 불교를 받아들인 거네요.

그렇습니다. 중국인들이 어떻게 불교를 수용하게 됐는지 이해가 가죠? 바야흐로 중국식 불교의 세계가 열린 겁니다. 오른쪽 벽화에서 유마거사의 이야기가 그려진 그림의 위치를 확인할 수 있어요.

벽화, 5세기 초, 병령사 제169굴
제169굴의 벽화는 인도와 서역 불교의 영향을 바탕으로 중국 미술 전통이 더해져 제작됐다. 여러 나라 문화가 뒤섞인 중국 초기 불교 미술의 특징이 잘 드러난다.

유마거사와 문수보살의 대담

| 과도기의 미술 |

벽화에 유마거사 말고 다른 인물들도 많네요.

이 벽화도 제169굴 벽화의 전체 모습은 아닙니다. 그래도 눈여겨볼 만한 부분이 적지 않아요. 이 벽화에서 가장 눈에 띄는 건 역시 불상입니다. 아래 오른쪽 그림을 보세요. 부처를 상징하는 육계와 눈썹 사이의 백호까지 다 갖췄어요. 게다가 앞에서 본 왼쪽 불상과 옷차림부터 자세까지 빼다박았습니다. 외모도 동양인으로 추정되죠. 이것만 봐도 이 그림속 불상은 왼쪽에 있는 건무 4년명 불상처럼 중국화한 거라는 걸 알 수 있어요.

왼쪽 불상을 그림으로 표현하면 딱 오른쪽 그림 같겠어요.

(왼쪽)건무 4년명 금동불좌상, 338년, 샌프란시스코아시아박물관
(오른쪽)부처와 보살(부분), 5세기 초, 병령사 제169굴

맞습니다. 불상 좌우에는 귀걸이와 목걸이를 한 보살들도 있습니다. 이들의 옷도 눈에 띄어요. 오른쪽 어깨가 훤히 드러나는 이런 옷차림을 편단우견이라고 하는데 인도 마투라 미술에서 자주 볼 수 있습니다. 사실 이 벽화에서 편단우견 차림을 한 사람은 보살만이 아니에요. 보살 왼쪽에 서 있는 작은 승려를 보세요. 옆에서 확대한 그림을 볼 수 있습니다.

이 사람도 편단우견 차림이군요.

네. 이 승려도 어깨를 드러낸 채

향로를 들고 있는 승려(부분), 5세기 초, 병령사 제169굴

법의를 입었어요. 실제로 당시 인도 승려들의 옷차림이겠죠. 그러나 살이 드러나는 것을 꺼리는 중국에서 맨 어깨가 훤히 보이는 편단우견은 낯설다 못해 남사스러워 보였을 거예요. 따라서 이 그림에 표현된 편단우견은 확실히 중국식 복장이 아닙니다.

하물며 이 승려는 생김새도 중국인 같지 않아요. 눈이 부리부리하고 코가 오뚝한 게 이목구비가 뚜렷합니다. 수염까지 분명해서 인상이 더 강해 보여요. 인도나 중앙아시아에서 온 이민족 승려가 틀림없습니다.

(위)비천(부분), 5세기 초, 병령사 제169굴
(아래)비천(부분), 기원전 100년경, 인도 바르후트 출토
인도에서 비천은 보통 화환을 든 모습으로 표현된다. 실제 인도에서는 신자들이 신상에 화환을 바치는 풍속이 있다. 인도 불교 미술에서 석가모니와 함께 자주 등장하는 비천은 병령사 석굴사원에서도 볼 수 있다.

벽화 맨 윗부분에 두둥실 떠 있는 인물도 인도 미술에 자주 등장하는 존재입니다. 부처에게 공양하러 온 비천이죠. 비천이란 날아다니는 천인, 즉 기독교의 천사 같은 존재랍니다.

마리골드 화환

확실히 병령사는 인도 불교의 영향을 많이 받았네요.

하지만 병령사 석굴의 비천은 인도의 비천과 모습이 조금 달라요. 왼쪽 아래 조각이 원래 인도의 비천입니다. 인도에서는 보통 비천이 화환이나 꽃다발을 부처에게 바치는 모습으로 표현되는데 이 비천 역시 등에 날개가 달렸고 손에는 화환을 들었어요.

손에 든 게 화환이군요.

제169굴 벽화의 비천도 손에 뭔가를 쥐고 있지만 꽃다발처럼 보이진 않아요. 끈인지 스카프인지 알 수 없는 물건을 들고 있죠. 인도 미술을 따르려고 노력했음에도 세세한 부분은 불교를 받아들이는 과정에서 시행착오를 겪은 거예요. 화환 모양을 흉내내어 그리긴 했는데 이 물건이 꽃다발이라는 걸 이해하지 못한 것으로 보입니다.

애를 썼지만 한계가 있었네요.

귀부인 행렬, 5세기 초, 병령사 제169굴
벽화의 세 여인은 예배를 하기 위해 승려의 인도를 받으며 절로 들어가고 있다.

귀부인과 시녀들(부분), 5세기 후반, 수산리 고분, 평안남도 남포시
한족 전통 복식과 거리가 먼 주름치마는 병령사 제169굴의 벽화뿐 아니라 고구려 무덤 벽화에서도 발견된다.

한마디로 이 벽화는 인도 불교 미술을 따라 제작됐지만 일부 표현은 중국화한 걸 알 수 있어요. 게다가 이 그림에서는 이민족의 영향도 느껴집니다. 비천 바로 아래에 있는 여인들을 보세요. 주름치마를 입고 있어요.

주름치마와 이민족이 무슨 관계가 있나요?

당시 중국 한족은 주름치마를 입지 않았습니다. 이 벽화에 등장하는 여성들은 유목민족이 세운 5호16국의 귀족들로, 이민족인 이들의 복식이 벽화에 반영된 겁니다. 그런데 이 귀부인의 복장과 비슷한 옷차림이 5세기경 조성된 고구려 수산리 고분벽화에서도 발견돼요. 위가 수산리 고분벽화의 일부분입니다. 줄지어 걷는 여성들을 보세요. 하나같이 엉덩이를 덮는 긴 저고리에 주름치마를 입었습니다. 맨 앞의 귀부인은 화려한 색동주름치마를 입어 눈에 확 띄는군

주름치마를 입은 여인들, 7세기 후반~8세기 초, 다카마쓰츠카 고분, 일본 나라현
일본의 다카마쓰츠카 벽화에 등장하는 여인들의 복식은 고구려 귀부인들의 복식과 비슷하다.

다카마쓰츠카 고분, 7세기 후반~8세기 초, 일본 나라현
다카마쓰츠카 고분은 벽화의 구성은 물론이고 화풍에서 고구려의 영향이 뚜렷하다. 특히 고구려 벽화에 비중 있게 등장하는 사신도는 다카마쓰츠카 고분에서도 발견된다.

요. 아마도 고구려에서 색동주름치마는 귀부인 정도 돼야 입을 수 있는 옷이었을 겁니다.

고구려가 5호16국의 영향을 받은 걸까요?

딱히 그래서라기보다 두루마기처럼 긴 상의에 주름치마를 입는 것이 당시 이민족 귀부인들의 전통 복장이었을 거예요. 정주민이지만 유목민과 가까웠던 고구려 역시 비슷한 옷을 입었을 테고요. 그런데 고구려 복식과 거의 흡사한 복장이 일본 회화에도 등장합니다. 옆은 일본 나라현에 있는 다카마쓰츠카 고분에서 발견된 벽화입니다. 수산리 고분벽화보다 200년 늦게 그려진 그림으로 여성들의 복식이 고구려와 판박이에요. 이 그림은 고구려의 영향을 받은 벽화로도 유명합니다.

인도부터 서역, 중국, 고구려, 일본까지, 이러다 전 세계를 누비겠어요.

실크로드를 이야기하다보면 전 세계를 종횡무진할 수밖에 없습니다. 실크로드를 거쳐 전해진 문화는 중국에 전파돼 우리나라, 일본까지 영향을 주었으니까요. 그중 5호16국이 받아들인 불교는 중국 전역에 불교의 씨앗을 퍼트렸어요. 4~5세기경 중국 불교의 중심지였던 하서회랑을 통해 중국 내륙까지 흘러든 겁니다.

한나라 멸망 이후 중국은 황폐할 대로 황폐해져 있었습니다. 거듭된 전쟁 탓이었죠. 그러나 하서회랑만은 예외였습니다. 이민족 군주의 후원을 받아 불교 미술이 점차 늘어났거든요. 한족과 유목민의 각축으로 예술의 혹한기나 다름없던 시대에 오히려 하서회랑은 문화의 중심지로 떠올랐어요. 과연 하서회랑에는 어떤 사정이 있었을까요? 다음 강의에서 하서회랑의 미술을 좀 더 살펴보겠습니다.

| 필기 노트 | 02. 북방 유목민이 몰려오다

4세기경 중국을 침략한 유목민들은 한족 왕조를 남쪽으로 몰아내고 중국 북방에 나라를 세운다. 이로써 중국 북방은 유목민이, 중국 남방은 한족 왕조가 다스리는 구도가 형성된다. 전통에 얽매이지 않았던 북방의 유목민들은 도교에 입각해 불교를 이해한 한족과 달리 서역을 통해 인도 불교를 받아들인다.

- **도교 속 불교**

  격의불교 한족 왕조가 중국을 다스린 4세기경까지 중국에서 불교는 도교를 바탕으로 이해됨.

  혼병과 동경 불상을 신선의 일원으로 표현하거나, 용이나 봉황처럼 중국에서 상서롭다고 여긴 존재들과 나란히 등장시킴.

  ⋯→ 엄밀하게는 불교 미술이 아니라 불교적 요소가 포함된 미술.

  불교 미술의 등장 4세기경 중국 북방을 차지한 5호16국은 불교를 적극적으로 수용함. 불상이 장식적 역할에서 벗어나 단독 예배상으로 거듭남.

- **불교의 대중화**

  하서회랑 중국과 서역을 잇는 단 하나의 길, 불교 또한 이 길을 통해 중국 내륙으로 전파됐음.

  미륵교각상 X자로 다리를 교차한 미륵보살상. 인도 불교가 서역을 통해 하서회랑으로 전해진 흔적.

  미륵불 인도나 서역 불교에서는 찾을 수 없는 존재. 중국 사람들은 원래 보살이었던 미륵을 불상으로 제작함.

- **인도에서 중국까지**

  병령사 제169굴 중국에서 연대가 분명한 석굴사원 중 가장 이른 시기의 석굴로, 인도 불교의 영향을 확인할 수 있음. 유마거사의 일화가 그려진 벽화는 대승불교의 영향을 보여줌.

  참고 **대승불교** 중국에서 유행한 불교. 속세를 출가하지 않아도 깨달음을 얻을 수 있다고 봄.

나의 노래가 끝나는 날은
내 무덤에 아름다운 꽃이 피리라.

– 오장환, 「나의 노래」

03

중국으로 가는 길

#가욕관 위진벽화묘 #복희와 여와 #생활풍속도

하서회랑의 길고 좁은 길에는 다섯 개의 도시가 있습니다. 돈황, 주천, 장액, 무위, 난주가 그 도시들이죠. 이 가운데 주천(酒泉)은 술 주(酒) 자에 샘 천(泉) 자를 써서 술이 솟는 샘이라는 뜻을 지녔어요.

술로 유명한 도시인가봐요.

그건 아니에요. 이 지명은 한나라 장군 곽거병의 일화에서 유래했습니다. 곽거병은 기원전 2세기경 흉노와의 전쟁에서 한나라가 승리하는 데 혁혁한 공을 세운 인물이었어요. 외삼촌인 위청 장군과 함께 흉노를 토벌해 당시 흉노 땅이었던 하서회랑을 모두 차지했죠.
곽거병이 주천을 점령한 어느 날이었습니다. 연이은 승전보에 기쁨을 감출 수 없었던 한무제는 전장에 있는 곽거병에게 귀한 술 한 동이를 보냈어요. 그런데 술을 전해 받은 곽거병이 성큼성큼 샘으로 걸어가더니 그곳에 냅다 술을 들이부었습니다. 그러고는 병사들을 향해 외쳤죠. "황제 폐하께서 우리에게 술을 하사하셨다. 함께 마시자!" 병사들은 승리의 함성을 내지르며 술이 섞인 샘물을 퍼마셨습니다. 그래서 이 도시 이름이 주천이 됐다고 해요. 물론 샘에 술 한 동이 부었다고 술맛이 나진 않았겠지만요.

술인지 물인지 알 수 없었겠어요.

곽거병 조각이 있는 주천 공원
흉노 토벌에 큰 공을 세운 곽거병은 한무제의 총애를 한 몸에 받았다. 현재 주천에는 곽거병을 기리는 공원과 함께 이 일화를 바탕으로 만든 술 브랜드도 있다. 한무어(漢武御)라는 이름의 이 술은 '한무제가 하사한 술'이라는 뜻이다.

황제가 내린 술을 나눠 마시며 승리를 기뻐하고 사기를 북돋운 겁니다. 갓 스물을 넘긴 젊은 장군의 의리라고나 할까요? 믿거나 말거나지만 주천에는 실제로 곽거병이 술을 부었다는 샘이 있습니다. 이곳은 오늘날 곽거병을 기리는 공원으로 꾸며졌지요.

아래가 주천 공원입니다. 공원 벤치에 앉아 따스한 햇볕을 쬐고 있으면 여기가 그 옛날 전쟁으로 피비린내 나던 곳이 맞나 하는 생각이 들 겁니다. 그러나 주천은 예부터 많은 민족이 각축을 벌인 곳이었어요. 서역과 중국을 잇는 단 하나의 길인 하서회랑에 위치했으니 당연합니다.

중국 주천시에 있는 종루
오늘날 중국 주천은 인구 2,000만 명이 사는 하서회랑의 핵심 도시다. 사진 속 건물은 주천 구시가지에 있는 유적으로 1838년 청나라 도광제가 조성했다. 적의 침략을 막고 군인들에게 시간을 알리려는 목적으로 사용됐다.

더욱이 한나라 입장에서는 하서회랑을 꼭 손에 넣을 필요가 있었습니다. 실크로드와 곧장 이어지는 길인 데다 군사적으로도 매우 긴요한 땅이었거든요. 이 길만 철통같이 방어해도 서역을 통해 중국에 침입하려는 외부 세력을 막을 수 있었기 때문입니다.

한무제가 작정하고 흉노를 하서회랑에서 몰아낸 이유가 있었네요.

그 덕에 한나라도 전성기를 맞을 수 있었죠. 기원전 123년 하서회랑을 차지한 한무제는 이곳에 도시 네 개를 건설하고 한족을 대거 이

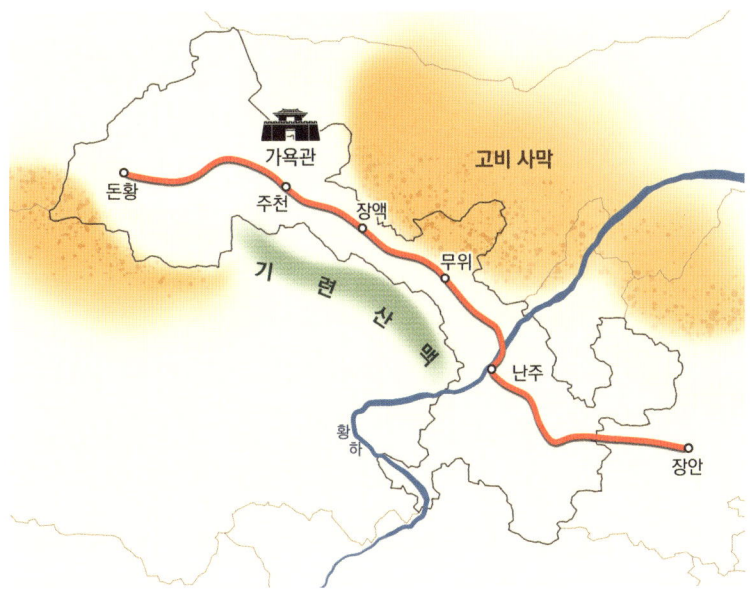

하서회랑과 도시들
하서회랑을 점령한 한나라는 돈황, 주천, 장액, 무위, 도시 4개를 건설하고 한족을 이주시켰다. 이후 5호16국이 다시 하서회랑을 차지하며 이곳은 이민족과 한족의 문화가 뒤섞이는 땅이 되었다.

주시켰어요. 위 지도의 돈황, 주천, 장액, 무위가 그 도시들입니다. 흔히 이들을 하서 4군이라고 불러요.

한족은 왜 이주시킨 건가요?

그래야 하서회랑이 확실한 한나라 영토가 될 수 있다고 본 거죠. 이미 하서회랑에 살고 있던 이민족들이 단합해 들고일어서는 일도 막을 수 있고요. 그러나 이 같은 노력에도 한족 왕조가 온전히 하서회랑을 점령했던 시기는 기원전 123년에서 기원후 3세기경까지 약 350년에 불과했습니다.

중국으로 가는 길

기원전 3세기~기원후 5세기 중국

350년이면 긴 시간 아닌가요?

길다면 길고 짧다면 짧은 시간이죠. 사실 한족은 웬만하면 다 중원에 살고 싶어 했어요. 생활 기반 잘 갖춰져 있고 부와 권력이 집중된 서울에 사람이 몰리듯 중원에 한족이 몰렸습니다. 게다가 변방은 이민족들이 호시탐탐 노리는 땅인 만큼 안전이 보장되지 않았어요. 하서회랑 역시 변방으로 인식되기는 마찬가지였죠. 그런데 한나라가 스러져가던 3세기경 한족은 중원을 떠나 하서회랑으로 모여들기 시작합니다.

아니 왜요? 다들 중원에 살고 싶어 했다면서요?

상황이 바뀐 겁니다. 오히려 3~6세기에는 중원이 중국에서 가장 위험한 지역이 됐어요. 이 무렵 중국의 패권을 상징하는 중원을 차지하기 위한 전쟁이 수백 년간 이어진 탓이죠. 5호16국 이전 삼국시대에도 유비와 조조 같은 중국의 영웅호걸들이 중원에서 각축을 벌였잖아요. 이를 시작으로 전쟁터나 다름없어진 중원에 설상가상 이민족까지 침략하자 그야말로 중원은 위험천만한 땅이 된 겁니다.

| 전쟁과 평화 |

중원에 사는 한족의 삶은 나날이 피폐해져갔습니다. 전쟁으로 농사를 지을 수 없게 되자 굶주림이 일상이 됐고, 병사로 징집된 백성들은 목숨을 부지하기도 어려웠어요.

하루하루가 고역이었겠어요.

한족은 살육의 전장이 된 중원을 떠나 피난길에 올랐습니다. 이때 한족이 피난지로 선호한 곳이 하서회랑이었어요. 하서회랑이라고 안전한 것은 아니었지만 다른 지역보다는 상황이 나았던 거죠.

하서회랑이야말로 전쟁이 끊이지 않던 곳 아닌가요?

3~5세기 중국 전역은 혼돈의 도가니였습니다. 그러나 이와 별개로 실크로드 교역은 여전히 번성했어요. 전쟁도 실크로드를 오가는 상인들을 막을 수는 없었죠. 비단과 도자기, 향신료 같은 교역품을 사고팔며 얻는 시세차익이 그만큼 컸던 거예요. 그 덕에 서역과 중국을 오가는 길목이자 이민족 국가들이 다툼을 벌였던 하서회랑은 위험하지만 돈이 모여드는 땅이 됩니다. 하서회랑에 자리 잡은 나라들은 실크로드 교역을 통해 얻은 부를 바탕으로 다른 지역보다 안정적으로 국정을 운영할 수 있었어요. 페이지를 넘기면 4세기경에 하서회랑을 다스린 나라들을 볼 수 있습니다.

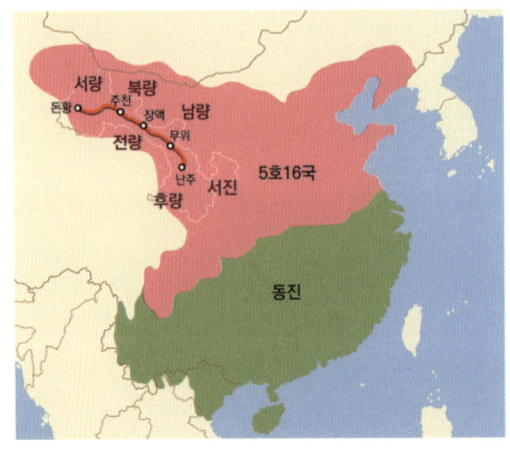

하서회랑을 차지한 5호16국
실크로드의 주요 구간인 하서회랑은 전쟁 중에도 활발한 교역이 이루어진 곳이다. 당시 이 땅을 차지한 5호16국은 상당한 경제적 이득을 누릴 수 있었다.

유목민족들이 알짜배기 땅을 다 차지해버렸네요.

한 가지 짚고 넘어가면 5호16국 중에는 한족이 세운 나라도 소수 있었습니다. 전량, 서량이 그 나라들이에요. 5호16국이 중국 북방을 장악하기 전, 이미 한족 왕조는 내부 분열로 쇠락의 길을 걸었어요. 이때 중국은 간신히 중원만 지켰을 뿐 하서회랑 같은 변방을 돌볼 여력이 없었습니다. 가령 중국 황실은 하서회랑에 파견한 한족 관리들을 감독할 엄두도 못 냈어요. 이 틈을 타 하서회랑의 한족 관리들은 아예 그곳에 눌러앉아 세력을 키웠고, 그사이 중국에 몰려온 유목민들도 하서회랑에 잽싸게 자리를 잡은 겁니다.

돈이 막 굴러드는 땅이라 너도나도 욕심이 났나봐요.

전쟁 중에 돈이 있고 없고는 하늘과 땅 차이입니다. 하서회랑을 차지한 나라들이 돈으로 이룬 안정은 피난민들에게 천상의 동아줄 같지 않았을까요? 중원에 살던 한족의 대이동은 피난지로 각광받았던 하서회랑에 중원 문화를 직접 전파하는 계기가 됐습니다. 하서회랑의 경제적 안정이 미술에도 영향을 끼친 거예요.

돈이 사람을 부르고 예술을 꽃피웠네요.

하서회랑에 석굴사원이 집중적으로 조성될 수 있었던 이유도 다르지 않습니다. 석굴사원 같은 대규모 건축물은 막대한 돈을 쏟아부어야만 지을 수 있어요. 신앙심 하나만으로 할 수 있는 일은 아니죠. 석굴사원만큼은 아니지만 돈이 많이 드는 미술이 바로 무덤입니다. 전란이 끊이지 않던 중원에서는 무덤을 쓰는 일조차 쉽지 않았는데 하서회랑에는 꽤 많은 무덤이 조성됐어요. 이곳에서 세력을 키운 부유한 권력자들, 피난 온 한족 귀족들의 무덤이었죠.

돈 많은 한족 귀족들은 중원을 떠나서도 무덤을 지은 거군요.

덕분에 유목민들이 위세를 떨쳤던 3~6세기경 한족 문화는 오히려 중원 바깥으로 활발히 퍼져나갔습니다. 나라가 기울어도 문화는 끈질기게 살아남아 중국 전역에 영향을 미친 거예요. 문화의 힘이 얼마나 대단한지 새삼 느껴집니다.

한족 문화가 사람들의 마음을 끄는 구석이 있었나보네요.

| 제국의 양식은 영원히 |

한족이 정주하며 오랜 세월 갈고닦은 문화는 그 자체로 경쟁력이 있었어요. 그렇지 않고서야 이 무렵 하서회랑에 한족 장례 미술 전통을 받아들인 무덤이 조성될 리 없겠죠.

한족 장례 미술 전통이라는 게 대체 뭔가요?

한족 장례 미술 전통은 한족 고유의 사후관과 연관이 깊습니다. 고대 중국 사람들은 사람의 영혼이 혼(魂)과 백(魄)으로 되어 있다고 생각했어요. 살아 있을 적에는 혼과 백이 조화를 이루다가 죽음에 이르면 혼백이 분리돼, 혼은 천상 세계로 가고 백은 지상에 남는다고 믿었지요.
한족의 장례 풍습은 분리된 혼과 백이 저마다의 길로 잘 떠날 수 있게 기원하는 의식이었습니다. 그래서 한족은 지상에 남는 백을 위해 크고 화려한 무덤을 조성했어요. 백이 살아 있는 사람들을 괴롭히지 말고 자기 집인 무덤에서 잘 지내라는 의미였죠.

그런 이유라면 무덤을 화려하게 조성할 필요가 있겠어요.

이처럼 장례를 성대하게 치르고 무덤을 호화롭게 조성하는 것을 후장(厚葬)이라고 합니다. 후장은 한나라 때 성행했어요. 한나라 이전에 행해진 후장의 대표적인 예가 진시황릉입니다. 중국 역사상 가장 규모가 큰 무덤이죠. 진시황릉은 생전 진시황이 머물던 황궁 아방궁을 무덤에 재현했다고 해서 지하의 아방궁이라고도 불려요.

그럼 혼은 어떻게 달랬나요?

망자의 혼이 올라가게 될 천상 세계의 풍경이나, 묘주가 천상 세계로 올라가는 승천의 이미지를 무덤에 담았습니다. 그 기원이 되는 그림이 옆에 있어요.

용봉사녀도, 기원전 3세기, 중국 호남성 장사 초묘 출토, 호남성박물관
전국시대 무덤에서 발견된 그림으로 실크에 그려졌다. 용과 봉황이 망자를 천상 세계로 인도하는 모습을 담았다.

이 그림은 중국에서 현존하는 가장 오래된 회화입니다. 기원전 3세기경 전국시대 무덤에서 발견됐죠. 봉황이 죽은 여인을 하늘로 이끄는 승천의 순간을 비단에 그렸습니다.

종이에 그린 거라고 해도 믿겠어요.

이보다 조금 늦은 시기에 그려진 비단 그림도 있습니다. 중국 호남성 장사의 마왕퇴에서 발굴된 T형 비단의 그림은 용봉사녀도만큼이나 중국 회화사에서 중요한 자리를 차지합니다.

중국으로 가는 길

천상 세계

지상 세계

묘주 승천 장면

지하 세계

T형 비단, 기원전 2세기, 중국 호남성 장사 마왕퇴 출토, 호남성박물관
발굴 당시 관 위에 놓여 있던 T형 비단은 고대 중국인들의 내세관을 확인할 수 있는 유물이다. 용봉사녀도보다 더 복잡한 구성을 띠고 있으며 천상 세계, 지상 세계, 지하 세계의 풍경이 묘사됐다.

T형 비단의 묘주 승천 장면
마왕퇴 1호분의 묘주인 신추가 하늘로 승천하려는 순간을 담았다. 신추 뒤로 하인 세 명이 보이고 맞은편에는 신추를 데리러 온 사자들이 무릎을 꿇고 있다.

왼쪽이 T형 비단입니다. 알파벳 T자 모양을 닮아 T형 비단이라는 이름이 붙었죠. T형 비단은 천상 세계, 지상 세계, 지하 세계 세 부분으로 구성됩니다. 위 그림은 무덤 주인인 묘주(墓主)의 승천 장면으로 지상 세계에 그려졌어요. 묘주가 하인들의 호위를 받으며 천상 세계로 올라가려는 모습을 표현했죠. 정중앙에 서 있는 사람이 묘주고 그 뒤로 하인 세 명이 보입니다. 묘주 맞은편에 무릎을 꿇고 앉은 두 사람은 묘주를 천상 세계로 안내할 사신들이에요.

저승으로 가는 먼 여행이군요.

묘주의 승천 장면 바로 위에는 서왕모가 사는 천상 세계를 그렸습니다. 한나라 사람들은 자기네가 죽은 뒤 신선 세계에 가길 바라는

(왼쪽)출행도, 176년, 중국 하북성 녹가장묘
(오른쪽)출행도 복원도, 하북성박물관
묘실 전체를 말과 마차가 행진하는 모습으로 꾸몄다. 벽화는 모두 4단으로 구성되어 있으며 묘주의 출행 장면을 묘사했다. 당시 마차는 아주 값비싼 교통수단으로, 고위층만 사용할 수 있었다고 한다.

마음으로 천상 세계를 신선이 사는 세계로 묘사했어요. 혼병에서도 천상 세계는 신선이 사는 깊은 산속 풍경으로 표현됐잖아요. 이러한 한족의 사후 세계관은 무덤 벽화로도 그려졌습니다. 무덤의 천장은 하늘, 즉 천상 세계로 상정하고 그 아래는 지상인 것처럼 벽화를 구성했죠. 특히 지상 세계에는 생전 묘주의 풍요로웠던 모습을 가득 담았습니다.

풍요로운 모습이라뇨?

왼쪽 사진은 176년에 조성된 한나라 고위 관리의 무덤에서 발견된 벽화입니다. 바로 옆에 있는 그림은 중국 하북성박물관에서 최근 이 무덤 벽화를 모사해 전시한 그림이에요.

여기서 묘주는 수십 명의 하인과 수십 대의 마차를 끌고 어딘가로 가는 중입니다. 대규모 출행도지요. 무덤에 이토록 큰 규모의 출행도를 그린 이유는 살아생전 묘주가 누린 권세를 과시하기 위해서예요. 인간 세상에서 이 정도로 대단한 부귀영화를 누린 사람이라는 걸 자랑하는 겁니다.

이미 세상을 떠났는데 무덤에다 생전의 삶을 자랑해서 뭐하나요?

| 살아생전의 삶을 죽어서도 누린다 |

중국에는 계세적(繼世的) 내세관이라는 개념이 있습니다. 한자로 이을 계(繼) 자에, 인간 세(世) 자를 써서 인간이었을 적의 삶을 저승까지 이어간다는 의미죠. 즉 생전의 삶을 죽어서도 누린다는 뜻입니다. 한족은 현생에 누렸던 풍족한 삶을 무덤에 그대로 재현해 죽어서도 그와 같은 부귀영화를 누리기를 바랐어요. 대규모 출행도는 그 같은 바람을 담은 그림이에요. 이처럼 살아생전 묘주의 풍요로운 삶을 그린 그림을 생활풍속도라고 부릅니다.

대규모 출행도가 생활풍속도라는 거군요.

대형 행렬도, 357년, 안악 3호분, 황해남도 안악군
안악 3호분의 대규모 행렬도는 생전 묘주가 얼마나 지체 높은 신분이었는지 보여준다. 행렬 뒤쪽에는 사람들의 호위를 받으며 수레에 앉아 있는 묘주가 보인다.

그렇습니다. 생활풍속도는 보통 지상 세계에 그려졌는데 앞에서 본 출행도와 버금가는 그림이 우리나라에도 있습니다. 357년에 조성된 고구려 안악 3호분의 벽화죠. 위가 그 벽화입니다.

대체 사람이 몇이나 있는 건가요?

등장인물만 250여 명이에요. 벽화 길이가 10미터에 달하니 실제로 그림을 마주하면 압도당하는 기분이 들 겁니다. 벽화 오른쪽에 박스로 표시한 부분을 보세요. 마차를 타고 가는 묘주를 확인할 수 있

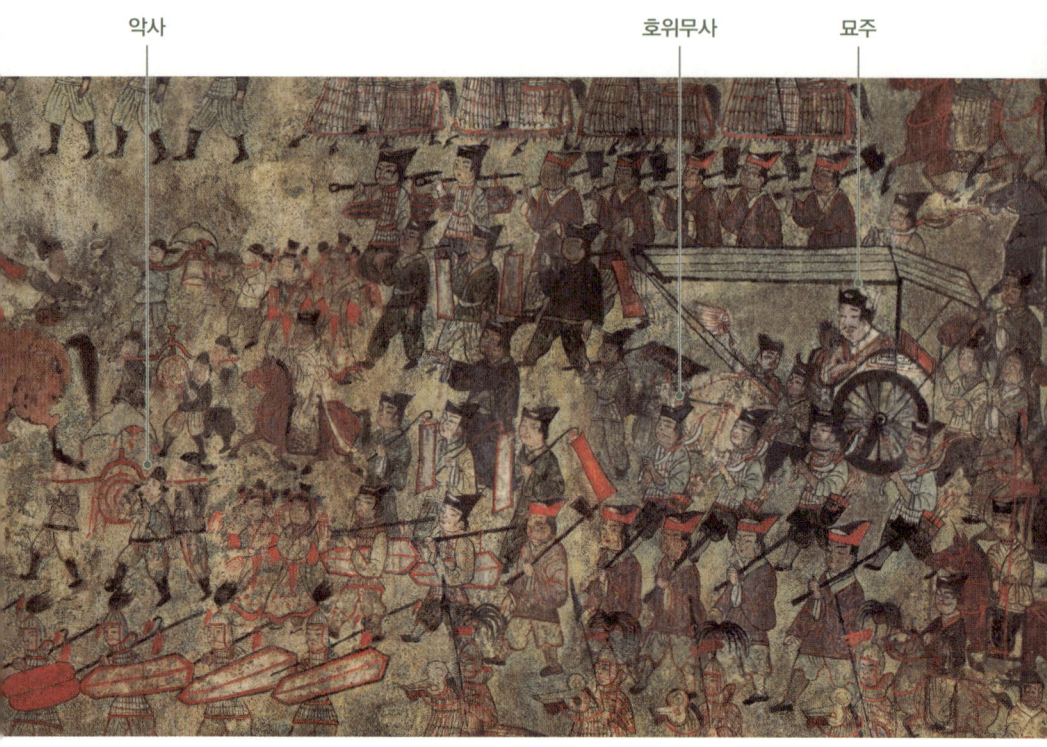

마차를 타고 가는 묘주 세부

습니다. 묘주 주위로 활을 든 호위무사들이 보이고, 바로 근처에는 하인 무리와 말을 탄 수하들도 가득해요. 북을 치고 피리를 부는 악단도 행렬을 따르는 중입니다.

그런데 현생의 삶이라기에는 그림이 미화된 것 같아요.

그림이니 과장했을지도 모르죠. 분명한 건 이런 벽화가 있는 무덤에 묻힌 사람이라면 신분이 무척 높았을 거라는 점입니다. 상당한 부와 권력을 지닌 지배층이었겠죠. 사실 현세가 내세로 이어진다는

센네젬 무덤 동쪽 벽화, 기원전 1300년경
이집트인 센네젬은 자신의 무덤에 죽은 뒤 가게 될 천국의 모습을 황금빛 곡식이 가득한 비옥한 땅으로 묘사했다. 이집트 신화에 등장하는 낙원, '갈대의 들판'을 모티프로 삼은 것으로 보인다.

생각은 중국 한족만 한 건 아닙니다. 동서양을 막론하고 고대 세계에 퍼져 있던 사고방식이었어요. 위는 이집트인의 무덤에서 발견된 벽화로, 풍요로운 사후 세계를 표현한 그림이에요. 비옥한 토지에는 곡식이 풍성하고 나무에는 과일이 주렁주렁 달려 있죠. 이집트인이 생각한 사후 세계의 풍요 역시 현실과 다르지 않습니다.

죽은 뒤에도 행복한 삶을 꿈꿨던 건 동서양 모두 같았군요.

네. 한족은 그런 자신들의 바람을 무덤에 남겼습니다. 천상 세계에는 신선이 사는 낙원을, 지상 세계에는 사후로 이어질 풍요로운 일상을 말이에요.

| 세계 최대의 지하 갤러리 |

한족 고유의 무덤 양식은 하서회랑에도 고스란히 전해졌습니다. 가욕관 위진벽화묘에서 그 모습을 확인할 수 있어요. 주천에서 자동차로 40여 분을 달리면 가욕관시에 있는 위진벽화묘를 만날 수 있습니다. 가욕관시는 만리장성 서쪽 끝에 위치한 관문, 가욕관이 있는 도시입니다. 14세기경 명나라 때 만리장성을 다시 쌓으며 함께 조성한 건축물이 가욕관이죠.

관문은 성문 같은 건가요?

가욕관, 14세기, 중국 감숙성
14세기경 명나라 때 만리장성을 다시 쌓으며 함께 조성됐다. 흙과 벽돌을 이중으로 쌓아 성벽을 만들었으며, 오늘날 만리장성 서쪽 가장 끝에 자리한 관문이다.

관문이란 오늘날 국경지대에서 출입국 심사를 하는 곳과 비슷합니다. 한나라 때는 돈황 근처 옥문관이 관문이었어요. 현재 옥문관은 건축물 일부만 남아 유적지가 됐지만 가욕관은 지금도 사람들이 드나듭니다. 오늘날 타클라마칸 사막으로 향하는 하서회랑의 마지막 관문은 가욕관이 된 셈이죠. 아래 지도에서 옥문관과 가욕관의 위치를 보세요. 두 관문 모두 실크로드의 중요한 중국 거점이었습니다. 아주 먼 옛날부터 두 관문은 세계에서 온 상인들로 인산인해를 이루었어요. 심지어 그 상인 중에는 조선인도 있었습니다.

조선 상인이 하서회랑까지 갔다고요?

중국과 우리나라 기록에 따르면 1883년 문초운이라는 이름의 조선인 상인이 가욕관에서 장사를 했습니다. 불법으로 홍삼을 팔다 중국 정부에 적발돼 조선으로 압송됐다는 기록이 있죠. 실크로드에서도 조선 홍삼은 인기가 높아 비싼 값에 거래됐다고 해요. 위험을 무릅쓰는 상인의 본능은 조선 상인도 예외가 아니었던 것 같습니다.

고생해서 가욕관까지 왔을 텐데 다시 돌아가려니 속이 쓰렸겠네요.

1972년에 발굴된 위진벽화묘는 가욕관에서 20킬로미터 떨어진 고비 사막에 위치합니다. 당시 이곳에서 양을 방목하던 목동 두 사람이 무덤을 발견했어요. 이후 무덤을 조사하던 전문가들은 생각지도 못한 결과에 깜짝 놀랐습니다. 이곳에 무려 1,400여 기에 달하는 무덤이 있다는 게 밝혀졌거든요. 오른쪽이 위진벽화묘가 있는 곳입니다. 그냥 허허벌판처럼 보이지만 위진벽화묘는 20킬로미터에 걸쳐 분포한 무덤군이에요. 20킬로미터면 반나절은 걸어야 하는 거리입니다. 가욕관을 세계 최대의 지하 갤러리라고 부르는 이유죠.

한나라의 영향을 받았으니, 무덤도 하나같이 으리으리했겠네요.

기대와 달리 위진벽화묘의 무덤들은 오히려 소박한 편입니다. 무덤이 조성된 3세기에서 5세기 초에 중국에서는 박장(薄葬)이 성행했어요. 박장이란 후장의 반대로, 얇을 박(薄) 자에 장사 지낼 장(葬) 자를 써서 장례를 검소하게 치른다는 의미예요.

위진벽화묘, 3~5세기, 중국 감숙성
가욕관에서 20km 떨어진 곳에 위치한 고분군으로, 1,400여 기에 달하는 무덤이 조성돼 있다. 무덤 대부분이 벽돌로 쌓은 전축분이며 화상전이 대거 발견돼 화제가 됐다.

한족의 장례 풍습은 후장이잖아요?

이 무렵 중국 전역은 거듭된 전쟁으로 먹고살기도 팍팍했습니다. 백성들은 물론이고 조정까지 허리띠를 졸라매야 했죠. 상황이 계속 나빠지자 2세기 말 한나라 황실은 박장을 권했어요. 그 후 위나라의 조조가 사치를 뿌리 뽑고 무덤이 도굴되는 것을 막겠다며 무덤 앞에 비석을 세우는 것도 금지합니다. 서진의 사마염은 아예 법으로 박장을 못박았고요.

그래도 하서회랑은 경제적으로 여유가 있지 않았나요? 실크로드 교역으로 막대한 수익을 얻었다면서요.

다른 지역과 비교하면 그랬죠. 그러나 하서회랑의 권력자들이 자루째 돈을 쓸어담았대도 한나라 전성기에 버금가는 부를 누릴 수는 없었습니다. 하물며 엄청난 규모의 무덤을 짓고 부장품을 잔뜩 넣는 건 상상도 못할 일이었죠. 유목민에게 패해 남쪽으로 달아난 한족 왕조가 세운 동진은 형편이 더 어려웠고요.

하서회랑이 그나마 상황이 나은 거였군요.

가욕관 위진벽화묘는 그 와중에 한나라 때의 무덤처럼 번듯하게 만들려고 애쓴 흔적이 보이는 무덤입니다. 물론 부족한 자금과 인력 탓에 한계에 부딪혔지만요. 오른쪽이 위진벽화묘 6호분의 입구 사진이에요. 중국에서 일반인들에게 개방된 위진벽화묘가 한정돼 있는 터라 현재 우리가 볼 수 있는 무덤도 제한적입니다.

겉모습만 보면 박장이라고 하긴 어렵겠는데요?

한나라 왕족이나 귀족의 무덤에 비하면 규모가 작아요. 정교함도 떨어지고요. 한나라 무덤이 생전 묘주가 살았던 집 구조를 그대로 본떠 방을 여러 개 만들었다면 가욕관 위진벽화묘는 묘실이 2~3개 정도밖에 안 됩니다. 부장품의 양도 현저히 적죠. 그래도 중국 전역이 배를 곯던 때에 무덤이 1,400여 기나 되는 대규모 고분군이 만들어진 건 놀라운 일입니다. 그중 10여 기의 무덤에서 760점이 넘는 화상전이 발견돼 큰 화제가 됐어요.

위진벽화묘 6호분 입구, 3~4세기 초, 중국 감숙성
현재 일반인에게 공개된 위진벽화묘는 6호분이 유일하다. 6호분의 묘실은 주인과 하인의 일상을 담은 화상전들로 꾸며졌다.

화상전이 뭔가요?

화상석(畵像石)이 돌에 그림을 새긴 거라면 화상전(畵像磚)은 벽돌에 그림을 그려넣은 걸 말합니다. 위진벽화묘는 벽돌을 쌓아 지은 전축분이에요. 백제 무령왕릉도 전축분이죠.

| 삼황제의 천상 세계 |

위진벽화묘 6호분은 부부가 함께 묻힌 합장묘로 묘실이 3개입니다. 페이지를 넘기면 6호분의 측면도를 볼 수 있어요.

입구에서 가장 먼 곳에 주실을 두고 부부의 관을 안치했습니다. 묘실 천장은 밥그릇을 뒤집어놓은 듯한 모습인데 이런 형태의 천장을 복두형 천장이라고 해요. 복두(覆斗)란 엎어놓은 됫박 같다는 뜻입니다. '하늘은 둥글고 땅은 네모지다'는 고대 중국 사상, 즉 천원지방(天圓地方)의 세계관에 영향을 받은 거죠. 옆에 있는 사진은 6호분의 무덤 통로로, 이곳을 거쳐야만 묘실에 다다를 수 있습니다.

무덤이 생각보다 엄청 깊군요.

지면에서 묘실 입구까지 17미터니까 지하 3~4층 정도 되는 꽤 깊은 무덤입니다. 그렇게 묘실로 향하다 보면 통로 윗부분을 장식한 화상전을 볼 수 있어요. 아래 측면도에서 박스로 표시한 부분입니다.

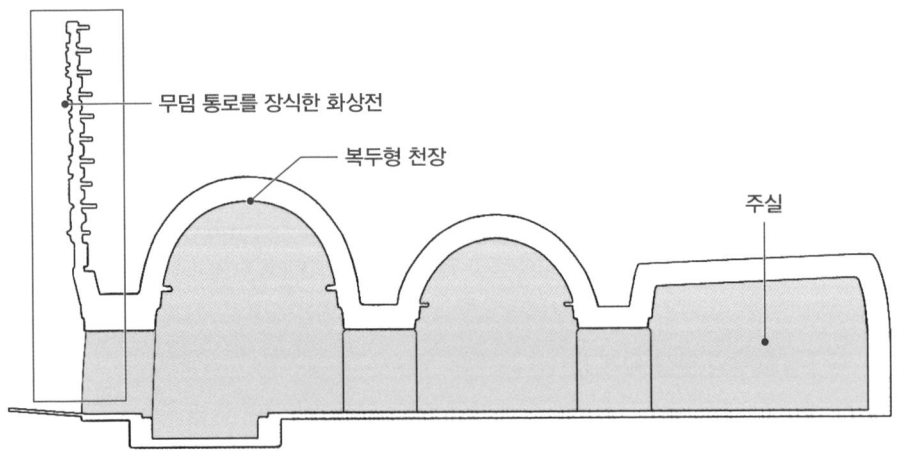

위진벽화묘 6호분 측면도
박장의 영향으로 묘실 개수가 적다. 한족 무덤 전통에 따라 묘실을 둥근 복두형 천장으로 조성한 점도 특징이다.

위진벽화묘 6호분 무덤 통로
약 17m 깊이의 지하 통로를 내려가면 묘실에 다다르게 되는데 이 통로의 일부분도 화상전으로 장식돼 있다.

천상 세계(부분), 3~4세기 초, 위진벽화묘 6호분
묘실 외벽 윗부분을 천상 세계로 꾸몄다. 중국의 삼황제를 비롯해 동서남북을 수호하는 사신들을 볼 수 있다.

위진벽화묘의 무덤들은 보통 묘실로 가는 통로 윗부분을 천상 세계로 꾸몄는데, 6호분도 마찬가지였습니다. 위는 6호분을 장식한 천상 세계를 확대한 모습이에요.

천상 세계라면 신선이 사는 세계겠죠?

맞습니다. 그런데 여기서는 신선이 아니라 중국 건국 신화 속 3명의 황제가 등장해요. 이들을 삼황이라 하죠. 오른쪽 일러스트로 살펴볼까요? 맨 윗줄 왼쪽부터 차례로 여와, 신농, 복희입니다. 이들이 바로 중국을 건국한 삼황제죠. 중국 건국 신화는 여러 버전이 있는데

위진벽화묘 6호분 천상 세계 일러스트

그중 하나를 표현한 거예요. '창조의 신인 복희와 여와는 인간을 만들었고, 농사의 신인 신농은 인간에게 농사를 가르쳤다. 그래서 오늘날 인류가 탄생했다'는 전설입니다. 삼황 아래쪽에는 동서남북을 수호하는 사신(四神), 즉 청룡, 백호, 주작, 현무가 있어요.

사신은 많이 들어봤어요.

우리에게도 익숙한 수호신이죠. 기원전 5세기경 등장해 한나라 때 자리 잡은 사신의 개념은 우리나라는 물론이고 동북아시아 전역으로 퍼졌습니다. 삼황과 사신 외에도 기린이나 곰저림 신묘한 동물들도 천상 세계에 표현됐습니다.

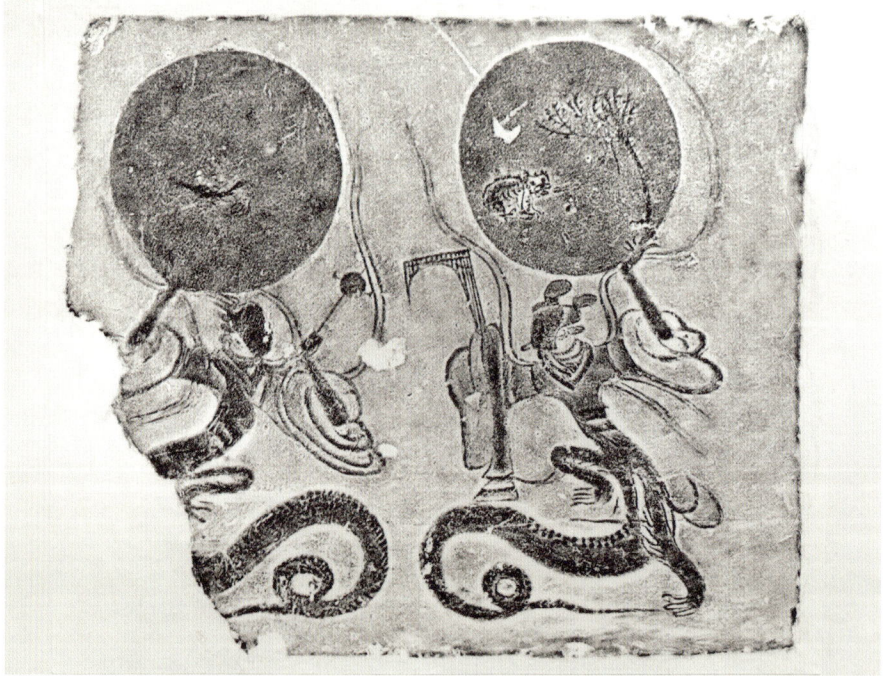

(위)복희와 여와 화상전, 3~4세기 초, 위진벽화묘 6호분
(아래)복희와 여와 화상석 탁본, 1~3세기, 중국 사천성 출토
복희와 여와는 중국 신화에 등장하는 존재들로, 복희는 남신, 여와는 여신이다. 둘 모두 상반신은 사람, 하반신은 뱀의 꼬리를 한 모습으로 표현됐다. 복희는 태양을 여와는 달을 관장한다고 알려졌다.

한편 대상을 표현한 방식도 한족과 아주 비슷해요. 옆 페이지 맨 위는 앞에서 본 위진벽화묘 화상전의 실물입니다. 왼쪽이 복희, 오른쪽이 여와죠. 아래에 있는 한나라 화상석 탁본과 비교해보세요. 한나라에서는 보통 복희와 여와를 사람 몸에 뱀의 꼬리가 달린 모습으로 표현했는데 위진벽화묘의 화상전도 다르지 않습니다.

복희와 여와 몸 한가운데에 동그란 건 뭔가요?

일상(日像)과 월상(月像)입니다. 보통 중국에서 일상은 세 발 달린 까마귀인 삼족오가 태양과 같이 있는 모습으로, 월상은 달 속에 두꺼비가 있는 모습으로 묘사했어요. 복희는 해를, 여와는 달을 관장한다고 해서 복희는 일상과 함께, 여와는 월상과 함께 표현되곤 했죠. 위진벽화묘 화상전을 자세히 보면 태양 안에는 삼족오가, 달 안에는 두꺼비가 보입니다. 한나라 화상석 탁본도 똑같아요.

| 벽돌에 담긴 오늘 |

천상 세계로 꾸민 묘실 입구와 달리 위진벽화묘 묘실 안쪽은 생활풍속도로 꾸며졌습니다. 사실 가욕관 위진벽화묘에서 가장 큰 비중을 차지한 그림이 생활풍속도예요. 페이지를 넘기면 6호분뿐만 아니라 다른 무덤에 있는 화상전도 함께 감상할 수 있습니다. 이를 통해 하서회랑에 거주한 귀족들의 일상을 살필 수 있죠.

위진벽화묘 6호분 묘실 내부

옆에서 ①번 화상전을 보세요. 하인들이 농사일을 하는 모습입니다. 왼쪽 하인은 광주리를 옆구리에 끼고 씨를 뿌리고 있어요. 그 뒤에서 열심히 쟁기질을 하는 하인도 보입니다. 이 사람이 들고 있는 건 괭이 같아요. 땅을 파거나 흙을 고를 때 쓰는 괭이는 ㄱ자 모양으로 된 농기구랍니다.

그런데 이건 귀족의 일상이 아니라 하인의 일상 같은데요.

생활풍속도는 묘주의 생전 일화를 그리는 것이니 자연스럽게 묘주를 위해 일하는 하인들의 모습도 등장합니다. 하인들이 집안일을 하

(위)농사짓는 모습, 3~5세기, 위진벽화묘 출토
(아래)동물을 도축하는 모습, 3~5세기, 위진벽화묘 출토
위진벽화묘의 화상전은 농사, 목축, 사냥 등으로 실생활에서 비롯된 장면이 대부분이다.

고 농사짓는 장면은 생활풍속도의 흔한 주제였어요. ②번 화상전을 볼까요? 이 장면은 동물을 도축하는 모습입니다. 콧수염을 기른 남자가 동물의 배를 갈라 핏물을 빼는 중이에요. 휙 하고 배를 가르는 남자의 거침없는 손놀림이 무척 생생하게 표현됐습니다. 심지어 발밑에 놓인 그릇에 동물의 피가 고여 있는 것까지 재현했어요.

정말 일상을 꾸밈없이 표현했네요.

묘주와 시중드는 하인, 3~5세기, 위진벽화묘 출토

위 ③번 화상전은 주인의 호화로운 일상을 담았습니다. 천막 안에 무덤 주인으로 보이는 남자가 앉아 있어요. 머리에 관모를 쓰고 근엄한 태도로 하인을 대하는 모습이 지체 높은 귀족 같습니다. 맞은편 하인은 그런 주인을 향해 뭔가를 공손히 건네는 중이죠.

그런데 그림 실력이 능숙한 것 같진 않아요.

한나라 때보다 그림 솜씨가 서툽니다. 옆에 있는 T형 비단과 위진벽화묘 화상전을 비교해보세요. 위진벽화묘는 4세기 초, 한나라 T형 비단은 기원전 2세기 그림이에요. 500년이나 일찍 그려진 T형 비단 그림이 위진벽화묘 그림보다 훨씬 정교합니다. 윤곽선도 생생하고요. 또한 T형 비단은 그림을 그리기 전에 무엇을 어디에 어떻게 배치할지 철저하게 계획한 뒤 그림을 그렸어요. 반면 위진벽화묘의 그림들은 각각의 벽돌에 각종 생활 장면을 그린 뒤 그대로 나열했습니다.

T형 비단의 천상 세계, 기원전 2세기, 마왕퇴 1호분 출토

이렇게 배치된 그림들은 서로 연관성 없이 제각각이에요.

그림체도 한나라 때랑 다른 거 같아요.

필선만 봐도 위진벽화묘 화상전이 훨씬 거칩니다. 그도 그럴 것이 한나라 때보다 적은 돈과 시간을 들여 무덤을 지으려다보니 숙련된 한족 화가를 고용해 오랜 시간 공들여 무덤을 장식하기는 어려웠어요. 게다가 변방이었던 하서회랑에서 솜씨 좋은 화가를 찾기란 하늘의 별따기였죠. 그래도 위진벽화묘의 화상전들은 그 나름의 매력을 지니고 있습니다. 간략하고 빠른 붓놀림으로 후딱 그린 이 그림들은 한족 회화에서 볼 수 없는 즉흥적이고 과감한 필선이 여동적이에요.

중국으로 가는 길

| 그 길의 사람들 |

가욕관 위진벽화묘의 생활풍속도는 당시 하서회랑 사람들의 생활상을 연구하는 자료로도 손색이 없습니다. 중원에서 볼 수 없는 하서회랑만의 생활양식이 담겨 있거든요.
오른쪽 ④번 화상전은 하인이 낙타를 끌고 가는 모습입니다. ⑤번과 ⑥번 화상전은 목축을 하는 장면으로, ⑤번 화상전을 가득 채운 동물 대부분이 염소예요. 흰 염소 9마리와 검은 염소 3마리가 보입니다. 화면 오른쪽 위에 몸집이 큰 동물은 소 같아요. 그 아래 채찍을 든 사람이 가축 무리를 몰고 있습니다. ⑥번 화상전도 비슷해요. 남자가 말을 모는 모습을 표현했습니다. 농경사회였던 중원 지역에서는 접하기 어려운 유목민의 일상을 담은 겁니다.

유목민들이 다스린 땅이라 목축도 했던 거군요.

그도 그렇지만 하서회랑은 지대 자체가 특이합니다. 사막과 산지, 평야와 계곡이 어우러진 땅이니 말이에요. 고비 사막과 가까워 척박한 지대도 있지만 기련산의 빙하가 녹아서 흐른 강 덕분에 산지뿐 아니라 초목이 무성한 지대도 있어요.
앞에서 고비 사막 남쪽, 막남이 농경과 목축을 같이 하기 좋은 환경이라고 말했던 걸 기억하나요? 하서회랑도 막남 이상으로 다양한 지형을 갖춘 덕에 농경과 목축이 모두 가능했습니다. 이런 지역을 이른바 잡거 지역이라고 불러요.

화상전, 3~5세기, 위진벽화묘 출토
중원에서 보기 어려운 유목민들의 일상이 생생하게 담겨 있다. 낙타를 끌고 가는 모습, 가축을 모는 모습 등 화상전을 통해 당시 하서회랑 사람들의 생활상을 엿볼 수 있다.

중국 내 잡거 지역
하서회랑은 중국의 대표적인 잡거 지역이다. 사막, 산지, 초원 등 다양한 지대로 이루어져 일찍부터 목축을 하는 유목민과 농사를 짓는 정주민이 어울려 살았다.

잡거 지역에서는 농경민과 유목민이 다 함께 살았겠네요.

그렇습니다. 위 지도에서 초록색으로 표시한 부분이 중국 내 잡거 지역입니다. 고비 사막 남쪽부터 타클라마칸 사막의 오아시스 도시까지 상당히 넓게 펴져 있어요. 만리장성도 이 부근에 위치합니다. 또한 하서회랑에는 서역에서 온 이민족들도 상당히 많았어요. 오른쪽 ⑥번 화상전에 있는 남자를 다시 보세요. 채찍을 들고 있는 이 사람은 유목민도 중국인도 아닙니다.

그걸 어떻게 알 수 있나요?

말을 모는 모습

우선 복장이 다릅니다. 원래 중국 전통 복장은 옷이 땅에 질질 끌릴 정도로 길고 소매통도 매우 넓거든요. 그런데 이 남자는 짧은 웃옷에 무릎까지 올라오는 부츠를 신었어요. 그렇다고 몽골 초원을 휩쓴 북방 유목민이라기엔 얼굴이 지나치게 서구적입니다. 짙은 눈썹, 두꺼운 콧수염, 큰 코가 그렇지요.

확실히 중국인이나 몽골인은 아닌 거 같아요.

아마도 서역에서 온 이민족이었겠죠. 실크로드의 관문이었던 하서회랑에 얼마나 다양한 민족들이 모여 살았겠어요? 강조하지만 하서회랑은 농경민과 유목민, 한족과 이민족이 한데 어울려 산 땅이었습니다. 그러다 보니 중국의 어느 지역보다도 다양한 문화가 공존했어요. 기옥관 위진벽화묘의 생활풍속도에는 삶의 방식이 서로 다른 이민족들의 다채롭고 생생한 일상이 담겨 있습니다.

위진벽화묘는 한족 무덤을 본떴지만 완전히 같지는 않았군요.

그렇습니다. 하지만 잊으면 안 돼요. 위진벽화묘의 기본은 한족 장례 미술 전통에서 출발했습니다. 오만가지 생활풍속도를 무덤에 그려 현생의 풍요로운 삶을 죽어서도 누리겠다는 의지를 고스란히 드러냈으니까요. 게다가 하서회랑에는 그 의지를 좀 더 복잡한 형식으로 담아낸 무덤이 또 있습니다. 그 형식 역시 한족으로부터 기원했죠. 다음 강의에서 하서회랑에 전해진 한족 문화의 영향력을 다시 한번 확인하겠습니다.

| 필기 노트 | 03. 중국으로 가는 길

중원에서 전쟁이 지속되자 한족은 줄지어 피난길에 오른다. 그로 인해 중원의 한족 문화는 유민을 따라 변방까지 퍼져나간다. 그중에서도 실크로드와 닿아 있는 하서회랑에 한족이 모여들며 이제껏 이민족이 드나들던 변방의 땅, 하서회랑은 기존의 이민족 문화와 한족 문화가 결합해 새로운 예술이 꽃피는 지역으로 부상한다.

- 떠오르는 하서회랑
  - **군사적 요충지** 서역에서 중국으로 넘어오는 외부 세력을 차단할 수 있는 땅.
    - ⋯ 한무제의 하서 4군(돈황, 주천, 장액, 무위) 건설.
  - **피난지** 3~6세기경 연이은 전쟁으로 중원이 초토화되면서, 상대적으로 경제적 안정을 누린 하서회랑에 한족들이 대거 이주함.
  - **미술에 미친 영향** 하서회랑에서 세력을 키운 한족 귀족들이 무덤을 화려하게 장식하기 시작함.
    - ⋯ 한족 문화가 중원 바깥으로 퍼져나감.

- 한족의 무덤 미술
  - **후장 풍습** 지상에 남는 백을 위해 크고 화려한 무덤을 조성함.
  - **용봉사녀도** 묘주가 승천하는 모습을 비단에 그림. 망자의 혼이 천상 세계로 잘 떠날 수 있기를 소망하는 마음을 담음.
  - **T형 비단** 천상 세계, 지상 세계(인간 세계), 지하 세계로 나뉨.
  - **계세적 내세관** 현세의 삶을 내세에서도 누린다고 보는 관점.
    - ⋯ 현생의 풍족한 삶을 무덤에 표현해 내세에서도 그와 같기를 바람.

- 위진벽화묘
  - **박장** 후장과 반대되는 말. 3~6세기경 중국 전역에 전쟁이 거듭되던 시기에 유행한 장례 풍속.
  - **거대한 고분군** 가욕관 인근에 위치한 고분군으로, 1,400여 기에 달하는 무덤이 모여 있음.
  - **특징** 한족 전통을 따라 무덤을 조성했지만 묘실 내부에 있는 생활풍속도에는 하서회랑 사람들의 고유한 생활양식이 반영됨.

마음으론 신선되어
불로장생하고 싶지만,
여전히 고삐 잡고 머뭇거리며
고개 들어 내 친구 돌아본다.

– 혜강, 「제7수」

04

하늘에서 땅으로, 땅에서 하늘로

#천마 #정가갑 5호분 #안악 3호분
#아스타나 묘주 생활도

신라 천마도는 그림 속 천마의 정체를 놓고 갑론을박이 벌어졌던 유물입니다. 1996년 국립중앙박물관에서 실시한 적외선 촬영 결과, 천마 정수리에 뿔이 있다는 사실이 밝혀지며 논란은 더 가중됐죠.

천마도, 5~6세기, 경주 천마총 출토, 국립경주박물관

아래는 당시 적외선 촬영 사진을 바탕으로 복원한 천마도예요. 천마 정수리에 커다란 뿔이 보이나요? 이를 두고 일부 학자들은 신라 천마도가 중국의 기린을 그린 거라고 주장하기도 했습니다.

적어도 제가 아는 기린의 모습은 아닌데요.

원래 기린은 고대 중국에서 머리에 뿔이 달린 상상의 동물을 가리키는 말이었습니다. 사슴의 몸에 소의 꼬리, 말의 발굽을 가졌다고 전해오죠. 거북, 봉황, 용 등과 함께 태평성대를 상징하는 대표적인 길조로 여겨졌고요.

천마도 복원 모습
2018년 경주시는 천마총 리모델링을 추진하며 국립경주박물관과 협업하여 천마도를 복원했다. 이 천마도는 1996년 국립중앙박물관에서 실시한 천마도의 적외선 촬영 결과를 바탕으로 제작됐으며, 진품과 동일한 재료와 염료를 사용해 최대한 원형에 가깝게 복원했다.

자수로 표현한 기린, 1644~1911년 (청나라), 미국 클리블랜드미술관
사슴의 몸, 소의 꼬리, 말의 발굽을 가졌다고 알려진 중국 전설 속 동물이다. 봉황, 거북, 용과 함께 상서로운 동물의 대표로 꼽힌다.

한편 천마도가 유목민 문화에서 유래했다고 주장하는 학자도 많습니다. 실제로 유목민들 사이에서는 말 머리에 뿔을 장식해 망자와 함께 묻는 장례 풍습이 성행했어요. 또 유목민 미술에 자주 등장하는 모티프 중 하나가 유니콘처럼 이마에 뿔이 하나 달린 동물이 하늘을 나는 모습입니다.

신라인은 자신들을 흉노의 후예라고 주장했으니 유목민 문화의 영향을 받아 천마를 그린 건 아닐까요?

그럴 가능성도 높습니다. 신라 천마도의 기원에 대해서는 앞으로 더 다양한 연구가 필요해 보여요. 다만 분명한 건 신라와 북방 유목민 간에 교류가 있었다는 사실입니다. 실제로 5호16국이 다스렸던 하시회랑에서 신라 천마도와 꼭 닮은 무덤 벽화가 발견됐어요. 하서회랑 주천에 있는 정가갑 5호분에 그려진 그림이죠.

천마, 4~5세기, 정가갑 5호분, 중국 감숙성
정가갑 5호분 북쪽 천장에 그려진 천마는 신라 천마도와 무척 비슷하다. 정수리에 뿔, 숨을 내쉴 때 뿜어져 나오는 영기 등, 전체적인 생김새와 자세에서 유사성이 느껴진다.

정가갑 5호분은 4세기 말~5세기 초 무덤으로, 신라 천마총보다 50~100년 이르게 조성됐습니다. 위는 정가갑 5호분의 북쪽 천장에 그려진 천마예요. 천마 주위의 꼬불꼬불한 문양들은 구름입니다. 천마가 구름을 헤치며 하늘을 나는 모습이 신라 천마도와 비슷하죠. 두 천마는 자세는 물론이고 전체적인 외형도 무척 닮았어요.

천마의 갈기랑 뿔을 뾰족뾰족하게 표현한 점이 눈에 띄어요.

신라 천마도는 꼬리까지 뾰족뾰족하게 그렸습니다. 천마에게서 뻗어나오는 영기(靈氣), 즉 신령스러운 기운을 표현한 거예요. 그래서

(왼쪽)정가갑 5호분 천마 일러스트 (오른쪽)신라 천마도 천마 일러스트

신라 천마도의 뿔을 단순한 뿔로만 보기는 어렵습니다. 정확히 말하면 뿔이 아니라 몸에서 퍼지는 상서로운 기운이라고 봐야겠죠. 두 천마가 입을 벌린 채 '후!' 하고 내뿜는 숨도 영기랍니다.

만화책에서 강한 힘을 가진 캐릭터들이 이런 식으로 에너지를 내뿜는 장면을 봤어요.

맞습니다. 천마도 보통 존재가 아닌 거죠. 두 무덤에서 천마를 표현한 방식이 이토록 비슷한 걸 보면 신라 천마와 정가갑 5호분의 천마는 뿌리가 같은 것으로 보여요. 하서회랑에 흘러든 유목민 문화가 우리나라까지 영향을 미친 겁니다. 동시에 하서회랑은 한족 피난민을 통해 중원의 한족 문화가 직접 전해진 곳이에요. 정가갑 5호분은 가욕관 위진벽화묘보다 한족의 영향을 더 잘 보여주는 무덤입니다. 다음 페이지에서 정가갑 5호분의 구조도를 보세요.

| 한의 영향을 고스란히 |

정가갑 5호분은 가욕관 위진벽화묘와 함께 하서회랑의 장례 문화를 대표하는 무덤입니다. 다른 점이 있다면 벽돌 하나하나에 그림을 그린 위진벽화묘와 달리 묘실 전체를 캔버스처럼 사용했다는 거예요. 오른쪽은 정가갑 5호분 전실 서쪽 벽의 모습입니다. 천장과 가까운 부분은 천상 세계를, 그 아래는 지상 세계를 표현했죠. 마치 현실 세계의 하늘과 땅처럼 벽화를 꾸민 거예요. 물론 여기서 묘실 천장은 현실에 있는 물리적인 하늘과 다르게 묘주가 갈 바라는 낙원을 그린 거지만요.

하긴 우리도 누군가가 죽으면 하늘로 떠났다고 하잖아요.

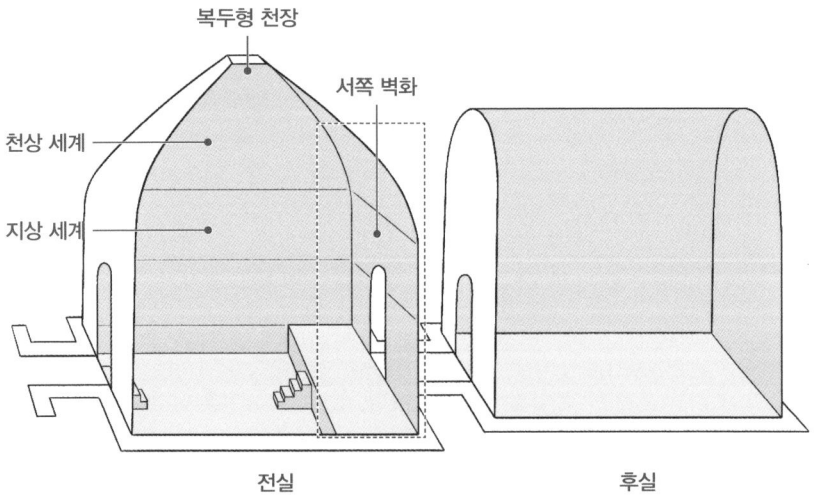

정가갑 5호분 구조도
박장의 영향으로 묘실 개수가 적다. 벽돌을 쌓아 만든 전축분으로 묘실 내부 벽면에 회칠을 하고 그 위에 그림을 그렸다.

천상 세계와 지상 세계, 4~5세기, 성가랍 5호분
벽돌 하나하나에 그림을 그린 위진벽화묘와 달리 묘실 벽 전체를 화폭으로 삼아 천장 부근은 천상 세계를, 벽면은 지상 세계를 표현했다.

맞습니다. 정가갑 5호분은 벽 전체를 화폭으로 삼아 공간에 구애받지 않고 화면을 구성했어요. 그래서 위진벽화묘보다 훨씬 체계적으로 무덤을 장식할 수 있었죠. 하지만 무덤을 지은 방식은 위진벽화묘처럼 벽돌을 쌓아 만든 전축분입니다. 옆에서 정가갑 5호분의 천상 세계를 보세요. 밑부분에 가로로 죽죽 금이 가 있습니다.

무덤이 오래돼서 벽에 금이 갔나봐요.

그게 아니라 벽돌 위에 바른 석회가 시간이 지나면서 갈라진 거예요. 울퉁불퉁한 벽돌 벽에 석회를 바르면 표면이 매끄러워져 그림 그리기가 훨씬 수월합니다. 정가갑 5호분은 애초에 벽화를 그릴 계획으로 벽 위에 석회를 두텁게 발랐어요. 무덤 벽화 대부분이 이렇게 회칠을 한 뒤, 그 위에 그림을 그리죠. 그런데 중원의 한족 무덤에서는 의외로 벽화를 찾아보기 어렵습니다.

정가갑 5호분은 한족의 영향을 받은 무덤이라면서요?

무덤에 그림을 그렸다는 사실보다 무덤을 장식한 벽화의 주제가 한족과 깊은 연관이 있기에 그렇게 말하는 겁니다. 가령 정가갑 5호분의 벽화는 T형 비단을 떠올리게 해요. 이 벽화도 T형 비단처럼 천상 세계에 서왕모가 등장하거든요. 그림 한가운데에 있는 인물이 서왕모입니다. 서왕모 발밑에는 삼족오와 구미호가, 머리 위에는 달 속의 두꺼비도 표현돼 있죠. T형 비단과 도상이 거의 겹칩니다.

(위)T형 비단의 천상 세계(부분), 기원전 2세기, 마왕퇴 출토
(아래)정가갑 5호분의 천상 세계(부분), 4~5세기, 정가갑 5호분
정가갑 5호분과 T형 비단의 천상 세계는 같은 전설을 주제로 삼았다. 두 벽화 모두 신선 중의 신선 서왕모와 함께 월상과 일상을 상징하는 두꺼비와 삼족오가 등장한다.

삼족오랑 두꺼비는 그렇다 쳐도 구미호가 왜 나오는 건가요?

구미호는 삼족오, 두꺼비와 함께 서왕모를 따르는 시종이었어요. 여기에는 토끼도 포함됩니다. 달에서 방아를 찧는 토끼 이미지는 서왕모를 도와 불로장생의 영약을 만드는 토끼 이야기에서 유래했어요.

달에 사는 옥토끼가 서왕모의 토끼였군요!

서왕모는 한나라에서 가장 인기 있는 신선이었습니다. 불로장생의

화상석, 1~3세기, 중국 사천성 성도 출토
서왕모가 자신의 권속들과 함께 등장하는 도상은 한나라 때 이미 정형화되어 중국 미술 곳곳에 표현됐다.

영약을 관리한 신선인지라 불로장생을 간절히 바라던 중국 사람들의 애정을 듬뿍 받았죠. 중국 미술 여기저기에 서왕모가 얼마나 자주 등장하는지 몰라요. 한나라에서는 일찍부터 서왕모 도상이 생겨나 널리 퍼졌을 뿐 아니라 한무제와 서왕모가 연인 사이라는 웃지 못할 로맨스까지 만들어졌습니다.

이 정도면 거의 서왕모 팬덤이 형성된 거네요.

팬덤이라 할 만해요. 한나라에서는 왼쪽처럼 서왕모가 등장하는 화상석이 수도 없이 제작됐습니다. 오늘날로 따지면 서왕모 굿즈라고 볼 수 있겠군요. 그만큼 중국 사람들은 서왕모에 열광했습니다. 정가갑 5호분의 천상 세계 역시 한나라 때부터 전해진 서왕모 도상을 그대로 따랐어요. 한나라 미술의 영향이 한나라가 멸망한 후 약 200년이 지난 시점에 하서회랑이라는 변방에서 다시 보이는 겁니다.

| 풍요로운 내세를 꿈꾸며 |

누누이 말했지만 한족의 무덤 미술 전통에서는 계세적 내세관에 따라 묘주가 현생에서 누린 풍요로운 삶을 생활풍속도로 그린다고 했습니다. 정가갑 5호분에서도 다양한 생활풍속도를 만날 수 있어요. 그중 하나가 묘주 초상화죠. 페이지를 넘기면 정가갑 5호분의 서쪽 벽화를 옮긴 일러스트를 볼 수 있습니다.

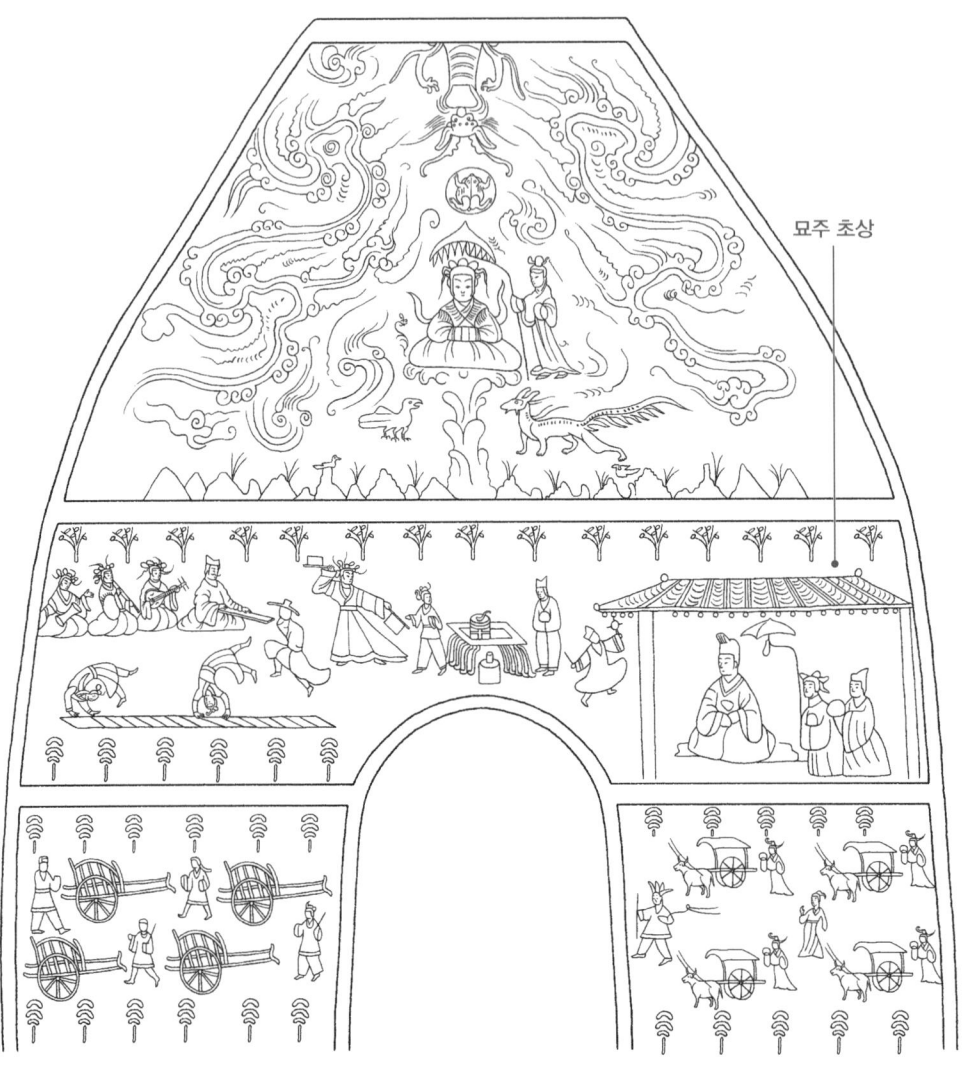

정가갑 5호분 서쪽 벽화 일러스트
묘실 서쪽 벽 천장에 서왕모가 있다면, 묘실 아래쪽 벽면에는 묘주의 일상을 담은 생활풍속도가 있다.

묘주 초상화, 4~5세기, 정가갑 5호분
화려하게 차려입은 묘주와 그 곁에서 시중드는 하인들의 모습이 보인다. 주인과 하인의 크기를 달리 표현하는 건 중국 미술에서 흔히 보이는 그림 기법이다.

옆에서 묘주 초상화가 어디에 그려졌는지 확인해보세요. 위가 실제 벽화의 모습이에요. 머리에 검은 관모를 쓰고 화려한 붉은색 옷을 입은 인물이 묘주입니다. 하인 두 명을 거느린 채 기와 건물 안에 앉아 있는 모습이 주인다운 존재감을 뽐내고 있어요.

하인들의 체구가 너무 작은데, 설마 아이들인가요?

그럴 리가요. 맨 뒤에 있는 하인은 콧수염도 기른 걸요. 어린아이일 리가 없죠. 묘주 초상화는 묘주와 하인 사이의 위계질서를 드러내기 위해 신분에 따라 인물의 크기를 다르게 그렸어요. 한족 미술에서 흔히 사용하는 방법입니다.

묘주 초상화, 357년, 안악 3호분, 황해남도 안악군
안악 3호분은 고구려 초기 무덤으로 한나라 무덤 양식의 영향을 받아 조성됐다. 검은 관모 위에 흰색 비단으로 만든 백라관을 덧쓴 모습에서 묘주의 지위가 상당히 높았음을 알 수 있다.

그럼 묘주 초상화에는 묘주와 하인이 늘 함께 등장하나요?

대체로 그렇습니다. 한족의 묘주 초상화 전통은 고구려에도 전해졌어요. 특히 안악 3호분 같은 고구려 초기 무덤 벽화에서 잘 드러납니다. 위는 357년 조성된 안악 3호분의 묘주 초상화예요. 그림 정중앙에 앉아 미소를 띤 채 정면을 바라보는 사람이 묘주입니다. 그 주위로 다소곳이 허리를 숙인 이들은 하인들이에요. 묘주의 반도 안 되는 몸집이 주인과 하인 사이의 확연한 신분 차이를 드러내죠. 심지어 이 그림에서는 묘주와 하인만 크기가 다른 게 아니라 하인들끼리도 체구에 차이가 나요. 하인들 간의 위계까지 표현한 겁니다.

주인과 하인, 357년, 안악 3호분
한나라의 영향을 받은 안악 3호분은 묘주를 비롯해 벽화에 등장하는 인물 대부분이 얼굴에 개성이 드러나지 않는다는 특징이 있다.

맨 뒤에 있는 하인들은 크기가 정말 작네요.

무슨 미니어처 같지요? 위계질서를 드러내기 위해 인물의 크기를 달리 그리는 데는 그토록 신경 쓰면서 정작 얼굴 묘사에 소홀한 점도 한나라 묘주 초상화의 특징입니다. 고구려 안악 3호분 벽화도 마찬가지예요. 위에서 묘주와 하인의 얼굴을 비교해보세요. 생김새가 너무 비슷해서 개성이 전혀 느껴지지 않아요.

얼핏 보면 형제인 줄 알겠어요.

네. 이처럼 당시 묘주 초상화는 인물의 개성이나 초상적 특징이 드러나지 않는다는 공통점이 있습니다. 묘주 초상화의 목적은 묘주의 사회적 지위와 위엄을 드러내는 데 있지 묘주가 실제로 어떻게 생겼느냐를 표현하는 데 있지 않기 때문이에요. 그래서 초상화인데도 초상화라 부르기 어려운 면이 있습니다.

| 날마다 잔칫날처럼 |

다시 정가갑 5호분으로 돌아갑시다. 아래 일러스트를 보세요. 묘주 초상화 바로 옆에는 공연으로 떠들썩한 연회 장면이 그려졌습니다. 묘주 초상화와 연회도가 나란히 위치한 까닭에 마치 묘주가 툇마루에 앉아 연회를 구경하는 것처럼 벽화가 구성됐어요.

정가갑 5호분 서쪽 벽화 일러스트(부분)

장면 장면이 묘하게 이어지는군요.

맞습니다. 이런 점이 위진벽화묘와 다른 부분이죠. 묘주 초상화와 연회도가 천상 세계 바로 아래 위치한 것도 우연이 아닙니다. 연회가 그저 묘주의 즐거운 일상을 표현한 게 아니라 묘주의 영혼이 천상 세계로 올라가는 것을 축하하는 자리라는 걸 암시하니까요. 그래서 연회는 묘주 초상화와 더불어 한족 무덤 미술에 빠지지 않고 등장하는 주제예요. 아래 악단을 보세요. 왼쪽 사람부터 장구, 피리, 비파, 거문고를 연주하고 있습니다. 마치 관현악 4중주 같아요. 네 사람의 머리 각도가 저마다 다른 걸 보면 얼마나 연주에 몰입했는지 느껴집니다.

장구를 두드리는 사람이 제일 신명나 보여요.

악기를 연주하는 사람들, 4~5세기, 정가갑 5호분
연회도에 악단이 등장하는 건 한족 무덤 미술 전통에서 정형화된 패턴이다.

그런데 저 그림 속 악기는 고구려 안악 3호분 벽화에도 나옵니다. 심지어 6세기경에 만들어진 백제금동대향로에도 같은 종류의 악기가 등장해요. 옆에서 백제금동대향로에 표현된 다섯 명의 악사를 보세요. 거문고, 종적(피리), 완함(비파), 고(북), 배소(관)까지 다양한 악기들을 연주하고 있어요. 더욱이 정가갑 5호분이나 백제금동대향로에 등장하는 악기 대부분은 외국에서 전래된 겁니다.

장구와 피리는 당연히 우리나라 악기일 줄 알았는데요.

우리나라 유물 가운데 생각보다 서역을 통해 전해진 문물이 많아요. 서역에서 전래된 춤과 음악은 중국을 거쳐 우리나라에도 영향을 주었습니다.

중국도 아니고 서역의 문화가 전해진 거군요.

춤추는 무희, 4~5세기, 정가갑 5호분

이렇게 보면 중국만 주변 나라에 영향을 미친 건 아니라는 사실을 알 수 있죠.
악단 오른쪽에는 음악에 맞춰 춤을 추는 무용수도 보입니다. 양손에 깃발 같은 것을 든 모습이 예사롭지 않아요. 이런 화려한 차림으

거문고

종적(피리)

완함(비파)

고(북)

배소(관)

백제금동대향로, 6~7세기, 국립부여박물관
깊은 산속을 표현한 향로 뚜껑에 다섯 명의 악사가 장식됐다. 이들이 연주하는 악기 대부분은 외국에서 전래된 것으로, 서역, 동남아, 북방에서 유래했다.

악사와 곡예단, 4~5세기, 정가갑 5호분

로 빙글빙글 춤을 추면 치마가 아름답게 펄럭이며 금세 사람들의 눈길을 사로잡았겠죠.

악단 바로 아래의 곡예단은 더 열정적입니다. 여인 두 명이 돗자리 위에서 맨발로 공중제비를 넘고 있어요. 알록달록 나풀거리는 옷을 입고 유연함을 뽐내는 모습이 숙련된 실력자들 같지요.

(왼쪽)북을 두드리는 사람, 1~2세기, 중국 국가박물관
(오른쪽)노래 부르는 여인, 1~2세기, 사천성박물관
후장 풍속이 있었던 한나라에서는 춤을 추고 노래를 부르는 도용을 제작해 무덤에 묻는 일이 흔했다.

정말 즐거운 잔치네요. 이 정도면 망자의 혼도 기쁜 마음으로 천상 세계에 갈 수 있겠어요.

이처럼 악기를 연주하고 곡예를 펼치는 모습을 무덤에 담는 건 중국의 오랜 전통입니다. 진시황릉에서는 기예를 부리는 토기 인형, 즉 도용(陶俑)이 출토됐고, 한나라 무덤에서도 노래를 부르고 악기를 연주하는 도용이 수차례 발견됐어요. 위는 중국 사천성에서 발굴된 한나라 도용들입니다. 덩실덩실 어깨춤을 추며 북을 치는 사람과, 기나란 목을 쭉 빼고 노래하는 아리따운 여인의 모습이 생동감 넘칩니다.

169

이 도용들은 몸짓뿐 아니라 표정도 무척 생생해요.

이제 연회 장면을 뒤로하고 서쪽 벽 맨 아래로 눈길을 돌려봅시다. 후실로 통하는 문의 양쪽 벽면에는 수레와 우차가 빼곡합니다. 옆에서 실제 벽화를 볼 수 있어요.

화가의 그림 솜씨가 썩 좋지는 않네요.

정가갑 5호분 역시 변방의 무덤인지라 그림 솜씨가 투박합니다. 옆 페이지에 있는 왼쪽 그림부터 볼까요? 여기에는 수레가 4대 그려졌어요. 오늘날로 치면 주차장에 자동차가 4대나 있는 셈입니다. 오른쪽 그림은 소가 끄는 우차들이 줄지어 있는 장면이에요. 아마 이 무덤의 묘주는 수레와 우마차를 여러 대 보유한 부자였던 모양입니

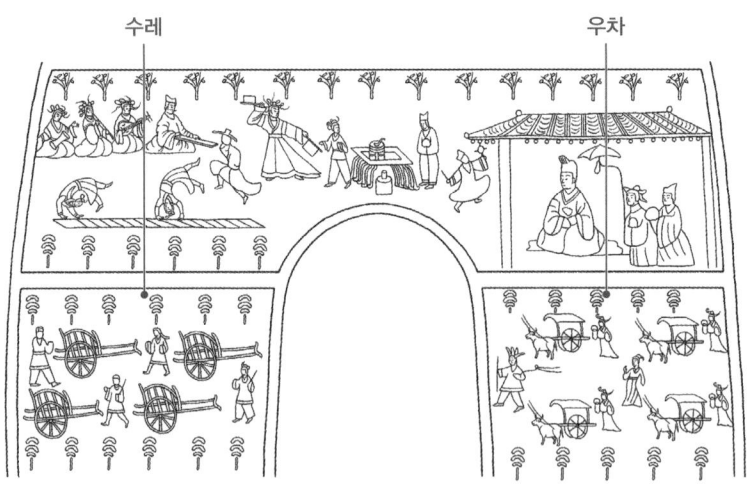

정가갑 5호분 서쪽 벽화 일러스트(부분)

수레와 우차, 4~5세기, 정가갑 5호분
정가갑 5호분 서쪽 벽화 맨 아랫단에는 수레와 우차를 잔뜩 그려놓았다. 생전 묘주가 누렸던 부를 과시하고 사후에도 그와 같기를 바라는 마음이 담겼다.

다. 그러니 잦은 전란 중에도 이런 무덤을 남겼겠죠.

| 주인 곁의 하인들 |

생활풍속도에는 묘주의 일상뿐 아니라 주인을 섬기는 하인들의 하루도 담겨 있어요. 가욕관 위진벽화묘에도 분주히 일하는 하인들의 모습이 등장했었죠. 정가갑 5호분의 하인들도 바쁘긴 마찬가지입니다. 부엌, 외양간, 농경지 할 것 없이 하인들의 손길이 닿지 않는 곳이 없어요. 페이지를 넘기면 집 안 곳곳에서 일하는 하인들을 만날 수 있습니다. 일러스트와 함께 살펴보지요.

살림살이 같은 것이 잔뜩 그려져 있네요.

①번은 묘실 동쪽 벽에 그려진 부엌 모습, ②번은 북쪽 벽에 그려진 도축 장면입니다. ①번 그림은 주변에 있는 항아리들과 벽에 걸린 조리도구들을 보니 부엌이 틀림없어요. 화면 하단에 시녀가 부지깽이로 아궁이를 들쑤시는 모습도 보입니다. ②번 그림은 야외에서 고기를 도축하는 장면이에요. 탁자 위에 멧돼지가 놓여 있고, 그 아래에는 떨어진 핏물을 받아두는 그릇이 있습니다. 바로 옆 선반 갈고리에도 손질한 고기들을 잔뜩 걸어놨군요.

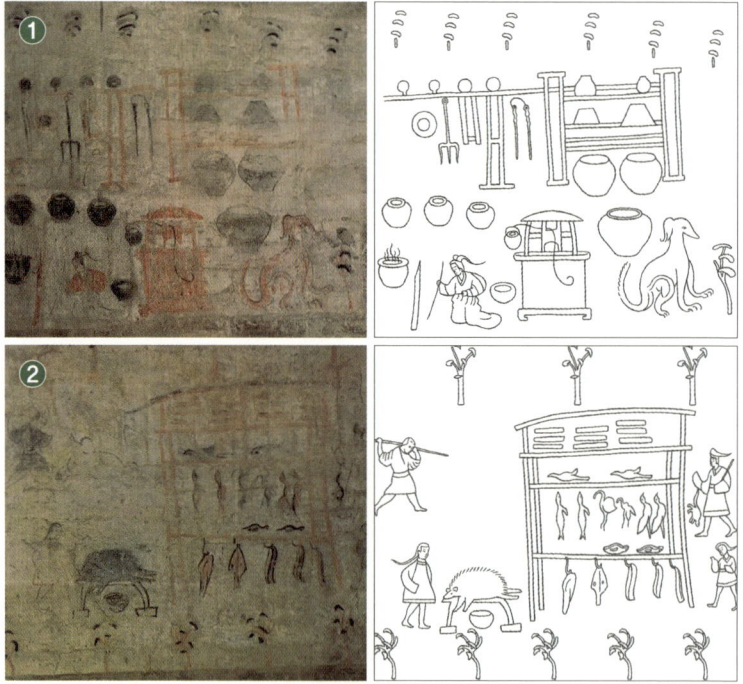

(위)부엌 모습, 4~5세기, 정가갑 5호분 (아래)도축 장면, 4~5세기, 정가갑

도축 장면은 위진벽화묘에서 본 그림과 거의 똑같아요.

부엌 모습이나 도축 장면 등은 생활풍속도에서 자주 표현되는 주제입니다. 그러다 보니 그리는 방식이 틀에 박혀있었어요. 비슷한 장면은 아래 안악 3호분 벽화에도 등장합니다. 왼쪽 시녀는 커다란 솥을 들여다보며 국자로 음식을 젓고 있고, 그 곁에 쪼그려 앉은 시녀가 아궁이의 불꽃이 잘 살아 있나 지켜보는 중이에요. 맨 오른쪽 시녀는 그릇을 하나하나 살피며 음식 담을 준비를 합니다. 그 아래의 개들은 뭐 얻어먹을 게 없나 어슬렁거리고 있죠.

여기도 도축한 고기가 갈고리에 걸려 있어요.

부엌 모습, 357년, 안악 3호분, 황해남도 안악군
부엌에서 음식을 조리하는 시녀, 갈고리에 걸려 있는 도축한 고기는 생활풍속도에 빠지지 않고 등장하는 장면이다.

맞습니다. 갈고리에 걸어놓은 생고기들도 생활풍속도의 정형화된 풍경입니다. 고기가 창고에 가득한 부잣집이라는 거죠.

무슨 고기인지 알아볼 수 있게 그린 게 놀랍네요.

그만큼 당시 일상을 생생하게 담은 겁니다. 다시 강조하지만 생활풍속도의 목적은 묘주의 부와 권위를 드러내는 데 있었어요. 그 과정에서 무덤 벽화의 소재와 형식은 정형화됐습니다. 이러한 한나라 장례 미술 전통은 하서회랑을 통해 서역까지 퍼져나갑니다. 불교가 실크로드를 따라 중국에 전파됐듯 한족 무덤 미술도 서역까지 도달한 거예요.

| 중원을 넘어 중국을 넘어 |

옆은 서역 투루판에 있는 묘주 생활도입니다. 어린아이가 서툴게 그린 듯한 이 그림은 투루판 아스타나 고분에서 발견됐어요. 3~4세기경 그림으로 종이 여섯 장을 이어붙여 제작했죠. 귀여운 그림 솜씨에 저절로 미소가 지어지지만 이래 봬도 이 작은 그림에 한나라 무덤 미술 양식이 모두 담겨 있어요. 생활풍속도는 물론이고 천상 세계를 상징하는 이미지들까지 알뜰히 표현됐죠.

그림 한가운데에 있는 사람이 무덤 주인이라는 건 알겠어요.

묘주 생활도, 3~4세기, 아스타나 고분 출토, 중국 신장위구르 투르판
아스타나 고분에서 발견된 묘주 생활도로, 종이에 그려졌다. 묘주와 하인의 일상이 고루 등장하는 이 그림은 한족 무덤 미술 전통이 당시 서역까지 퍼졌음을 보여준다.

③번 그림은 묘주 초상화가 맞습니다. 관모를 쓰고 화려한 옷을 입은 묘주가 부채를 들고 앉아 있습니다. 묘주 뒤에 두 손을 맞잡고 서있는 여인은 부인같아요.
그 위의 ②번 그림은 경작지

아스타나 고분 위치

를 그린 겁니다. 그리다 만 것 같긴 해도 땅에 농기구가 널브러져 있는 게 보여요. ④번은 부엌 모습입니다. 화면 위에 선반이 있고 아래쪽에는 항아리가 놓여있어요. 부엌에서 시녀가 일하는 모습을 그린 점이 정가갑 5호분, 안악 3호분의 부엌 모습과 흡사합니다.

그런데 그림 중앙에 엄청 커다란 나무가 서 있네요?

나무가 정말 크지요. 이 나무는 중국 전설 속 나무로 태양이 열 개 달린 부상나무입니다. 이 전설에 따르면 발이 세 개인 까마귀 삼족오가 매일 부상나무의 해를 하나씩 물어와 세상을 비춰준다고 하지요.

아름다운 전설이네요. 그런데 나무가 크기만 컸지 너무 앙상해요.

태양의 안식처인 전설의 나무라고 하기엔 좀 빈약해 보입니다. 잎이 무성한 한나라 부상나무와 비교하면 더 그렇게 느껴져요.

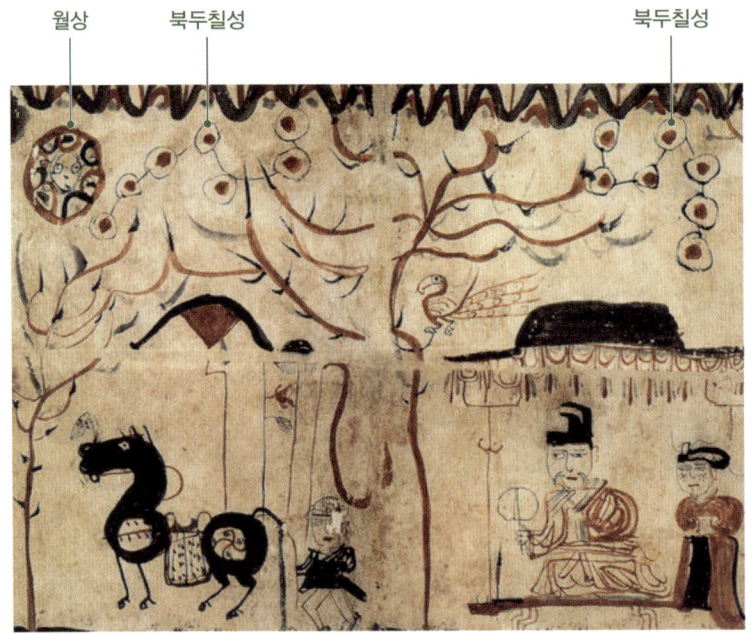

부상나무(부분), 3~4세기, 아스타나 고분 출토

부상나무, 기원전 151년, 중국 산둥성 가상현 무량사
부상나무의 해 열 개가 동시에 뜨자 세상이 불타기 시작했고, 그때 예라는 이름의 궁수가 나타나 단 하나의 태양만 남을 때까지 태양을 향해 활을 쏘았다는 전설을 표현한 그림이다.

위는 161년에 조성된 한나라 무량사의 화상석 탁본입니다. 화면을 가득 채운 부상나무가 풍성한 잎을 자랑하고 있어요. 아스타나 묘주 생활도에 표현된 나무와 한나라 화상석 탁본에 있는 나무는 모습이 너무 달라 같은 나무처럼 보이지 않습니다. 그러나 적어도 아스타나 묘주 생활도를 그린 화가는 이 나무가 무척 중요하다는 건 알았던 것 같아요. 그렇지 않고서야 화폭의 3분의 2를 나무로 채웠겠어요? 게다가 나무 위쪽에 북두칠성도 그렸습니다.

어디 북두칠성이 있다는 건가요?

나무 위로 개구리알처럼 보이는 것들이 북두칠성입니다. 별과 별 사이를 선으로 이어 북두칠성을 표현했어요. 그림 맨 왼쪽, 북두칠성 옆에는 월상도 있습니다. 동그란 달 안에 두꺼비가 보입니다. 북두칠성 역시 한족 미술에서 자주 볼 수 있는 소재예요.

이야기를 안 들었으면 월상인지 아예 몰랐겠어요.

표현이 서툴긴 해도 한족 무덤처럼 표현하려고 나름대로 노력했습니다. 아스타나 묘주 생활도에서는 부상나무, 북두칠성, 월상 등 한족 미술의 모티프가 상당히 많이 등장해요. 중원의 미술이 서역의 투루판에까지 전해진 생생한 예죠.

이처럼 나라는 몰락했지만 한족 미술은 끈질기게 살아남아 아시아 전역에 제국의 그림자를 드리웠습니다. 그러나 한족은 이와 같은 막강한 문화의 힘을 가졌음에도 이민족에게 패배했다는 충격에서 좀처럼 벗어날 수 없었어요. 자부심이 하늘을 찔렀던 만큼 눈앞의 현실을 인정하기가 쉽지 않았죠. 다음 강의에서는 이민족에게 쫓겨나 중원이 아닌 중국 남쪽에서 자신들만의 왕국을 다시 세운 한족의 미술을 살펴보겠습니다. 전통을 고집하며 예술을 꽃피운 중국 남쪽의 미술은 과연 어떤 모습이었을까요?

| 필기 노트 | 04. 하늘에서 땅으로, 땅에서 하늘로

3세기경부터 하서회랑에서는 한족 장례 미술 전통을 따른 무덤들이 속속 등장한다. 그 가운데 정가갑 5호분은 한족의 영향이 가장 두드러지는 무덤으로, 무덤의 구조부터 치장한 방식까지 한족 무덤과 흡사하다. 한족 왕조가 저물어가던 시기에도 중원 너머로 퍼져 나간 한족 문화는 갈고닦은 문화의 힘이 얼마나 강력할 수 있는지 보여준다.

- **하서회랑의 정가갑 5호분**

  한족의 영향 복두형 천장, 천상 세계를 신선 세계로 인식, 계세적 내세관에 따라 무덤에 생활풍속도를 그림.

  천상 세계 서왕모가 사는 신선 세계를 표현함.

  참고 서왕모는 불로장생의 영약을 관리한 신선.

  지상 세계 생활풍속도 묘주의 부와 사회적 지위를 중요하게 여긴 한족 무덤 미술 전통을 따름. 정형화된 형식이 특징.

  ❶ **묘주 초상화** 묘주는 크게, 하인은 작게 그림으로써 신분에 따른 위계질서를 드러냄. → 고구려 안악 3호분에서는 하인 간의 위계까지 표현함.

  ❷ **연회도** 묘주가 연회 장면을 지켜보는 것처럼 벽화를 구성함. 각각의 그림을 병렬적으로 배치한 위진벽화묘보다 벽화 구성이 정교함.

  ❸ **행렬도** 많은 사람들이 호위를 받으며 길을 떠나는 묘주의 모습을 그린 그림. 생전 묘주의 권세를 과시하기 위한 목적.

- **서역에 닿은 한족 미술**

  아스타나 묘주 생활도 생활풍속도를 비롯해 한족 무덤 미술에 자주 등장하는 모티프가 발견됨.

  예 부상나무, 북두칠성, 일상, 월상 등.

5호16국시대 미술 다시 보기

기원전 3세기
매형 금관
흉노왕의 금관으로 매, 호랑이, 말 등 여러 동물로 장식됐다. 금관 꼭대기의 늠름한 매 장식이 인상적이다

3세기
혼병
혼병은 중국에 불교가 들어와 불상이 미술로 표현되기 시작할 무렵의 모습을 담고 있다. 여기서 불상은 신선의 일원으로 표현됐다.

5세기
병령사 석굴사원
병령사 제169굴은 불교 석굴 사원 가운데 가장 오래된 석굴이다. 대승불교의 영향을 보여주는 석굴로도 유명하다.

	진시황, 만리장성 건설	묵특 선우, 흉노제국 건국	한나라, 중국 통일	한무제, 흉노와 전면전 시작	흉노 분열	
	기원전 214년	기원전 210년	기원전 202년	기원전 129년	기원전 60년	

기원전 334년
알렉산더, 동방 원정 시작

기원전 40~10년
고구려, 백제, 신라 건국

3~5세기
위진벽화묘 화상전
1,400여 기에 달하는 무덤이 모여 있는 가욕관 위진벽화묘에서는 화상전들이 발견됐다. 화상전에 담긴 그림을 통해 당시 하서회랑 사람들의 생활상을 엿볼수 있다.

4~5세기
정가갑 5호분
이 무렵 하서회랑에 조성된 무덤 중 한족의 영향이 가장 두드러지는 무덤이다. 묘실의 천장은 신선 세계로, 벽면은 생활풍속도로 꾸몄다.

삼국(위·촉·오)시대	서진 건국	5호16국시대 시작		
220년	265년	304년		
			342년	372년
			전연, 고구려 침략	고구려 소수림왕, 불교를 받아들임

II

위협하는 자와 위협받는 자

― 남북조시대: 남조와 북조의 미술 ―

황하는 여전히 이 땅을 적시는데
강을 굽어보는 사람은 어제와 달라,
오늘 고향을 떠난 이가 흩뿌린 눈물은 황하에 물결치는구나.
그때 다그닥 다그닥 말발굽 소리
강을 거슬러 온 사람이 있어,
그들의 두근대는 심장박동은
말의 세찬 투레질처럼 황하의 물결을 흩어놓는다.

— 산서성 태원, 중국

권하는 잔을 마다 말게.
봄바람 웃으며 불지 않은가.

- 이백, 「대주(對酒)」

01

대나무 숲에서 노니는 마음

#죽림칠현 #공필과 사의 #화산수서

예전만큼은 아니지만 지금도 무협은 사랑받는 장르죠. 30~40년 전까지만 해도 무협지가 날개 돋친 듯 팔리고, 무협영화를 상영하는 극장이 문전성시를 이뤘습니다. 우리나라는 물론이고 대만, 홍콩 가릴 것 없는 아시아적 현상이었어요.

아시아 전역에 무협 열풍이 분 거네요.

무협물의 매력은 뭐니 뭐니 해도 무림 고수들이 실력을 겨루는 장면에 있습니다. 보통 그 장면은 인적 없는 대나무 숲을 천천히 보여주는 것에서부터 시작해요. 단정히 솟은 대나무들 사이로 가느다란 빛줄기만 쏟아질 뿐 바람 소리 하나 없는 고요가 가득하죠. 이때 숲의 정적을 깨고 두 사람이 나타납니다. 순간 땅을 박차고 떠어오른 두 사람은 대나무 위를 경중경중 날아다니며 검을 부딪쳐요.

슈난주하이, 중국 사천성
슈난주하이는 촉남죽해(蜀南竹海), 즉 '촉나라 남쪽에 있는 대나무의 바다'라는 뜻을 가졌다. 총면적만 120㎢에 달하며 전 구간에 대나무가 자생하고 있. 위에서 내려다보면 무성한 대나무들이 흔들리는 모습이 마치 바다가 물결치는 것처럼 보인다고 해서 죽해라는 이름이 붙었다.

길에서 맨주먹으로 싸우는 거랑은 분위기가 딴판이에요.

푸르른 대나무 숲에서 벌어지는 이들의 검술 대결은 우아하면서도 비장미가 넘칩니다. 실제로 무협영화에 등장하는 대나무 숲은 중국에서 흔히 볼 수 있는 풍경이랍니다. 특히 중국 남부에 유명한 대나무 숲들이 몰려 있어요.

중국 남부에 대나무 숲이 많은 이유가 있나요?

온대성 식물인 대나무는 강수량이 풍부하고 햇빛이 잘 드는 따뜻한 곳에서 자랍니다. 우리나라 전남 담양이나 중국 남부가 대표적이죠. 전 세계 대나무 숲의 5분의 1이 모여 있는 중국은 그야말로 대나무 천국입니다. 그래선지 중국에서는 예로부터 대나무와 관련된 이야기가 많아요. 그중 하나가 사시사철 변치 않고 푸르른 대나무를 군자나 현인의 상징으로 여기는 겁니다.

하늘로 곧게 뻗은 대나무의 모습에서 현인의 이미지가 떠오르긴 해요.

| 저항이냐 방종이냐 |

비슷한 예로 죽림칠현(竹林七賢)도 있습니다. 죽림칠현은 대나무 숲에 은거한 일곱 명의 현인이란 뜻으로, 어지러운 세상을 피해 자연 속에 은둔하며 풍류를 즐겼던 일곱 선비를 말합니다. 혜강, 완적, 산도, 왕융, 상수, 유령, 완함 이 일곱 선비는 3세기경 중국에서 활약한 지식인이에요. 이들이 죽림칠현이라는 이름으로 한데 묶인 건 4세기 동진시대부터였습니다. 이때 죽림칠현의 인기는 하늘을 찔렀습니다. 이들을 새긴 조각을 무덤에 둘 정도였죠. 옆은 동진시대 무덤에 있는 죽림칠현 조각을 탁본한 그림입니다.

탁본에는 일곱 명이 아니라 여덟 명이 있는데요?

여기서 한 명은 죽림칠현이 아닌 영계기라는 인물입니다. 동진에서는 영계기와 죽림칠현을 함께 조각하는 일이 잦았어요. 영계기는 기원전 5세기경 춘추시대 인물로 기원후 3세기에 활약한 죽림칠현과는 아예 다른 시대 사람이에요.

동시대 사람도 아닌데 왜 영계기를 죽림칠현과 함께 조각한 건가요?

사실 죽림칠현도 한두 사람을 제외하면 서로 교류는커녕 만난 적도 없는 사이입니다. 친분이 없는 사람들을 모아다가 죽림칠현이라 이름 붙인 건 후대 사람들이었어요. 후대인들 눈에는 이 일곱 선비의

죽림칠현과 영계기, 4~5세기, 중국 남경 서선교 출토, 남경박물관
당시 동진에서 생각한 자유롭고 고상한 지식인의 이상적인 모습을 담았다. 맨 윗줄 왼쪽부터 영계기, 완함, 유령, 상수, 혜강, 완적, 산도, 왕융의 모습이다.

사고방식이 비슷해 보였던 겁니다. 위 탁본에 영계기가 포함된 이유도 마찬가지예요. 당시 동진의 귀족들은 영계기와 죽림칠현을 같은 부류의 사람들로 봤습니다. 그래서 이들을 한데 묶어 조각한 거죠.

같은 부류라뇨?

죽림칠현은 도가의 무위자연(無爲自然)에 영향받아 인위적인 것을 거부하고 있는 그대로의 자연을 동경했습니다. 기존의 윤리와 도덕을 인위적인 것으로 보고 자연 속에 은거한 사람들이죠. 춘추시대에 명망 있는 가문에서 태어난 영계기도 비슷해요. 영계기는 오래도록 학문을 갈고닦았지만 말년에 관직을 내려놓고 음악에 푹 빠져 지냈어요. 그 후 남은 생을 초라한 행색으로 거문고를 연주하고 술잔을 들이켜며 보냈습니다. 동진 사람들은 죽림칠현과 영계기의 이러한 삶의 태도를 현인의 모습으로 여겼어요.

그냥 마음 내키는 대로 산 거 같은데요.

동진의 귀족들이 열광한 부분이 바로 그 점입니다. 영계기와 죽림칠현의 자유분방함, 기존의 권위와 질서를 거부하는 반사회적인 태도는 동진 사회에 유행처럼 번져나갔어요. 여기서 기존의 질서란 유교였습니다.
유교는 한나라 때부터 통치 이념으로 채택돼 중국 사회에 지대한 영향을 끼쳤습니다. 왕과 신하, 부모와 자식, 남편과 아내 간의 거역할 수 없는 도리와 역할을 중시하는 유교의 예법은 왕권을 강화하고 사회질서를 유지하는 데 그만이었거든요. 그러나 죽림칠현은 이같은 유교의 예법이 의무와 명분이라는 이름으로 불공평한 사회질서나 규범을 합리화하는 역할을 한다며 비판했습니다.

어떤 점이 그렇다는 건가요?

유교에서 부모에게 효도하고 임금에게 충성하는 것은 기본 덕목입니다. 그러나 백성을 도탄에 빠트리는 부패한 왕에게도 충성해야 할까요? 또한 유교는 관혼상제(冠婚喪祭) 같은 의례를 몹시 중시합니다. 특히 궁궐에서 열리는 각종 의례는 왕의 위엄을 과시하기 위해 지극히 성대하게 치러져요. 도가 사상가들은 이 같은 유교의 예법과 형식주의를 인위적인 것으로 봤습니다. 부패한 지배층이 자신의 기득권을 강화하기 위해 사용하는 수단이라 생각한 거죠.

들고 보니 전혀 틀린 말은 아니에요.

동진에서 죽림칠현의 사상이 특별히 각광받은 이유가 있습니다. 서진이 무너지는 과정을 낱낱이 지켜본 한족은 이제껏 추구해온 유교적 가치에 환멸을 느꼈어요. 예법이라곤 눈곱만큼도 모르는 야만인인 북방 유목민에게 굴욕적으로 무릎 꿇은 충격이 그만큼 컸던 거예요. 이 마당에 유교의 도덕규범이 무슨 의미가 있어 보였겠어요? 더욱이 유학을 열심히 공부해 관직에 나간들 현실에 적용할 수 없으니 절망은 더 커졌습니다. 인(仁)이나 예(禮)로 통치하는 것도 나라가 부강할 때나 가능한 일이죠. 당시 유교에 대한 환멸은 동진 사회가 죽림칠현에 더 열광한 배경이 됐습니다.

죽림칠현이 나름 새로운 돌파구였던 셈이군요.

문제는 동진의 귀족들이 죽림칠현의 사상을 받아들일 때 그들의 신념보다 방탕한 겉모습에 더 관심을 기울였다는 점입니다. 달을 보지 않고 달을 가리킨 손가락을 본 셈이랄까요. 죽림칠현이 내세운 기존 질서에 대한 저항정신은 동진 사회에 와서 마음 내키는 대로 쾌락과 기행을 일삼는 행위로 변질됐어요. 일례로 술과 환각제를 즐기는 일이 현인들의 풍속으로 미화됐죠.

술과 환각제에 취하는 걸 미화하다니 선을 넘었네요.

당시 동진이 어떤 상황이었는지 알면 그 마음을 이해할 수 있습니다. 동진은 북방 유목민에게 패한 서진의 귀족들이 중국 남부로 쫓겨가 세운 나라입니다. 중원을 떠나본 적 없던 한족 왕조가 난생처음 낯선 땅으로 내몰린 거예요. 게다가 한족은 오랫동안 중국 남부를 오랑캐의 땅으로 여겼습니다. 그런데 정작 그 땅에 자신들이 내려와 살게 됐으니 마음이 여간 심란하지 않았겠죠.

자기 집을 도둑한테 빼앗기고 길거리에 나앉은 심정이겠어요.

양자강 이남의 강남지역
남조가 다스린 양자강 이남은 온난다습한 기후에 땅도 비옥해 살기 좋은 곳이었다. 그중에서도 양자강 하류에 위치한 남경은 '중국인 모두가 굶어 죽어도 끼니 걱정이 없는 곳'으로 불릴 만큼 번성을 이룬다.

남경의 성벽과 열강루 풍경
남경의 유명한 관광지 중 하나인 열강루는 중국 10대 망루에 속한다. 열강루에 오르면 양자강과 남경 시내 풍경을 한눈에 내려다볼 수 있다. 14세기경 명나라 초대 황제 주원장이 남경에 열강루라는 이름의 누각을 지으려 했던 사실을 토대로 2001년 중국 정부가 조성한 건축물이다.

그나마 다행인 건 앞선 삼국시대에 손권이 중국 남부에 오나라를 세우며 양자강 이남의 남경을 수도로 삼았다는 겁니다. 손권이 터를 닦아놓은 덕에 동진은 중국 남부에서 나라의 기틀을 다질 수 있었어요. 그사이 한족은 오랑캐나 사는 땅이라 여겼던 남방이 실은 살기 좋은 곳이라는 것을 깨닫습니다. 북방에 비해 기온이 온화할 뿐더러 땅도 비옥해 농사가 잘됐거든요. 그럭저럭 먹고살 만해지자 중원을 빼앗긴 분노도 점차 사그라들었죠. 중원을 되찾겠다고 목숨을 걸고 전쟁을 치르느니 그냥 포기하자는 분위기였어요.

사람은 적응의 동물이라더니….

설상가상으로 황제의 힘이 약했던 동진은 비등비등한 정치 세력 간의 다툼이 잦아 혼란스러웠습니다. 행여 이민족이 또 침략해 오는 건 아닌지 늘 전전긍긍했고요. 게다가 동진의 지배계층은 과거에 중원에서 누렸던 부와 권력을 그대로 유지할 수도 없었습니다. 현실을 인정하기 어려웠던 동진의 귀족들은 죽림칠현의 도가 사상에 마음을 빼앗겼어요. 현실 세계에 관심을 두게 하는 유교는 멀리하고요. 그렇게 동진의 귀족들은 정치는 나 몰라라 한 채 술과 환각제에 빠져 지냈습니다. 이런 패배주의가 동진 사회 전반에 짙게 깔려 있었어요.

그것도 동진 귀족들 이야기지, 동진의 사회 분위기 전체가 그랬다고 볼 수는 없지 않을까요?

동진은 귀족들의 세상이었습니다. 중국 남조 전체가 그랬죠. 4~6세

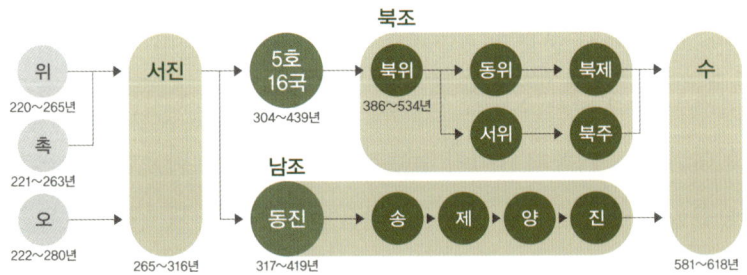

남조와 북조
북위가 중국 북방을 통일한 439년부터 중국 북방을 다스렸던 이민족 왕조를 북조, 같은 시기 동진을 포함해 중국 남방을 다스렸던 한족 왕조를 남조라 한다.

기경 중국 남부를 지배했던 왕조를 한데 묶어 남조라 부릅니다. 반대로 이 무렵 중국 북부를 지배한 왕조는 북조라고 해요. 황제권이 강했던 과거와 달리 남조에서는 귀족들이 정치, 경제, 군사, 문화 전반을 장악했습니다. 남조는 북쪽에서 쫓겨 내려온 명문 귀족과 이미 남쪽에서 세력을 키운 호족 세력이 주축이 되어 나라를 이끌었어요. 귀족들의 입김이 얼마나 센지 황제조차 귀족의 눈치를 봐야 했습니다.

남조 황제는 허수아비나 마찬가지였겠군요.

그런 셈이죠. 실무는 하급 관리에게 맡겨놓고 높은 관직만 꿰찬 동진의 귀족들은 청담(淸談), 즉 맑고 고상한 이야기라는 명목 아래 철학과 예술에 심취했어요. 그 결과 남조 사회에서는 귀족 문화가 발달합니다. 그중 하나가 서예예요.

| 그린다는 것은 경계를 긋는 것이다 |

소위 배운 사람을 얕잡아 말할 때 '저 사람 먹물이다'라고 이야기합니다. 이 말은 서예 도구 중 하나인 먹물에서 비롯됐어요. 그도 그럴 것이 서예는 한자에 대한 지식 없이는 즐길 수 없는 예술입니다. 이 시기는 신분이 높은 사람만 글을 배울 수 있었어요. 게다가 서예에 필요한 붓과 벼루는 매우 비싸 일반 백성들이 구경하기조차 쉽지

서체의 종류
갑골문에서 유래한 한문의 서체는 크게 전서, 예서, 해서, 행서, 초서로 나뉜다. 갑골문이 상형문자라면, 해서는 우리에게 익숙한 한자와 가장 비슷하고, 행서와 초서는 해서보다 흘려 쓴 글씨체로 한나라 이후 독자적인 서체로 발전했다.

않았습니다. 한마디로 서예는 귀족과 지식인만 누릴 수 있는 고상한 문화였어요. 그 때문에 귀족 사회에서 글씨를 잘 쓰는 일은 대단히 중요했습니다.

그런데 못 쓴 글씨와 잘 쓴 글씨는 어떻게 판단하나요?

중국 사람들이 서예에서 가장 중요하게 생각했던 게 '필(筆)'입니다. 여기서 필은 한자로 붓을 의미해요. 즉 붓으로 그린 선을 말하죠. 서예에서는 어떻게 글씨를 쓰느냐에 따라 글쓴이의 인품이 드러난다고 봤습니다. 그만큼 서예에서 필법은 매우 중요해요. 그래서 탄생한 서체가 전서, 예서, 행서, 해서, 초서입니다.

서체가 꽤 많네요.

학창 시절에 이 서체들을 배운 사람도 있을 거예요. 전서는 고대인들이 썼을 법한 상형문자를 떠올리면 돼요. 그림이나 추상적인 기호처럼 보이는 글자죠. 예서는 전서를 간결하게 다듬은 서체고, 해서는 오늘날 우리에게 익숙한 한자와 가장 비슷합니다. 행서와 초서는 흘려 쓴 글씨체예요. 동진의 서예가 왕희지는 해서, 행서, 초서를 완성한 사람으로 명성이 높죠.

귀족 문화가 성행한 남조에서는 붓으로 글을 쓰는 방식, 즉 서법이 다양해지면서 글씨에 대해 논하고 평가하는 서예론이 비약적으로 발전했습니다. 당시 서예론은 그림을 평가하는 데도 큰 영향을 미쳤어요.

서예는 글자고 회화는 그림인데 어떻게 서예론이 그림을 평가하는 데 영향을 미치나요?

좋은 질문입니다. 중국 사람들은 글씨와 그림의 근원이 같다고 생각했어요. 일명 서화동원론(書畵同原論)이죠. 그 생각에는 '필'이 중요하다는 사고방식이 자리 잡고 있었습니다. 귀족 중에는 뛰어난 그림 실력을 뽐내는 이가 많았는데 어릴 때부터 서예를 꾸준히 연마한 덕이었어요. 그림이 서예와 함께 귀족 문화로 각광받은 이유도 필치를 중요하게 여긴 사회 풍조와 관련이 있습니다.

서예 실력이 그림 실력으로 이어진 거네요.

그래서 필묵법(筆墨法)은 동양화에서 매우 중요합니다. 필묵은 붓과 먹이라는 뜻이니, 필묵법이란 말 그대로 붓과 먹을 사용하는 방법을 말해요. 동양화에서는 어떤 필묵법을 쓰느냐에 따라 그림의 종

휘종, 복숭아꽃 나무 위의 비둘기, 12세기
북송의 8대 황제였던 휘종은 황제보다 화가로 명성이 높았다. 활짝 핀 복숭아꽃 가지 위에 털이 풍성한 비둘기가 앉아 있다. 겹겹이 포개진 깃털, 날카로운 발톱, 눈언저리를 표현한 방식이 매우 정교하다. 화가로서 휘종의 재능을 엿볼 수 있다.

류를 구별하기도 합니다. 가령 공필화와 사의화를 들 수 있죠. 일단 공필화부터 살펴볼까요? 공필(工筆)을 한자로 풀면 장인 공(工) 자에, 붓 필(筆) 자를 써서 장인처럼 꼼꼼하고 정교하게 그림을 그리는 걸 말해요. 왼쪽은 대표적인 공필화입니다. 12세기 송나라 황제 휘종이 그렸다는 그림이죠. 그림 속의 새는 비둘기예요.

그림이 실제 비둘기랑 정말 똑같아요. 황제가 그림도 잘 그렸군요.

휘종은 예술적 재능이 뛰어난 황제였습니다. 그림뿐 아니라 시와 음악에도 소질이 있었다고 해요. 휘종이 얼마나 그림을 정교하게 잘 그렸는지는 비둘기의 눈만 봐도 알 수 있습니다. 눈동자 테두리를 하얀 점으로 콕콕 찍은 걸 보세요. 눈동자에는 검은색과 노란색 원을 번갈아 사용

비둘기 눈동자 세부

해 실제 비둘기 눈을 보는 듯하죠. 날개 부분은 깃털 하나하나를 정성스레 그려 깃털이 겹겹이 포개진 느낌을 실감 나게 묘사했습니다. 나뭇가지를 꽉 움켜쥔 발은 또 어떻고요. 날카로운 발톱과 발에 있는 주름이 진짜 새를 보는 것 같아요.
반면 사의화는 공필화와 붓을 쓰는 방법이 전혀 달라요. 다음 페이지는 청나라 초기에 활동한 화가 팔대산인이 그린 사의화입니다.

대나무 숲에서 노니는 마음　　　201

팔대산인, 새 두 마리, 17세기
팔대산인은 명나라 황실의 후손으로 나라가 멸망하자 승려가 되었다. 먹이 번지는 효과를 이용한 팔대산인의 화법은 사의화의 대표로 여겨지며 후대 화가들에게 큰 영향을 끼쳤다.

이 그림 속 새는 형태가 무척 단순하네요.

팔대산인은 휘종과 달리 대상을 정교하게 그리는 데 골몰하지 않았습니다. 오히려 생략하는 방식으로 대상을 드러냈어요. 새와 나뭇가지 윗부분을 보세요. 윤곽선 없이 붓으로 단번에 휘리릭 그렸잖아요. 붓이 춤이라도 춘 것 같지요. 그 때문에 그림 속 새들은 마치 뼈가 없는 듯 흐물흐물해 보입니다. 맨 아래의 바위와 새의 몸통은 먹이 옅게 번진 듯이 표현했어요. 이처럼 먹이 번지는 효과를 이용해 그림을 그리는 기법을 발묵법(潑墨法)이라고 합니다.

이런 방식으로 새를 표현할 수도 있군요.

발묵법과 비슷한 것으로 파묵법도 있습니다. 파묵(破墨)의 파는 한자로 '깨트리다'라는 뜻이에요. 그러니까 선을 먼저 긋고 그 위에 먹이나 물을 또 바르는 거죠. 먹을 겹겹이 칠해 처음 그린 선의 형태를 깨트리며 그림을 그리는 겁니다. 먹물이 마르지 않은 상태에서 먹을 겹쳐 칠하면 먹이 짙고 옅은 농도로 번지는데 그 효과를 활용한 기법이에요. 공필로 그린 그림이 형태가 또렷한 반면 발묵과 파묵 기법으로 그린 그림은 형태가 불분명해 아스라한 느낌을 줍니다.

형태가 어슴푸레한 게 오히려 분위기 있어 보여요.

그런데 중국에서 발묵이나 파묵을 높이 평가한 건 훨씬 후대의 일입니다. 송나라 때 수묵화가 유행하면서 묵법이 각광받기도 했지만 중국 회화에서 가장 중요한 건 언제나 '필'이었어요. 묵법을 활용한 사의화는 형태가 분명치 않은 만큼 필이 두드러지지 않습니다.

| 눈으로 보고 마음으로 깨닫는다 |

중국 사람들이 필에 열광한 건 사실이지만 사의라는 개념 자체는 일찍부터 주목받았어요. 사의(寫意)는 북송 때 등장한 개념으로, 베낄 사(寫) 자에 뜻 의(意) 자를 써서 뜻을 베낀다는 의미입니다. 대상을 사실 그대로 묘사하기보다 그 속의 숨은 뜻을 그린다는 말이죠. 사의화는 정교하거나 사실적이진 않지만 화가의 개성이 잘 드러난 그림으로 평가받습니다.

뜻을 그린다니 뭔가 근사하네요.

외관이 아니라 마음, 물질이 아닌 정신을 중시하는 태도는 중국 회화의 오랜 전통이었습니다. 남조에서 등장한 중국 화론에 이미 그 단초가 보이죠. 귀족 문화가 정점을 찍었던 4세기경 남조에서는 서예와 그림에 대한 관심이 급증하면서 회화에 관한 이론, 즉 화론들이 하나둘 나오기 시작했어요.

그럼 4세기 이전에는 아예 화론이 없었나요?

단편적으로는 존재했지요. 그래도 화론다운 화론이 나온 건 4세기부터입니다. 이 시기를 중국 회화가 본격적으로 발달한 시점으로 보는 것도 화론의 등장과 무관하지 않아요.

그런데 그림이 꼭 이론을 가져야 발전하나요?

화론이란 결국 그림 자체에 관한 이야기입니다. 솔직히 그림 자체는 실생활에 아무 쓸모가 없어요. 그림으로 대체 뭘 할 수 있겠어요? 기껏해야 아궁이에 넣어 불쏘시개로 쓰는 것밖에 더 하겠어요? 한마디로 우리는 그림이 없어도 살아가는 데 아무 지장이 없습니다. 그럼에도 그림이 왜 필요한가? 그림이라는 게 뭔가? 저 화가는 왜 저런 방법으로 그림을 그리는가? 이 그림은 왜 좋고, 저 그림은 왜 나쁜가? 이렇게 물을 수는 있겠죠. 이에 대한 중국식 답이 바로 화론이에요.

인간은 왜 존재하는가와 같은 엄청 근원적인 질문이네요.

맞습니다. 인류 역사는 질문으로 점철돼 있죠. 중국에서 화론은 그림을 그리는 데 필요한 이론인 동시에 그림을 이해하고 평가하는 기준이었습니다. 그림에 대한 이 같은 논의는 5세기에 활동한 동진의 화가 종병이 시작했어요. 종병은 중국 최초의 화론이라고 할 수 있는 『화산수서(畵山水序)』를 쓴 인물입니다. 『화산수서』는 종병이 산수화를 그리며 남긴 서문이에요. 산수화란 뭔지, 산수화가 왜 필요한지 밝히는 글이죠. 그러나 안타깝게도 이 시기 산수화를 우리가 실제 그림으로 확인할 수는 없어요. 이 당시 산수화가 남아 있지 않기 때문입니다.

정말 하나도 없나요? 그럼 종병의 말을 어떻게 믿죠?

일단 종병이 산수화론을 썼다는 것 자체가 이 시기에 산수가 독립적으로 그려졌다는 걸 알려줘요. 그전에는 산수(山水), 즉 자연만 단독으로 그린 그림은 없었습니다.

형산
호남성에 위치한 중국의 이름난 명산으로 유네스코가 지정한 세계자연유산이다. 형산은 소동천(小洞天)이라고도 불렸는데, 동천이란 도교에서 유래한 용어로 신선이 사는 곳을 말한다.

다. 그런데 이 무렵 노자의 무위자연 같은 도가 사상이 각광받으며 실제로 남조 귀족들은 죽림칠현을 따라 산속에 은둔하기도 했어요. 도가 사상의 유행은 자연을 동경하는 마음과 산수화에 대한 관심을 불러일으켰습니다. 종병 역시 자연을 동경하기는 마찬가지였어요.

설마 종병도 산속에 은둔한 건가요?

그렇습니다. 종병은 귀족 가문에서 태어났지만 관직도 마다하고 젊은 시절부터 아내와 함께 산을 유람하며 지냈어요. 중국 남부의 여

러 산을 떠돌다 호남성에 있는 형산에 눌러앉아 30년을 넘게 살았답니다. 그러면서 그림도 그렸지요. 하지만 늙고 병들어 더는 산에서 지낼 수 없게 되자 하는 수 없이 호북성 강릉으로 돌아가 여생을 보냈습니다.

산을 그렇게 사랑하는데 산을 떠나야 했다니, 마음의 병이 심해지진 않을까요?

아니나 다를까, 고향에 돌아온 종병은 날마다 산이 그리워 눈물이 다 났습니다. 아쉬운 마음에 자신이 돌아다녔던 산의 풍경을 그림으로 그려 벽에 걸어둘 정도였죠. 그러고는 하루에도 몇 번씩 그 앞에 손 베개를 하고 누워 그림을 바라봤습니다. 마치 눈으로 그림 속 산수를 누비고 다니는 것처럼요. 정신의 여행이랄까요.

그걸로는 전혀 만족이 안 될 거 같은데요.

아닙니다. 종병은 산수화를 들여다보며 과거에 자신이 실제로 산을 유람할 때와 같은 기분을 느꼈어요.
이 경험을 토대로 종병은 가

종병
종병의 「화산수서」는 5세기경 산수화가 독립된 장르로 그려졌음을 추측하게 하는 저술로 이후 등장하는 중국 산수화에 지대한 영향을 미쳤다.

만히 누워 산수화를 감상하는 것이야말로 정신이 육체를 벗어나 자연의 본질과 만나는 일이라고 주장했습니다. 이를 통해 마음과 정신이 맑아진다고 이야기했죠. 즉 화가의 눈과 마음을 거친 산수 표현이 그림을 감상하는 사람의 마음을 움직여 정신을 유쾌하게 만들어준다고 생각한 거예요.
여기서 종병이 말한 산수화론의 핵심 개념인 '와유(臥遊)'가 등장합니다. 와유는 누워서 유람한다는 뜻이에요. 종병의 와유 개념은 산수화의 발전에 깊은 영향을 미쳤습니다. 중국뿐만 아니라 우리나라까지 말이에요.

산에 가서 경치를 구경해도 마음과 정신이 맑아질까 말깐데, 산수화를 감상한다고 어떻게 정신이 고양된다는 거죠? 썩 와닿는 주장은 아닌 것 같아요.

그게 바로 포인트입니다. 실제로 산에 가서 산수를 즐길 수 없는 사람들이 그림을 통해 간접적으로 산수를 본다는 게 중요해요. 쉽게 말해 볼게요. 하루 종일 책상에 앉아 일이나 공부에 매진했다고 생각해보세요. 스트레스가 쌓입니다. 그럴 땐 캠핑이나 등산 같은 야외 활동으로 기분 전환을 하죠. 그러나 스트레스를 받을 때마다 매번 바깥에 나갈 수는 없어요.
이때 대신 할 수 있는 활동이 산수화 감상입니다. 오늘날 우리도 멋진 풍경 사진이나 개와 고양이 같은 귀여운 동물 사진을 보며 힐링하잖아요. 굳이 밖에 나가지 않고도 이렇게 그림을 통해 스트레스를 풀 수 있다는 게 종병의 생각이었어요.

이렇게 들으니 묘하게 설득되네요.

그래서 종병은 화가의 역할을 강조합니다. 화가야말로 자신이 본 산수를 마음으로 깨달아 그림으로 표현해야 한다고 말하죠. '마음으로 완벽한 형상을 그려낸다, 산수화를 통해 마음과 정신을 화폭에 펼쳐낸다' 같은 말은 종병의 산수화론에 거듭 등장합니다. 사의 개념도 비슷해요. 뜻을 베낀다는 의미의 사의는 있는 그대로의 사실이 아니라 화가의 마음을 드러내는 게 목적이니까요.

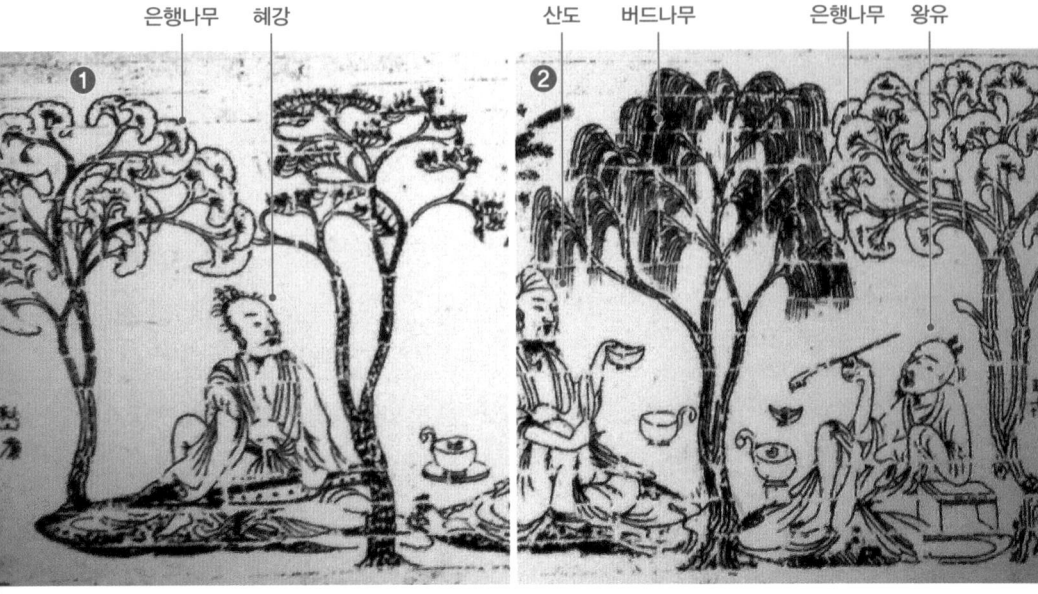

죽림칠현과 영계기, 4~5세기, 중국 남경 서선교 출토, 남경박물관
나뭇잎의 모양으로 보아 혜강 왼쪽에 있는 나무는 은행나무, 산도와 왕유 사이의 나무는 버드나무로 보인다. 인물들 사이에 있는 가느다란 나무들이 칸막이 역할을 한다.

| 그 나무에는 이름이 있다 |

남북조시대의 산수화가 더 궁금해져요.

비록 산수화는 아니지만 앞에서 봤던 〈죽림칠현과 영계기〉 탁본에서 남북조시대의 산수 표현을 어림짐작할 수 있습니다. 위에서 탁본을 다시 볼까요?
여기서 우리가 눈여겨봐야 하는 건 나무들입니다. 이 나무들은 공통점이 있어요. 일단 실제 나무와 모습이 다릅니다. 나무줄기를 보세요. 진짜 나무에 비해 너무 가늘어요. 나뭇가지에 이파리도 몇 개

없고요. 이파리 하나하나를 지나치게 상세히 표현한 탓이죠. 하지만 그 덕에 이 나무가 무슨 나무인지는 알아볼 수 있습니다.

옆 페이지에서 ①번 그림 왼쪽 나무와 ②번 그림 오른쪽 나무의 잎사귀를 유심히 살펴보세요. 은행나무와 똑같이 생겼습니다. 한편 ②번 그림의 왼쪽 나무는 잎사귀가 축 늘어진 모습이 버드나무와 흡사하죠. 나뭇잎만 보고도 그림 속 나무의 종류를 구분할 수 있어요.

(위)은행나무 (아래)버드나무
은행나무와 버드나무는 중국에서 흔히 볼 수 있는 수종으로 고대 중국 회화에서 자연 풍경을 그릴 때 빠지지 않는 요소였다.

그런데 솔직히 종병이 산수화론에서 설명한 것보다 그림이 기대에 못 미치는 거 같아요.

오늘날 우리가 보기에 남북조시대의 산수 표현이 아쉽게 느껴지는 건 사실입니다. 하지만 이보다 조금 앞선 시기에 그려진 나무를 보면 남조의 나무 표현법이 얼마나 발전했는지 실감 날 걸요. 다음 페이지는 앞에서 살펴본 정가갑 5호분의 벽화입니다.

나무 표현(부분), 4~5세기, 정가갑 5호분, 중국 감숙성
정가갑 5호분 남쪽 벽에 있는 그림으로 유독 크게 그린 나무가 인상적이다. 나무 아래에는 벌거벗은 여인이 몸을 숙이고 있고, 나뭇가지 위에는 털이 북슬북슬한 원숭이가 보인다. 이 그림이 무엇을 그린 것인지에 대해서는 학자마다 의견이 분분하며 아직 명확히 밝혀진 사실은 없다.

정가갑 5호분에 이런 그림이 있었나요? 못 본 것 같은데요.

이 그림은 정가갑 5호분을 다룰 때 미처 설명하지 못하고 지나친 벽화예요. 붓으로 콕콕 찍어 표현한 그림 속 나뭇잎들을 보세요. 아무리 눈을 크게 뜨고 봐도 나뭇잎처럼 보이지 않습니다. 이파리 모양이 다 똑같아 열매 같기도 하고 까마귀 떼가 나뭇가지에 앉아 있는 것 같기도 해요. 즉, 이 나무는 실제 나무가 어떻게 생겼는지와 상관없이 이게 나무라는 것만 알 수 있게 그리면 그만이었던 반면, 〈죽림칠현과 영계기〉에 표현된 나무는 이 나무가 무슨 나무인지를 보여주려고 노력했어요. 그래서 나무의 종류에 따라 이파리를 모두 다르게 그렸습니다. 나뭇잎을 그리는 데 훨씬 공을 들였죠.

의도적으로 나무를 각각 다르게 그린 거랑, 그저 나무로 보이면 그만이라고 생각하며 나무를 그린 거랑은 천지 차이라는 거네요.

그렇습니다. 〈죽림칠현과 영계기〉를 조각한 장인은 각각의 나무가 지닌 특징, 이파리의 생김새 등을 구별해서 표현했어요. 각기 다른 나무의 모습을 미술로 나타내려는 의지, 남조 사람들에게 이 의지가 있었다는 것이 중요합니다. 그리고 이 의지를 표현할 수 있는 능력이 남북조시대에 와서야 비로소 생겨났다는 것도요. 남북조시대는 중국 회화가 한 단계 큰 성취를 이룬 시기였어요.

확실히 남북조시대에 회화가 크게 발전했네요.

그럼 마지막으로 그림 하나를 더 감상한 뒤 강의를 마치겠습니다. 오른쪽은 같은 시기 남조에서 그려진 그림이에요. 이 그림 역시 산수화는 아닙니다. 여기서 산수는 인물을 위한 들러리에 불과하거든요. 하지만 〈죽림칠현과 영계기〉보다 더 다양한 산수가 표현돼 있어요. 화면 가장 왼쪽에는 산봉우리가 모여 있고, 그 위에 조그마한 나무들이 보입니다. 사람들을 둘러싸고 왼쪽에 은행나무 세 그루, 오른쪽에 버드나무 두 그루가 서 있어요.

뭐가 많이 그려져 있긴 한데 이 그림에 표현된 산수도 진짜처럼은 안 보여요.

맞습니다. 그림 속의 산수는 모습도 비현실적이지만 무엇보다 띄엄띄엄 놓인 나무들이 마치 무대 세트를 보는 것 같아요. 그래서 더 인위적으로 느껴지죠. 산수의 요소들이 하나로 어우러지지 않고 저마다 제 목소리를 내는 것 같달까요. 이 그림의 배경은 숲속인데 인물 뒤쪽에 나무를 딱 다섯 그루만 그렸습니다. 마치 화가가 '자, 여기에 나무를 그려놨으니 여기가 바로 숲이야'라고 말하는 듯하지요.

아무래도 산수화가 아니라서 그런지 산수 표현은 뒷전이네요.

만약 종병이 그린 산수화라면 산수를 좀 더 부각했을지도 모릅니다. 하지만 이 무렵에 산수를 표현하는 방법 자체는 모두 고만고만했을 것으로 추정돼요.

고개지, 낙신부도(부분), 송나라 모본, 4~5세기, 북경 고궁박물원
고개지 〈낙신부도〉 모사본의 한 장면으로 위나라의 왕자 조식이 평상에 앉아 있고 하인 두 명이 시중을 들고 있다. 배경의 산수들이 마치 무대 세트처럼 인위적으로 표현됐다.

오늘날 동화책에서나 볼 법한 이런 산수 표현도 당시 사람들에게는 다르게 와닿았을 겁니다. 우리 눈에 비리비리해 보이는 나무들은 울창한 숲을 떠올리게 했을 테고, 낮고 앙증맞아 보이는 산봉우리는 험준하기 이를 데 없는 풍경으로 여겨졌을지 모르죠. 산이 그리워 산수화로 산을 누빈 종병이 실제 산에 갔을 때와 버금가는 기쁨을 누렸던 것처럼요.

산수화 감상으로 마음과 정신이 맑아진다는 말이 이런 거군요.

종병의 주장이 아주 터무니없어 보이진 않죠? 사실 이 그림은 12~13세기에 그려진 그림입니다. 남조의 그림을 수백 년 뒤에 똑같이 따라 그린 모사본이죠. 남북조시대는 산수화뿐만 아니라 다른 그림들도 남아 있는 게 별로 없어요. 그나마 이 그림이 모사본으로라도 남을 수 있었던 것은 원본을 그린 화가의 명성이 대단했기 때문입니다. 옛날 중국 화가들은 대가의 그림을 똑같이 따라 그리며 그림 그리는 법을 익혔거든요. 그 천재적인 대가가 바로 고개지입니다.

수백 년 전 그림을 따라 그릴 정도면 고개지라는 화가의 명성이 정말 높았나봐요.

고개지는 중국 회화의 전설이라 할 만해요. 남북조시대의 화가 중 가장 유명하고 이론가로도 명성을 떨친 인물이죠. 심지어 고개지의 화론은 종병의 화론보다 일찍 등장했습니다. 지금껏 누누이 이야기한 정신을 강조하는 태도 역시 고개지의 화론에서 이미 싹튼 개념이에요. 이 같은 사고방식은 중국 화론 전체를 떠받치는 생각이라고 해도 과언이 아닙니다. 그럼 다음 강의에서 고개지의 그림으로 남조 회화를 직접 만나보겠습니다.

| 필기 노트 | 01. 대나무 숲에서 노니는 마음

북방 유목민에게 패한 한족 왕조는 남쪽으로 쫓겨나 동진을 세우지만 이전의 영광을 되찾기란 불가능하다는 사실을 깨닫는다. 이 같은 현실에 좌절한 동진의 귀족들은 세속을 떠나 자연에 은둔하는 도가 사상에 심취한다. 현실을 외면한 채 술과 향락에 빠져 청담을 논하는 사회 분위기가 조성되자 남조에서는 서예와 회화 같은 귀족 문화가 발달한다.

- **도가 사상의 유행**
  죽림칠현 세속을 떠나 대나무 숲에 은거하며 풍류를 즐긴 일곱 선비. 노자의 무위자연설에 영향받아 유교 윤리를 거부하고 자연으로 돌아가 인간 본성을 되찾고자 함.
  ⋯ 현실에 대한 좌절감으로 도가 사상이 유행한 남조 사회. 죽림칠현의 저항정신은 향락과 방종으로 변질됨.

- **귀족의 예술**
  필(筆) 붓으로 그린 선. 서예와 그림에서 가장 중요한 개념.
  서화동원론 서예와 그림의 근원은 같다.
  필묵법 붓과 먹을 사용하는 방법.

공필	대상을 정교하고 섬세하게 그리는 것.
사의	대상의 외형보다 그 안에 담긴 숨은 뜻을 그리는 것.
	발묵	먹이 번지는 효과를 이용한 그림 수법.
	파묵	처음에 그린 선에 물이나 먹을 덧칠해 형태를 깨트리며 그리는 기법.

- **남조의 산수**
  죽림칠현과 영계기 산수가 공간을 구획하는 역할을 함. 나무줄기는 가느다랗고 나뭇잎은 세밀하게 묘사해 나무의 종류를 알아볼 수 있게 표현함.
  ⋯ 과거보다 발전된 산수 표현.

- **화론의 등장**
  『**화산수서**』 종병이 남긴 산수화론. 산수화를 감상하는 것이야말로 정신이 육체를 벗어나 자연의 본질과 만나는 일이며 산수화 감상을 통해 마음과 정신을 맑게 할 수 있다고 주장함.
  ⋯ 누워서 유람한다는 뜻의 '와유' 개념 등장.

기운을 얻게 되면 모양은 저절로 갖추어진다.
- 당나라 미술사가 장언원

02

용이 날아간 순간

#고개지 #춘잠토사 #낙신부도 #여사잠도 #화육법

눈은 마음의 거울이라고 하지요. 말이나 행동으로 상대방을 속일 수는 있어도 눈은 절대 거짓말을 못한다고요. 까마득한 옛날부터 사람들은 눈을 특별하게 생각했습니다. 눈이야말로 인간의 진짜 내면을 담는다고 여겼지요. 중국 동진의 화가 고개지도 눈에 주목한 사람이었어요.

고개지가 그림에서 눈을 중요하게 생각했나보네요.

그렇습니다. 4세기경 활동한 고개지는 인물을 잘 그리기로 유명했습니다. 그런데 사람의 형상은 다 그려놓고 눈동자는 꼭 몇 년이 지나서야 그리곤 했대요. 이 일을 이상하게 여긴 사람이 그 이유를 묻자, 고개지는 이렇게 말했습니다.

팔다리를 아무리 잘 그려도 그림이 좋다 나쁘다 말할 수 없네. 살아 있는 듯한 생생한 인물 표현은 눈동자에 달렸기 때문이지. 눈동자를 그려 넣는 순간, 그림 속 인물은 비로소 생기를 얻게 된다네.

고개지의 이 일화는 인물화에서 눈이 얼마나 중요한지를 말해줘요. 이와 비슷한 이야기로 중국 화가 장승요의 일화도 있습니다.
어느 날 장승요는 사찰 벽에 용을 그려달라는 부탁을 받았어요. 그런데 끝까지 눈을 그리지 않다가 마지막에 점을 찍어 용의 눈동자를 완성하죠. 그 순간 그림 속 용이 진짜 용이 되어 하늘로 올라갔다는 이야기입니다. 이 일화에서 유래한 사자성어가 화룡점정(畫龍點睛)이에요. 화룡점정은 용을 그린 뒤 마지막에 눈동자를 그려 넣는다는 뜻입니다.

눈동자를 그린 덕택에 용이 살아난 거네요.

불교에서도 눈은 특별 취급을 받았어요. 불교 의례 중에는 새로 조성한 불상에 눈동자를 찍는 점안 의식이 있습니다. 이 의례를 거쳐야만 불상이 생명을 얻어 영험함을 갖춘 부처로 거듭날 수 있다고 믿었어요. 이처럼 눈은 한낱 신체의 일부가 아니라 생명과 신성이 깃드는 중요한 매개체로 여겨졌습니다.
그 때문에 고개지는 인간의 어떤 신체 부위보다 눈동자가 정신을 전하는 데 탁월하다고 생각했어요. 고개지가 눈을 그리는 일에 그토록 공을 들인 이유입니다. 고개지에게 초상화란 인물을 비슷하게

화룡점정
용을 그린 뒤 마지막에 눈동자를 찍어 넣는다는 뜻의 고사성어로, 화가 장승요의 일화에서 유래했다. 어떤 일의 가장 중요한 부분을 완성함으로써 일을 완벽히 끝낸다는 의미다.

재현하는 데 그치지 않고 정신까지 담아내는 일이었거든요. 사람의 외형뿐만 아니라 그 사람의 성품이나 감정까지 그림으로 표현해야 한다는 거죠. 이 같은 고개지의 화론을 전신사조(傳神寫照) 또는 전신(傳神)이라고 말합니다. 여기서 전신은 정신을 그림에 전한다는 뜻이에요.

정신은 보이지 않잖아요. 보이지 않는 것을 어떻게 전하나요? 알쏭달쏭하게 들려요.

우리기 앞에서 성품이니 감정을 예로 들긴 했지만 솔직히 정신을 정의하기는 쉽지 않아요. 정신을 빨갛다고 할 거예요, 파랗다고 할 거예요? 우리는 정신이 무엇인지 정확히 설명할 수 없습니다. 그럼에도 초상화에 정신을 담아야 한다니 골치가 아픈 것도 사실이죠. 하지만 달리 생각하면 머릿속에 안개가 낀 듯한 이 막연함이 중국화론의 매력일지 몰라요.

잡힐 듯 안 잡히는 그 느낌이 매력이라는 거군요.

| 뜬구름의 미술 |

고개지가 주장한 천상묘득(遷想妙得)도 비슷합니다. 여기서 묘(妙)는 '묘하다'라는 뜻이에요. 즉 천상묘득이란 생각을 그림에 옮겨 묘함을 얻는다는 의미입니다. 그림을 그릴 때 대상의 생각, 사상을 이해해야만 그림에서 묘함을 얻을 수 있다는 거죠.
예를 들어 우리가 나무를 그린다고 쳐요. 열에 아홉은 저 나무가 어떻게 생겼는지 골몰하며 그림을 그릴 겁니다. 하지만 고개지는 우선 나무의 본질을 마음 깊이 체득하는 게 중요하다고 주장해요. 대상을 사실적으로 그리는 것보다 먼저 대상에 대한 이해가 필요하다는 겁니다.

그런데 묘하다는 말이 칭찬처럼은 안 들려요.

우리는 보통 뭔가 기묘한 것, 별나고 괴상한 것을 가리켜 묘하다고 합니다. 그러나 중국 화론에서 묘하다는 말은 주로 오묘하다, 깊이가 있다는 긍정적인 뜻으로 쓰여요. 현대식으로 말하면 창의성이라고 할 수 있습니다. 누구나 생각할 수 있는 것을 묘하다고 말하진 않으니까요.

아직은 조금 어려워요. 중국 화가들은 고개지의 화론을 이해했나요?

고개지의 전신사조나 천상묘득은 이후 등장하는 중국 화론에 깊은 영향을 주었어요. 5~6세기 남조에서 활동한 화가 사혁은 고개지의 전신 개념을 이어받아 『고화품록(古畵品錄)』이라는 화론을 썼습니다. 『고화품록』에는 그림을 그릴 때 필요한 여섯 가지 법칙이 등장하는데, 이를 화육법(畵六法)이라 해요. 화육법은 그림을 그리고 평가하는 기준으로 중국은 물론이고 우리나라와 일본에 큰 영향을 미쳤습니다. 아래에서 화육법을 정리해봤습니다.

한자어라서 그런지 이름만 봐서는 무슨 뜻인지 모르겠어요.

기운생동(氣韻生動)	수류부채(隨類賦彩)
골법용필(骨法用筆)	경영위치(經營位置)
응물상형(應物象形)	전이모사(傳移模寫)

사혁의 화육법
사혁은 남조 제나라의 화가이자 이론가였다. 사혁의 저술 「고화품록」 서문에 나오는 육법은 그림을 제작하고 감상하기 위한 6가지 법칙을 말하는데 이중 기운생동은 중국 회화사에 큰 영향을 끼쳤다.

간단히 짚고 가죠. 골법용필은 필선을 강조한 법칙입니다. 붓에 뼈가 있는 것처럼 붓을 놀린다는 뜻이에요. 응물상형은 대상을 그 모양과 일치하도록 사실적으로 그린다는 말입니다. 수류부채는 대상의 종류에 걸맞은 색을 칠해야 한다는 의미죠. 개나리 그림에 분홍색을 칠했다고 해봐요. 그래선 안 된다는 거지요. 경영위치는 그림의 구도와 관련이 있어요. 다리를 그리는데 교각이 허공에 걸렸거나 물 위에 떠 있으면 어떨까요? 그걸 다리라고 할 순 없겠죠. 전이모사는 대가의 그림을 모사해 그림 공부를 하는 것을 의미해요.

기운생동은요?

기운생동은 육법 중 최고로 쳤던 법칙입니다. 그리는 대상이 지닌 생명, 또는 기운을 생생하게 표현하는 것을 뜻하죠. 여기서 말하는 생명이 곧 기(氣)입니다. 사실 기는 동북아시아 사람들에게 친숙한 말이에요. 국어사전만 펼쳐봐도 기와 관련된 문장을 어렵지 않게 찾을 수 있습니다. 기가 살다, 기가 차다, 기를 쓰다…. 그뿐인가요? 한의원에 가면 기가 허하다거나 기가 막혀 있다는 등 기와 관련된 이야기가 자연스레 나오죠.

기체조라는 것도 들어봤어요.

요즘도 공원에서 기체조 하는 사람들을 심심치 않게 볼 수 있습니다. 중국에서는 수천 년 전부터 모든 사물에 기가 들어 있다고 믿었어요. 중국 철학과 의학에서 기는 생명이자 우주의 근본적인 힘으로 여겨집니다. 기는 생동하는 힘 자체라고 할 수 있어요. 즉 사혁의 기운생동은 사물 속에 있는 기, 또는 기운을 생생하게 표현해야 한다는 뜻입니다. 사실 기운생동의 기운(氣韻)이나 고개지가 강조한 전신사조의 신(神)은 용어만 다르지 의미는 같아요. 눈으로는 볼 수 없지만 대상을 살아 움직이게 하는 내적인 힘을 말하죠.

두 사람 다 그림에 대한 생각이 비슷했던 거네요.

고개지의 전신사조, 종병의 산수화론, 사혁의 기운생동 모두 내용이 엇비슷합니다. 세 화론 다 겉으로 포착되지 않는 막연하고 추상적인 정신세계를 중요하게 여겼어요. 중국에서 출발한 동양화가 서양화에 비해 원근법이나 입체감을 표현하는 데 무관심했던 이유도 정신을 강조했던 태도와 무관하지 않습니다. 동양화는 서양화와 달리 대상의 형태, 즉 사실을 재현하는 데 큰 관심을 두지 않았어요. 우리 눈에는 대상을 제대로 표현하지 못한 그림이라도 거기에 정신이 담겼다면 높은 평가를 받을 수 있습니다.

솔직히 동양화가 서양화에 비해 정교하지 못하다고 생각했는데, 실은 관점의 차이였군요.

좋은 그림에 대한 동서양의 기준이 달랐던 거예요. 그런 의미에서 화론이 등장한 남북조시대는 중국 회화사의 기점이 된 시기라고 할 만합니다. 이때 비로소 그림 자체에 대한 논의가 이루어졌기 때문이죠. 그림이란 무엇인지, 그림을 그릴 때 우선시해야 하는 요소는 어떤 것인지 등에 관한 담론은 남북조시대에 본격화됐어요.

그림에 대해 말한 게 그렇게 대단한 건가요?

그럼요. 남북조시대 이전까지만 해도 그림의 목적은 신화와 전설, 유교 이념 등 특정한 메시지를 전달하는 데 있었습니다. 그러나 이 무렵 남조에서 공동체 중심의 사회 윤리인 유교에 반발하며 개인의 생각과 감정을 중시하는 태도가 나타났어요. 개인이 집단에서 분리된 겁니다. 그 결과 그림을 바라보는 관점도 달라졌어요. 그림 속 메시지보다 화가의 개성이나 그림 자체의 예술성을 높이 사는 풍조가 생겨났죠. 앞에서 말한 전신사조, 기운생동 같은 개념은 예술성을 평가하는 기준이 됐습니다. 이전에 없던 사고방식이 싹튼 거예요.

바뀐 사회 분위기가 화론을 탄생시킨 거네요.

| 이루어질 수 없는 사랑 |

이제 고개지의 그림을 직접 살펴보겠습니다. 옆은 고개지의 대표작 〈낙신부도〉입니다. 실제로 고개지가 그린 원본은 아니고 모사본이에요. 위는 북경 고궁박물원 소장 모사본, 아래는 요녕성박물관 소

(위) 고개지, 낙신부도(부분), 송나라 모본, 4~5세기, 북경 고궁박물원
(아래) 고개지, 낙신부도(부분), 송나라 모본, 4~5세기, 요녕성박물관
동진의 화가 고개지가 그린 〈낙신부도〉의 모사본이다. 두 그림 모두 북송 때 그려졌다. 〈낙신부도〉는 조식의 시 「낙신부」를 그림으로 옮긴 것으로, 고개지의 그림 중에서도 으뜸가는 작품으로 꼽힌다.

장 모사본입니다. 고개지의 〈낙신부도〉는 「낙신부」라는 시를 그림으로 옮긴 작품이에요. 낙신부는 조조의 아들 조식이 쓴 시입니다.

삼국지의 그 조조요? 조조의 아들이 시까지 잘 쓴 거네요.

항간에 조조에 대한 이미지가 좋지 않아서 그렇지 사실 조조는 문학에 조예가 깊었습니다. 조조의 자식들도 문학에 특출난 재능을 보였어요. 특히 조비와 조식이 그랬죠. 그런데 이 둘은 사이가 몹시 나빴어요. 정확히 말하면 조비가 조식을 일방적으로 싫어했습니다. 아우인 조식이 형 조비의 아내를 남몰래 사랑했거든요.

형수를 사랑했다고요? 지금도 용납되기 힘든 사랑이잖아요. 형 조비가 그걸 두고 봤나요?

조비는 훗날 위나라 황제가 된 인물이지만 성정이 몹시 난폭했어요. 자기 아내를 동생이 연모한다는 사실을 알게 되자 아우 조식과 아내 견황후를 사정없이 괴롭혔습니다. 견황후가 죽음에 이르게 된 것도 조비가 황후에게 자결을 명했기 때문이라는 설이 있을 정도죠. 조식 역시 형 조비의 냉대 속에 아끼는 심복을 모두 잃고 불행한 삶을 살다 갔고요.

이루어질 수 없는 사랑의 끝은 역시나 비극이네요.

사랑의 비극이야말로 인류 역사와 예술의 영원한 단골 주제입니다. 형수를 짝사랑했던 조식은 견황후가 죽었다는 소식을 듣고 허겁지겁 황궁을 방문했어요. 그곳에서 황후의 유품인 베개를 받아 자신의 처소로 돌아가던 중 낙수라는 강에 이르렀지요. 조식은 흐르는 강물을 하염없이 바라보며 아리따웠던 황후를 떠올렸습니다. 그때 「낙신부」라는 시를 지은 거예요. 조식의 절절한 마음이 담긴 이 시는 훗날 고개지를 통해 그림으로 재탄생합니다.

시인의 아픔이 결국 예술작품이 됐군요.

고개지의 〈낙신부도〉는 옆으로 긴 그림이에요. 가로 길이가 무려 6미

터에 육박합니다. 동양화
에서는 이렇게 생긴 그림
을 횡권(橫卷) 또는 권이라
고 불러요. 가로로 말린 그
림이라는 뜻입니다. 권은
평상시에 똘똘 말아 두루
마리 형태로 보관했다가

권

집에 귀한 손님이 오면 넓은 책상에 올려놓고 오른쪽에서 왼쪽으로
살살 펴가며 감상하는 그림이었어요.

〈낙신부도〉를 특별히 권으로 그린 이유가 있나요? 보기 불편할 거
같은데요.

조식이 쓴 「낙신부」는 줄거리가 있는 시입니다. 그 이야기를 모두
그린 것이니 그림이 길어질 수밖에요. 시의 내용을 간단히 설명해
볼게요. 「낙신부」는 조식이 길을 떠나는 장면에서 시작합니다. 그
러다 우연히 들른 낙수 강변에서 낙수의 여신, 즉 낙신을 보게 돼요.
그 순간 눈이 마주친 두 사람은 단숨에 사랑에 빠집니다. 그러나 신
과 인간의 사랑은 이루어질 수 없어요. 결국 낙신이 조식에게 이별
을 고하자 낙담한 조식은 떠나는 여인의 뒷모습만 바라보며 차마
발길을 떼지 못합니다.

한 장면만 그린 게 아니라 이 내용을 다 그린 거군요.

맞습니다. 그래서 〈낙신부도〉의 등장 인물들은 사건 순서에 따라 그림에 여러 번 나옵니다. 이러한 기법을 연속도해법, 이시동도법 또는 연환화라고 부르죠. 요즘 나오는 웹툰이 딱 이런 방식이에요. 웹툰의 이야기가 세로로 진행되는 반면, 〈낙신부도〉는 가로로 장면이 전개된다는 차이가 있지만요.

웹툰이라고 하니까 분명히 알겠어요.

그림 한 장에 같은 인물이 여러 번 등장하는 연속도해법은 당시 불교 회화에서 많이 사용하는 기법이었습니다. 기원전 인도에서 석가모니의 일화를 이 같은 방식으로 조각했던 게 불교 회화에도 적용됐죠. 이후 불교가 중국에 전파되며 연속도해법은 중국 회화에 큰 영향을 미쳤습니다. 다시 〈낙신부도〉로 돌아가보죠. 옆은 두루마리 맨 오른쪽 그림으로 〈낙신부도〉의 첫 장면이에요. 조식 일행이 낙수에 도착해 지친 말을 풀어두고 보살피는 모습입니다. 화면 하단의 말은 여유롭게 풀을 뜯고 있고, 상단에 있는 말은 오는 길이 고단했는지 땅에 벌러덩 누워버렸어요.

말이 강아지처럼 바닥에다 등을 마구 부비고 있는 모습이 귀여워요.

사실 한가롭게만 보이는 이 그림은 조식의 시에서 다음 구절을 표현한 거예요. 시와 함께 그림을 보면 해 질 녘 강가의 쓸쓸한 풍경과 조식의 텅 빈 마음이 더 실감 납니다.

낙수에 도착한 조식 일행(부분), 송나라 모본, 4~5세기, 북경 고궁박물원
인물과 말, 나무를 그린 필선이 매우 가늘고 섬세하며 그에 맞춰 옅은 색으로 가볍게 채색했다.

나 이제 낙양을 떠나 동쪽 내 땅으로 돌아가네.

이궐을 뒤로하고 환원산을 넘고 통곡을 지나 경산에 오르니

해는 벌써 서쪽으로 기울어

수레는 나아가지 않고 말도 그만 지쳤구나.

하는 수 없이 족두리풀 가득한 언덕에 행렬을 멈춰

지초밭에서 말에게 풀을 뜯게 하네.

양림은 한산한데 낙수가 눈길을 붙잡는구나.

이에 정신이 아득하고 문득 생각이 흩어지네.

낙신과 조식의 첫 만남(부분), 송나라 모본, 4~5세기, 북경 고궁박물원
낙수에서 조식과 낙신이 만나는 장면으로 두 남녀가 단숨에 사랑에 빠지는 순간을 묘사했다. 조식 일행이 의관을 정제한 모습과 바람에 휘날리는 낙신의 옷자락이 묘한 대조를 이룬다.

| 아름다운 옷자락 나부끼며 |

이번에 소개할 그림은 〈낙신부도〉의 하이라이트입니다. 조식이 강가를 둘러보다 낙신과 맞닥뜨린 장면이죠. 위를 보세요. 낙신에게 첫눈에 반한 조식이 홀린 듯 그 자리에 우뚝 서 있고, 낙신은 저 멀리서 살며시 고개를 돌린 채 조식을 바라보고 있습니다. 낙신과 조식 사이의 아득한 거리가 이미 둘의 사랑이 이루어질 수 없음을 예고하는 듯하죠.

벌써부터 마음이 아려오네요.

특히 그림 속 낙신의 모습이 눈길을 끌어요. 여신의 우아한 자태와 한쪽으로 휘날리는 옷자락을 보세요. 낙신만 다른 세계에 있는 것 같습니다. 영화나 드라마에서 공식화된 장면이 있죠? 아름다운 여인이 등장할 때 홀연히 바람이 불어 여인의 옷이며 머리카락이 휘날리는 장면 말이에요.

그런 장면은 꼭 슬로 모션으로 표현되더라고요.

맞습니다. 그림 속 낙신의 모습은 꼭 영화의 한 장면처럼 보여요. 이렇게 어디선가 바람이 불어오는 듯한 표현법은 남북조시대 회화의 특징이었습니다. 더욱이 〈낙신부도〉에서 여인의 옷자락을 흔드는 바람은 두 남녀의 떨리는 마음과 덧없이 사라질 꿈같은 사랑의 애틋함을 극대화하고 있어요. 그림 전반에 흐르고 있는 이 서정적인 분위기야말로 〈낙신부도〉가 극찬을 받은 이유입니다.
그런데 가만히 그림을 들여다보면 두 사람의 애절한 마음과 무관해 보이는 형상도 눈에 띕니다. 낙신이 서 있는 오른쪽 하늘을 보세요. 흐려서 잘 보이진 않지만 새 두 마리와 용이 그려졌어요.

새야 그렇다 쳐도 용은 왜 그린 건가요?

조식이 쓴 시에 용이 등장하거든요. 페이지를 넘겨 「낙신부」의 다음 시구를 읽어보세요. 사랑하는 여인을 바라보는 회지의 절절한 마음이 느껴집니다.

기러기와 용(부분), 송나라 모본, 4~5세기, 북경 고궁박물원
낙신의 우아한 모습과 아름다운 자태를 기러기와 용에 비유한 시구를 형상화한 그림이다. 용과 기러기
가 조식 일행에게서 점차 멀어지듯 그려진 점이 눈길을 끈다.

그녀의 모습은 놀란 기러기마냥 날래면서도

노는 용인 양 우아하고

햇빛에 빛나는 가을 국화인 듯,

무성함을 뽐내는 봄 소나무인 듯하다.

엷은 구름에 가리운 달처럼 보일 듯 말 듯,

부는 바람에 날리는 눈처럼 나풀나풀하더니

멀리서 바라보노라면 아침노을 사이로 떠오른 태양처럼 또렷하고

다가가 살피면 푸른 물결 위로 솟아난 연꽃처럼 곱도다.

설마 맨 처음 두 행을 그림으로 표현한 건가요?

맞습니다. '그녀의 모습은 놀란 기러기마냥 날래면서도 노는 용인양 우아하다'라는 시인의 비유를 고개지가 구체적인 형상으로 묘사한 거죠. 비유적인 표현을 아예 그림으로 그린 겁니다. 사실을 있는 그대로 그리기만 했다면 결코 등장할 수 없는 장면이에요. 또 그림 속 용과 기러기가 조식 일행에게서 차츰 멀어지는 것처럼 표현했다는 점도 주목할 부분입니다.

어떻게 보면 이런 비현실적인 면이 오히려 신선하게 느껴지는 것 같아요.

다음 그림도 비현실적이기는 마찬가지입니다. 이 그림은 두 사람의 첫 만남만큼이나 인상적인 장면을 담았어요. 바로 이별의 순간이죠.

떠나는 낙신(부분), 송나라 모본, 4~5세기, 북경 고궁박물원
인간과 신의 사랑이 이루어질 수 없음을 깨닫고 조식의 곁을 떠나는 낙신의 모습을 담았다. 미련을 거두지 못한 채 뒤돌아보는 낙신의 모습에서 슬픔이 느껴진다.

위는 낙신이 용이 끄는 가마를 타고 조식을 떠나는 모습입니다. 수레를 장식한 천이 마구 펄럭이는 걸 보니 바람을 가르고 달리는 중이라는 것을 알 수 있어요. 용 여섯 마리가 끄는 수레 주변으로는 한눈에 봐도 신령스러운 존재들이 낙신을 따르고 있습니다. 낙신이 인간과 다른 존재라는 게 여실히 느껴지는 장면이죠. 화면 대부분을 차지한 뭉실뭉실한 구름은 이곳이 하늘임을 보여줘요.

하늘이 확실한가요? 물고기가 있는 것 같은데요.

크기가 작아서 그렇지 수레 옆의 물고기는 고래예요. 이 장면은 「낙신부」의 다음 시구를 묘사한 겁니다.

> 육룡이 위엄 있는 자태로 나란히 수레를 끌고
> 고래가 뛰어올라 바퀴를 보살피며
> 물새들은 날아 호위하고
> 북쪽 물가를 지나 남쪽 언덕을 넘어가네.

이렇게 낙신은 용과 고래, 물새의 호위를 받으며 낙수에서 멀어집니다. 그러나 낙신은 여전히 고개를 돌려 뒤를 바라보고 있어요. 마치 조식과 처음 만난 그때처럼요. 마음은 여전히 사랑하는 사람 곁을 떠날 줄 모르는 듯하지요.

낙신의 슬픔이 느껴져요.

이 그림의 또다른 특징은 원근법을 엄격히 지키지 않았는데도 공간감이 느껴진다는 거예요. 의도적으로 그림 속 대상들을 사선으로 그려 깊이감을 드러냈습니다. 용과 수레, 심지어 낙신까지 비스듬하게 그린 걸 보세요. 당시로선 흔치 않은 구도로 그림을 완성했어요. 고개지의 대담한 구성력이 잘 드러납니다.

고개지는 뭐 하나 빠지는 게 없네요. 화론을 쓸 만큼 똑똑하고 그림도 잘 그리고….

| 봄날 누에가 그린 그림 |

신이 세상의 재능이란 재능은 다 고개지한테 몰아준 것 같지요. 특히 후대 사람들은 고개지의 섬세한 필치를 춘잠토사(春蠶吐絲)라 부르며 극찬했습니다. 춘잠토사는 봄 춘(春), 누에 잠(蠶), 토할 토(吐), 실 사(絲) 자를 써서 '봄날 누에가 실을 토해내는 듯하다'라는 의미예요.

그 말이 어떻게 칭찬이 되는 건가요?

누에가 뽑아내는 비단실이 얼마나 가늘고 고운가요. 고개지의 그림을 자세히 보면 누에가 토한 실처럼 필선이 무척 가늘고 섬세합니다. 선의 굵기도 변화가 없어요. 게다가 그 가느다란 필선이 단 한 번도 멈추지 않고 이어진 것처럼 보이죠. 마치 누에가 하염없이 실을 토해내는 것처럼요.

솔직히 탄성이 나올 만큼 대단한 건지는 잘 모르겠어요.

동양화는 붓에다 먹을 묻혀 그리는 그림입니다. 먹을 묻힌 붓을 처음 화폭에 갖다 대면 필연적으로 그 자리에 먹물이 맺힐 수밖에 없어요. 우리가 볼펜으로 필기할 때도 가끔 잉크가 뭉쳐 덩어리지잖아요? 먹물을 묻힌 붓은 그보다 더하면 더했지 덜하지 않습니다. 그래서 붓으로 그린 그림은 시작점을 파악하기 쉬워요. 먹이 맺힌 자국이 보이니까요. 하지만 고개지의 그림에는 뭉친 자국이 거의 안 보입니다.

요새도 질 낮은 볼펜을 쓰면 잉크가 뭉치는데 붓으로 그런 자국 하나 없이 그림을 그린 거군요. 듣고 보니 대단하네요.

사람들의 극찬이 사실인지 고개지의 또다른 대표작 〈여사잠도〉를 통해 확인해보겠습니다. 〈여사잠도〉는 고개지의 필치, 춘잠토사가 잘 드러나기로 유명한 그림이에요. 그러나 〈여사잠도〉도 고개지가 그린 원본은 남아 있지 않습니다. 지금은 대만 국립고궁박물원 소장 모사본과 영국박물관 소장 모사본, 이 두 가지가 전해져요. 이번 강의에서 우리가 살펴볼 그림은 영국박물관 소장본입니다.

고개지가 그린 원본을 볼 수 없다니 아쉬워요. 모사본으로 고개지의 진짜 실력을 알 수 있을까요?

걱정할 필요 없습니다. 후대 화가들이 최선을 다해 그림을 따라 그린 덕에 모사본에서도 실제 고개지 그림에서 볼 법한 능숙한 솜씨를 확인할 수 있거든요. 언젠가 마이크로필름으로 뽑은 〈여사잠도〉를 본 적이 있는데 필선이 정말 섬세했어요. 〈낙신부도〉와 〈여사잠도〉 모두 가로로 긴 그림이지 세로는 짧은 편입니다. 〈여사잠도〉의 세로 길이는 약 25센티미터로 A4용지보다도 더 짧아요. 그런데 이 작은 그림의 필선이 어찌나 기느지 문구점에서 파는 0.3밀리미디 볼펜으로 그린 그림보다 더 가늘어 보였습니다.

고개지, 여사잠도(부분), 당나라 모본, 4~5세기, 영국박물관
좁은 어깨, 가늘고 긴 몸은 당시 남조에서 유행한 인물 표현법이었다. 신선을 이상화한 남조 사람들은
신선이 지닌 청아한 분위기를 이상적인 인간의 모습으로 여겼다.

옆에서 〈여사잠도〉의 일부분을 함께 볼까요? 붓의 시작점을 찾기 어려우니 그림이 어디서 출발해 어디서 끝났는지 알아차리기 힘듭니다. 붉은 옷자락 끝부분이 살짝 뒤집혀 휘날리는 모습은 선풍기 바람이라도 쐬고 있는 것처럼 보여요.

고개지의 필선은 어딘지 청순가련한 느낌이 드네요.

바람에 날아갈 듯 가냘픈 여인의 모습과 고개지의 가늘고 유려한 필선이 아주 잘 어울립니다. 여인의 가녀린 몸은 마치 흔들리는 꽃송이마냥 하늘하늘한 느낌을 줘요. 이슬만 먹고 살 것 같습니다. 가늘고 긴 몸, 갸름한 얼굴, 좁은 어깨는 당시 남조에서 유행한 인물 표현법이었어요. 이런 형상을 호리호리한 몸매에 맑고 아름다운 외모라는 뜻에서 수골청상(秀骨淸像)이라 합니다. 도를 닦으며 수련하는 청빈한 모습을 이상적으로 여겼던 남조 사람들은 하늘을 나는 신선처럼 선이 가는 가냘픈 신체를 선호했어요. 고개지도 이를 따랐습니다. 어깨를 좁게 그린 탓에 인물의 외형이 삼각형을 이루는 것도 남조 회화의 특징이죠.

앉아 있어서 그렇게 보이는 건 아닐까요?

그건 아닙니다. 다음 페이지에서 〈여사잠도〉의 다른 장면을 보세요. 그림 속 여인들은 하나같이 어깨는 무척 좁고 치마 밑자락이 넓게 퍼진 모습으로 그려졌어요.

고개지, 여사잠도(부분), 당나라 모본, 4~5세기, 영국박물관
궁중 여인이 갖추어야 할 덕목과 태도를 설파한 「여사잠」의 글을 그림으로 옮겼다. 유교를 향한 반발심이 거셌던 남조에서 국가 통치 이념으로서 여전히 유교가 영향력을 발휘하고 있었음을 보여준다.

인물들의 전체 외형이 삼각형을 이루고 있죠. 또 남조 특유의 인물 표현법은 남자를 묘사할 때도 예외가 아닙니다. 그림 속 남자 역시 풍채만 좀 있을 뿐 날렵하게 그려졌어요.

그런데 이 그림도 〈낙신부도〉처럼 옆으로 무척 기네요.

네. 하지만 두 그림은 주제가 아주 달라요. 〈낙신부도〉가 비련의 주인공들이 만들어낸 로맨틱한 이야기를 그렸다면 〈여사잠도〉는 여성들을 가르치고 훈계하기 위해 그린 그림이거든요.

여성들에게 무엇을 가르친다는 거죠?

| 잘못을 거울삼아 |

〈여사잠도〉는 「여사잠(女史箴)」이라는 글을 바탕으로 고개지가 완성한 그림입니다. 「여사잠」은 서진의 문인 장화가 쓴 글로, 당시 잔혹한 황후였던 가남풍의 행실을 풍자하고 이를 통해 황실 여인들이 갖추어야 할 덕목과 자세를 설파하려는 뜻에서 쓰였어요. 고개지의 〈여사잠도〉는 장화의 글에서 황실 규방 여인들이 지켜야 할 덕목을 그림으로 옮긴 겁니다. 이처럼 유교적인 가치와 덕목을 교육하기 위해 그린 그림을 감계화라고 해요.

남조에서는 유교에 대한 거부감이 높았다고 하지 않았나요?

당시 남조에서 유교의 영향력이 약해진 건 사실입니다. 그러나 유

단장하는 여인들(부분), 당나라 모본, 4~5세기, 영국박물관
궁중 여인들이 용모를 단장하는 모습이다. 동경으로 자신의 얼굴을 비춰보는 여인 뒤쪽에 머리칼을 매만져 주는 시녀가 서 있다.

유교는 여전히 중국의 강력한 통치 이념이었어요. 한나라 때만큼은 아니지만 감계화가 계속 그려질 수 있었던 배경입니다.

고개지가 그린 감계화는 어땠을지 궁금하네요.

본래 〈여사잠도〉에는 열두 장면이 있었지만 앞의 세 장면은 없어지고 현재는 아홉 장면만 남았어요. 장면마다 오른쪽 귀퉁이에 장화의 글이 적혀 있고, 왼쪽에는 그 글에 해당하는 그림이 그려졌습니다. 전형적인 고사화 형식을 취하고 있죠. 고사화란 옛이야기나 역사에 기초한 인물들을 바탕으로 그린 그림을 말해요.

칠기 그릇, 기원전 2세기, 중국 호남성 장사 마왕퇴 출토

그림 〈여사잠도〉의 아홉 장면 가운데 중요한 몇 장면을 살펴보겠습니다. 왼쪽 그림에는 세 명의 여인이 등장합니다. 두 여인은 거울을 보고 있고, 시녀 한 명이 앞에 앉은 여인의 머리를 단장해주고 있어요. 그림 하단에는 칠기로 된 화장품 그릇도 보입니다. 그런데 이것과 똑같은 그릇이 한나라 무덤 마왕퇴에서도 발견됐어요. 위 사진이 그 그릇입니다. 중국 귀족 여인들이 무척 오랫동안 이런 칠기 그릇을 화장품 용기로 사용했다는 걸 알 수 있어요.

예나 지금이나 외모를 가꾸는 건 인간의 본능인가봐요.

그러게 말입니다. 그림만 보면 용모를 단정히 하고 치장에 힘쓰라는 이야기 같아요. 과연 그런지 장화의 원문을 읽어봅시다.

> 사람들은 자신의 얼굴을 꾸밀 줄은 알지만 자신의 인격을 꾸미는 법은 모른다. 도끼로 깎고 끌로 다듬어서라도 고귀한 품성을 갖추기 위해 노력하라.

글과 그림이 전혀 딴판인데요? 그림만으론 진짜 의도를 알기 어려울 거 같아요.

장화의 원문과 고개지의 몇몇 그림은 모순되어 보입니다. 고개지가 장화의 글을 이미지로 옮기는 과정에서 글 속의 사건을 그럴싸하게 묘사하는 데 치중했기 때문이에요. 사실 장화의 글을 그림으로 옮기기는 쉽지 않았을 겁니다. 읽자마자 이미지가 떠오르는 조식의 시와 달리 추상적인 도덕을 나열한 장화의 글은 구체적인 형상으로 재현하기 어려웠겠죠.

| 총애를 지키는 방법 |

〈여사잠도〉의 다른 장면도 살펴볼까요? 오른쪽을 보세요. 두 남녀가 서로를 바라보고 있습니다. 그런데 둘 사이가 별로 애틋해 보이지 않아요. 두 사람의 옷자락이 그 증거죠. 여자의 옷자락은 오른쪽으로 마구 휘날리는데 여자 가까이에 있는 남자의 옷은 바람의 영향을 전혀 받고 있지 않습니다. 두 사람이 아예 다른 공간에 있다고 해도 이상하지 않을 정도예요.

아무리 봐도 같은 공간에 있는 것 같은데요.

그래서 옷자락이 중요합니다. 여자의 휘날리는 옷자락은 여자가 남

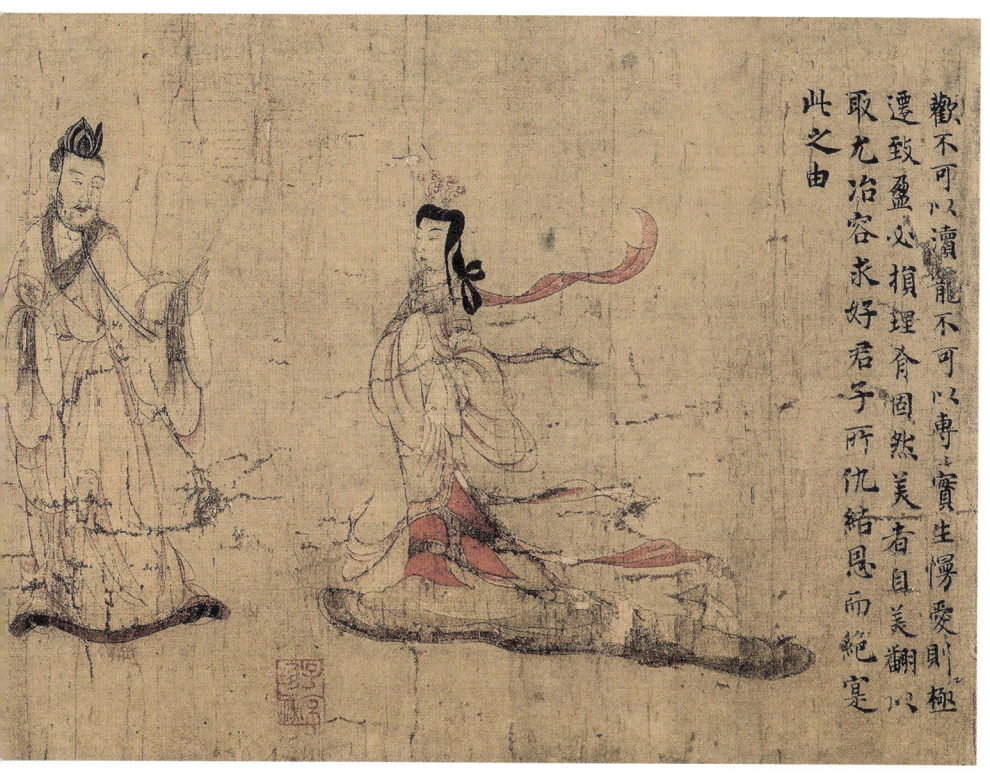

어긋난 마음(부분), 당나라 모본, 4~5세기, 영국박물관
남자를 향해 다가가는 여성과 이를 단호히 거절하는 남성의 모습을 담았다. 여인의 나풀거리는 옷자락이 남자의 뒤를 쫓는 여인의 움직임을 느끼게 한다.

자를 향해 빠르게 다가가고 있음을 내비쳐요. 오른쪽으로 길게 늘어진 치맛자락 역시 서둘러 남자를 쫓아가려는 여인의 움직임에서 비롯됐고요. 그런데 남자는 자신을 뒤쫓는 여자를 향해 단호히 손을 들어 제지합니다. 마치 이렇게 말하는 것 같아요. "됐고, 이제 그만 따라와!" 여자는 남자의 냉담한 반응에 기분이 상한 듯 뾰로통한 표정입니다. 눈빛이 아주 매섭지요. 하지만 남자는 그러거나 말거나 여자와 눈도 마주치지 않아요.

여자가 남자한테 다가가려고 하는데 남자가 거부하는 거군요.

고개지는 그림 속 인물의 옷자락, 손짓, 표정 등을 통해 이 많은 이야기를 우리에게 전달합니다. 전신사조, 그림에 정신을 전한다는 고개지의 화론이 그림 속에서 어떻게 실현되는지 감이 오지요? 심지어 아무 배경도 없이 두 사람만 달랑 있는 그림에서조차 휘날리는 옷자락 하나로 공간감은 물론이고 시간의 흐름과 인물의 움직임까지 느낄 수 있게 구성했습니다.

그런데 이 그림에 적힌 장화의 글은 뭐였나요?

남성의 총애를 받는다고 오만해지거나 사랑을 독점하려고 하면 남자가 떠난다는 내용의 글입니다.

| 초조한 마음 |

이처럼 고개지의 작품은 세부를 감상하는 재미가 있습니다. 오른쪽 그림은 한나라 성제의 후궁이었던 반첩여의 지혜로운 행동을 그린 그림입니다. 여기서 첩여(婕妤)는 이름이 아니고 직위예요. 한나라 때 후궁 중 두 번째로 높은 직위가 첩여였죠. 희빈 장씨를 장희빈이라 하듯 첩여 반씨를 반첩여라 부른 겁니다. 따라서 오른쪽 그림은 반씨 부인의 이야기라고 할 수 있어요.

황제　　　　　　　반첩여

반첩여 이야기(부분), 당나라 모본, 4~5세기, 영국박물관
가마 안에서 반첩여를 애타게 바라보며 안절부절못하는 성제의 모습과 그를 똑바로 응시한 채 꼿꼿한 자세로 서 있는 반첩여의 모습이 대비된다.

가마 안에는 반첩여를 애타는 눈길로 바라보는 성제가 있습니다. 그림 정중앙에 얼굴만 빼꼼히 보이는 사람이 황제예요. 황제의 시선은 오른쪽에 서 있는 반첩여에게서 떨어질 줄 모릅니다.

반첩여가 그렇게 좋았을까요?

반첩여는 시인이자 빼어난 미모와 인품을 두루 갖춘 여인으로 일찍부터 성제의 사랑을 듬뿍 받았어요. 반첩여를 향한 사랑이 얼마나 열렬했던지 성제는 한시도 그녀와 떨어져 있지 않으려 했대요. 심지어 정사를 보러 갈 때도 반첩여를 못 데러가 안달했습니다. 이 장면은 바로 그 순간을 포착한 그림이에요.

우비암(于非闇), 여사잠도 모본, 20세기

황제의 표정만 봐도 안달복달하는 마음이 느껴지네요.

마치 황제가 "이보게, 첩여, 나와 함께 가세. 내가 어찌 자네를 두고 혼자 가겠는가. 어서 가마에 오르게!"라고 말하는 듯합니다. 반면에 황제를 바라보는 반첩여의 자태는 꼿꼿하기 그지없어요. 허리를 반듯이 편 채 황제를 주시하는 모습이 엄격해 보이기까지 합니다. 이때 반첩여는 이렇게 말했다고 해요. "옛이야기를 보면 현명한 황제는 곁에 이름난 신하를 두고, 우매한 황제는 곁에 여자를 둔다고 했습니다. 제가 지금 가마에 오르면 주군은 어리석은 황제가 되지 않겠습니까?" 이 말을 들은 황제는 이러지도 저러지도 못한 채 입술만 달싹였습니다. 이 그림의 교훈은 황궁 여인이라면 곧은 성품을 지니고 황제를 올바른 길로 이끌어야 한다는 거겠죠.

반첩여가 괜히 사랑받은 게 아니었네요.

이번에는 가마꾼들에게 눈길을 돌려봅시다. 이들의 발을 주목하세요. 이 그림에서 가마꾼들의 발은 아주 중요합니다. 옆은 중국 근현대 화가 우비암이 모사한 〈여사잠도〉입니다. 20세기에 그려진 그림으로 가마꾼들의 발을 더 자세히 보기 위해 가져왔어요.

제각각 움직이는 발이 꼭 춤을 추는 것 같지 않나요? 어떤 발은 오른쪽을 향해 있고, 어떤 발은 왼쪽을 향해 있죠. 발만 보면 가마꾼들이 가마를 메고 대체 어디로 가려는 건지 종잡을 수가 없어요. 고개지는 가마꾼들의 갈팡질팡하는 발걸음을 통해 황제의 마음을 표현했습니다. 반첩여를 두고 떠나야 하나 말아야 하나 고민하는 황제의 어수선한 마음을 나타낸 거예요.

고개지는 정말 노련한 화가 같아요.

세부 표현이 정말 다채롭지요? 고개지 그림을 눈으로 좇다보면 가끔 숨은그림찾기를 하는 기분이 듭니다. 고개지가 곳곳에 은밀히 숨긴 보물을 어서 빨리 찾아야 할 것만 같은 조급한 마음이 들죠. 그러나 고개지는 그림의 의도를 꽁꽁 숨겨놓지만은 않았어요. 어떤 의미에서 고개지는 우리에게 속까지 모두 뒤집어 보여주는 친절한 화가였습니다.

그건 또 무슨 말인가요?

| 안이 밖으로 드러나는 세계 |

오른쪽 맨 위 그림에서 가마 천장을 다시 보세요. 뭔가 이상합니다. 사실적인 묘사를 하려면 가까운 건 크게, 멀리 있는 것은 작게 그리는 원근법을 따라야 하는데, 이 그림은 정반대예요. 가마 앞쪽은 좁고 뒤쪽이 넓습니다. 바로 아래 그림은 더 노골적으로 원근법을 무시했어요. 두 사람이 앉아 있는 곳은 침상이에요. 그런데 침상 앞쪽보다 뒤쪽이 더 넓게 표현됐습니다.

대체 왜 이렇게 그린 건가요?

그래야 안이 더 잘 보이기 때문입니다. 원근법대로 그렸다면 침상 안이 이렇게 훤히 보이지 않을 거예요. 이런 구성 덕분에 우리는 가마 안에 있는 인물과 침상에 있는 인물들을 더 자세히 볼 수 있는 거죠. 이 시대 중국 화가들은 이런 식으로 속을 다 보여줘야 한다고 생각한 모양이에요. 이런 기법을 원근법과 반대라고 해서 역원근법이라고 불러요. 역원근법은 정신을 강조하고, 대상 속에 존재하는 기운을 드러내려 했던 중국 회화의 특징을 잘 보여주는 기법입니다.

그런데 이 장면은 무슨 교훈이 담겨 있는 건가요?

페이지를 넘겨 장화의 원문을 함께 봅시다.

(위)반첩여 이야기(부분), 당나라 모본, 4~5세기, 영국박물관
(아래)의심하는 부부(부분), 당나라 모본, 4~5세기, 영국박물관

의심하는 부부(부분), 당나라 모본, 4~5세기, 영국박물관
부부가 침상에 앉아 대화하는 모습이다. 두 사람은 얼굴을 마주하고 있지만 자세와 표정에서 서로를 탐탁지 않게 생각하는 속마음이 느껴진다.

입에서 나오는 말이 선하면 천리 밖에서도 응답을 받지만 입에서 나오는 말이 험하면 같은 이불을 덮는 사이라도 의심을 받는다.

즉 부부 사이에도 신뢰가 있어야 한다는 뜻입니다. 침상 위에 앉은 두 사람은 부부입니다. 그런데 마주보고 대화를 나누는 부부의 표정이 심상치 않아요. 상대방의 말을 주의 깊게 듣기는커녕 서로 미심쩍어하는 표정이죠. 남편의 얼굴을 보세요. 눈을 가느다랗게 뜨고서 의심의 눈초리를 보내고 있어요. 이들의 자세도 불신이 깃들어 있긴 마찬가지입니다. 아내는 남편과 거리를 두려는 듯 멀찍이 떨어져 앉았습니다. 남편 역시 눈은 아내를 보고 있지만 몸은 금방이라도 일어설 듯 바깥을 향해 있죠. 두 사람은 마주앉아 대화 중이지만 가까운 사이처럼 보이지는 않아요.

서로 뭔가를 캐내려고 떠보는 중인 거 같은데요.

남자는 아예 침상 끝에 걸터앉아 발을 밖으로 내놨습니다. 한 발을 무릎에 턱 올리고 신 한 짝은 아무렇게나 내팽개쳤어요. 다른 발은 신을 신고 있지만 발가락 끝에 겨우 걸친 채 까닥거리는 중이죠. 건성건성 대화하는 폼이 마음은 딴 곳에 있다는 걸 한눈에 알 수 있어요. 치고받고 싸우는 건 아니지만 그에 못지않게 서로를 향한 불신이 느껴지는 그림입니다.

제가 아내라면 까닥거리는 발을 보고 부아가 치밀 것 같아요.

정신이나 내면 세계를 그린다는 것이 어떤 의미인지 좀 느껴지나요? 고개지는 화면 곳곳에서 인물의 심리를 은밀히 드러내는 방법으로 감상자의 마음까지 들었다 놨다 했습니다. 머리가 아니라 마음이 먼저 반응하는 그림이죠. 필선을 중시하고 정신을 높이 산 한족 회화의 전통은 고개지의 그림에서 개화하기 시작합니다.

| 마지막 여인 |

이제 〈여사잠도〉의 마지막 장면을 보겠습니다. 오른쪽 그림은 〈여사잠도〉의 높은 예술성을 보여주는 장면으로 손꼽혀요. 맨 오른쪽의 여인을 보세요. 붓을 손에 들고 두루마리에 뭔가를 적고 있습니다. 마치 이 여인이 〈여사잠도〉의 장면 하나하나를 기록한 것처럼 구성됐어요.

그럼 이 사람이 장화인가요?

장화를 빗댄 것처럼 보이지요. 내가 궁중 여인이 되어 「여사잠」을 쓴다고 상상해볼 수도 있고요. 본래 열두 장면으로 구성된 〈여사잠도〉는 이 여인의 등장을 통해 비로소 한 권의 두루마리로 묶여 온전한 작품으로 완성됩니다. 마지막 여인의 등장이 이 그림의 화룡점정이 된 거예요.

정말 완벽한 마무리네요.

마지막 여인(부분), 당나라 모본, 4~5세기, 영국박물관
〈여사잠도〉의 마지막 장면이다. 장화를 빗댄 것처럼 보이는 인물이 붓을 들고 종이에 뭔가를 적고 있다. 이 여인의 등장은 여사잠도의 개별적인 장면을 하나의 이야기로 완성하는 역할을 한다.

맞습니다. 별생각 없이 그림을 훑어보다 두루마리를 덮기 직전, 붓을 든 여인을 보게 됐다고 상상해보세요. 마치 눈앞에서 글쓴이가 튀어나오기라도 한 것 같겠죠. 그 순간 그림 속 교훈은 단번에 현실이 되어, 감상하는 이의 마음에 와닿았을지 모릅니다. 그림 마지막에 등장하는 이 여인은 〈여사잠도〉 속 각각의 장면들을 또다른 의미로 생생하게 만들어주고 있어요.

고개지의 그림 솜씨에 감탄했어요.

남조 사람들은 북방 이민족에게 중원이라는 자기 안방을 빼앗긴 후

좌절감과 불안에 시달리며 유약해진 마음을 미술로 표현했습니다. 하지만 그 유약함이야말로 남조 회화에 미묘하고도 섬세한 아름다움을 선사했어요. 남조 회화에서는 상실감과 슬픔, 아름다움이 교차합니다. 한편 자유와 사랑, 고집과 자부심도 뒤엉켜 있죠. 전통을 지키며 수려한 미술을 꿈꿨던 남조 회화에는 대나무 같은 꼿꼿함도 있습니다.

불안과 절망이 오히려 남조 예술의 원동력이 된 거군요.

그렇게 볼 수 있겠죠. 북조 미술도 다르지 않았습니다. 한족의 영광이 고스란히 남아 있던 중국 북방에서는 유목민들이 새로 뿌리내리기 위해 고군분투하고 있었어요. 대륙의, 아니 중원의 주인으로 살아가기 위한 이민족 군주들의 노력은 꾸준히 이어졌죠. 다음 강의에서는 낯선 땅에서 새로운 미술의 바람을 일으킨 북조의 그림을 살펴보겠습니다.

| 필기 노트 | 02. 용이 날아간 순간

남조 미술은 대상을 사실 그대로 그리기보다 대상이 가지고 있는 본질과 정신을 표현하는 것에 집중한다. 고개지부터 종병, 사혁으로 이어지는 중국 화론은 메시지 전달이 주목적이었던 기존의 미술에서 그림 자체에 담긴 예술성을 높이 사는 미술로의 전환을 예고하며 회화를 바라보는 새로운 관점을 제시한다.

- **눈은 마음의 창**   **화룡점정** 용을 그린 뒤 마지막에 눈동자를 그려 넣는다는 뜻.

  점안 의식 새로 조성한 불상에 눈동자를 찍어 불상에 영험함을 담음.

  ⋯▶ 눈은 생명과 신성이 깃드는 곳이라는 인식.

- **정신을 담은 그림**   **고개지의 화론**

  전신사조 정신을 그림에 전한다는 뜻.

  천상묘득 생각을 그림에 옮겨 묘함을 얻는다는 의미.

- **사혁의 화육법**   ① **기운생동** 대상이 가진 기운을 생생하게 표현함.
  ② **골법용필** 필(筆)이 드러나도록 그림을 그림.
  ③ **응물상형** 대상을 사실적으로 묘사함.
  ④ **수류부채** 대상의 종류에 따라 적합한 색을 칠함.
  ⑤ **경영위치** 올바른 구도.
  ⑥ **전이모사** 대가의 그림을 모사함.

- **중국 회화의 전설 고개지**   **춘잠토사** '봄날 누에가 토해낸 실'이라는 뜻. 고개지의 필선이 얼마나 유려한지 비유적으로 이르는 말.

  낙신부도 조식의 시 「낙신부」를 그림으로 옮김. 바람이 불어오는 듯한 표현으로 서정적인 분위기를 자아냄.

  ⋯▶ 남북조시대 회화의 특징.

  여사잠도 장화가 쓴 글 「여사잠」을 그림으로 옮긴 작품.
  ① 궁중 여인이 갖추어야 할 덕목과 자세를 설파한 감계화.
  ② 옷자락, 표정 등 섬세한 세부 표현으로 인물의 심리를 암시.
  ③ 역원근법을 이용해 대상의 본질을 드리냄.

북방 흉노의 말은 북풍에 기대고,
남방 월나라의 새는 남쪽 가지에 깃드네.

— 중국 옛시, 「행행중행행(行行重行行)」

03

두 개의 그림

#사마금룡묘 #선비족 #막고굴 벽화 #효자고사도

1965년 11월 중국 산서성 대동시의 한 마을이 돌연 소란스러워졌습니다. 황무지를 개간하려고 우물을 파던 마을 주민들이 흙더미 아래에서 무언가를 발견했거든요. 이 소식을 들은 중국 정부는 1년간의 조사를 거쳐 그것이 5세기 무덤이라는 것을 밝혀냈어요. 484년 세상을 떠난 북조 고위 관리의 무덤이었죠. 그런데 이 무덤의 주인이 놀랍게도 사마씨 가문 사람이었습니다. 사마금룡과 그의 아내가 묻힌 무덤이었어요.

사마씨 가문 사람이라는 게 왜 놀라운 일인가요?

서진을 세운 사람이 사마염이었잖아요. 사마씨는 서진과 동진을 건국한 한족 왕조입니다. 한마디로 한족 왕조의 후손이 유목민 왕이 다스리는 중국 북방에서 고위 관리가 돼 무덤까지 남긴 겁니다.

| 총애받은 원수 |

설마 사마씨 가문 사람이 북조와 내통이라도 한 걸까요?

내통은 아닙니다. 사마금룡의 아버지 사마초지는 419년 북조에 투항했어요. 동진시대 말에 일어난 내란으로 일가친척이 몰살당하자 북조로 달아날 수밖에 없었죠. 이 무렵 중국 북방은 5호16국을 모두 제압하고 통일을 이룬 북위가 다스리고 있었습니다. 아래 지도를 보세요. 양자강을 사이에 두고 북쪽은 북위가, 남쪽은 송나라가 지배했습니다. 송나라는 동진의 뒤를 이어 건국된 나라예요.

내란이 일어났다더니 동진이 멸망한 거군요.

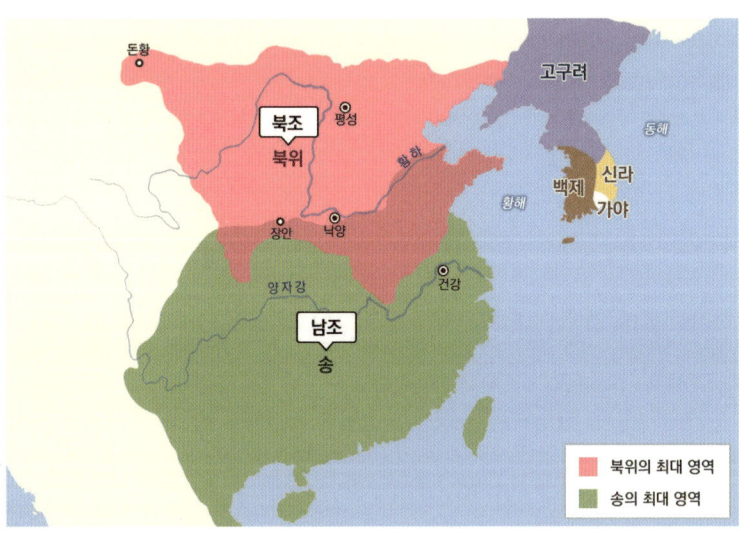

5세기 중국

네. 하지만 상황은 그대로였습니다. 여전히 중국 북방은 유목민 왕조가, 중국 남방은 한족 왕조가 다스렸으니까요. 북위의 왕은 투항한 사마초지를 두 팔 벌려 환영했어요. 동진의 황족이라는 사마초지의 신분을 높이 사 극진히 대접했죠. 아예 딸과 결혼시켜 사위로 삼기까지 했습니다. 이후 사마초지는 아들 사마금룡을 낳고 높은 관직에도 올랐어요. 사마금룡 역시 아버지의 작위를 이어받아 한평생 권세를 누렸고요.

한족이 이런 식으로 전화위복할 줄은 몰랐네요.

높은 신분에 황제의 총애까지 받은 사마금룡은 무덤에서도 생전의 위엄을 뽐냈습니다. 아래는 사마금룡묘의 평면도예요. 묘실은 3개뿐이지만 무덤의 전체 길이가 63미터에 달합니다. 일찍이 도굴을 당했는데도 부장품이 454점이나 발견돼 화제가 됐죠.

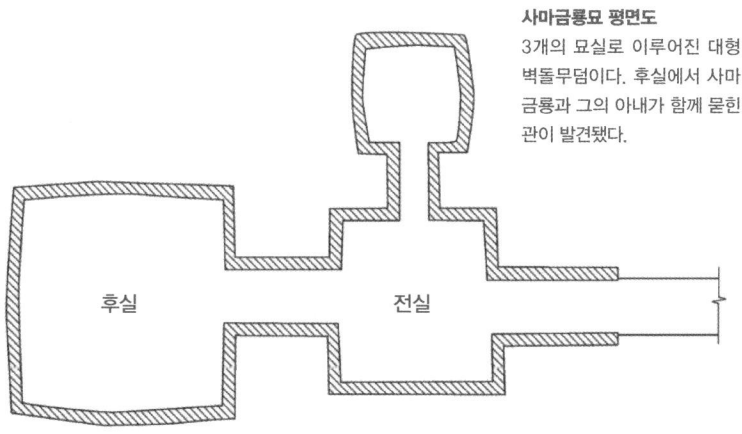

사마금룡묘 평면도
3개의 묘실로 이루어진 대형 벽돌무덤이다. 후실에서 사마금룡과 그의 아내가 함께 묻힌 관이 발견됐다.

(왼쪽)기병, 484년, 사마금룡묘 출토, 대동박물관
(오른쪽)호위병, 484년, 사마금룡묘 출토, 대동박물관
두 병사 도용은 모두 선비족 복장을 하고 있다. 기병은 통이 좁은 바지에 가죽신을 신고 귀를 덮는 닭 벼슬 모양의 풍모를 썼다. 호위병이 걸친 피풍의도 눈에 띈다.

묘실 3개에 400개가 넘는 부장품이 다 들어갔다고요?

부장품 대부분이 높이 20센티미터쯤 되는 작은 도용이었습니다. 그중 210여 점이 병사 도용이었어요. 값어치가 없다고 도굴꾼들이 버리고 간 거죠. 위는 사마금룡묘에서 출토된 도용으로 왼쪽이 기병, 오른쪽이 호위병입니다. 두 병사는 당시 북위를 다스렸던 선비족의 복장을 하고 있어요. 말을 타기 편한 실용적인 옷차림과 머리와 귀를 덮는 모자가 특히 그렇습니다.

귀를 덮는 형태가 군밤 장수 모자랑 비슷하네요.

귀를 덮고 어깨까지 내려오는 이런 형태의 모자를 풍모라고 합니다. 풍모는 북방 초원에서 추위를 견뎌야 했던 선비족이 흔히 쓰던 모자였어요. 왼쪽의 기병이 쓴 풍모는 닭벼슬 모양으로 형태도 독특합니다. 이처럼 기병, 보병, 호위병 등으로 구성된 대규모 병사 도용은 중무장을 한 채 무덤 복도 쪽에서 대열을 이루고 있었습니다. 진시황릉에 있는 병사 도용처럼 말이에요. 물론 진시황릉의 병사 도용은 개수가 수천 점에 달하고 크기도 실제 사람과 거의 비슷하지만요.

진시황릉에 비하면 사마금룡묘의 병사 도용은 크기도 작고 소박한 편이군요.

군사 도용 행렬, 사마금룡묘 출토, 대동박물관
사마금룡묘에서는 454점의 부장품이 발굴됐는데 이중 절반이 병사 도용이었다. 무덤 통로에 대열을 이루고 있던 군사 도용은 갑옷의 모양부터 말과 낙타를 데리고 이동하는 모습까지 유목민 군대의 특징을 보여준다.

진시황릉에는 못 미치지만 전쟁이 끊이지 않았던 남북조시대에 이 정도 규모의 도용을 만들어 무덤에 넣었다는 것 자체가 대단한 겁니다. 어지간한 고위 인사가 아니고서는 할 수 없는 일이죠. 더욱이 사마금룡묘는 현존하는 북위 무덤 중 가장 큰 규모의 도용 행렬을 자랑해요. 당시 사마금룡의 부와 권세가 어느 정도였는지 짐작이 갑니다.

| 질서와 자유분방함 |

사마금룡묘에서는 도용뿐 아니라 도자기, 돌로 만든 관 받침대, 등잔 같은 부장품도 발견됐습니다. 특히 무덤 뒷방에 흩어져 있던 목조 칠기 병풍은 이 무렵 북조 회화의 특징을 잘 보여줘요. 칠기는 옻나무에서 채취한 검붉은 수액을 바른 물건을 말하는데, 옆은 사마금룡묘에서 발견된 칠기 병풍입니다.

칠기로 만든 병풍도 있군요. 붉은색이 강렬하네요.

맨 오른쪽에 있는 병풍을 보세요. 한가운데 금이 가 있는 게 보이나요? 일반 병풍처럼 접었다 폈다 할 수 있게 제작해 그렇습니다. 병풍 한 폭당 크기는 가로 20센티미터, 세로 80센티미터로 아담해요. 세월이 흐르며 훼손된 부분이 있지만 대체로 보존 상태가 좋은 편입니다. 옻칠을 한 덕분에 내구성이 높아진 거죠.

칠기 병풍, 484년, 사마금룡묘 출토, 대동박물관
나무판에 옻칠을 한 칠기 병풍으로 앞뒷면 모두 그림이 그려졌다. 다섯 폭으로 구성된 병풍은 한 폭당 크기가 가로 20㎝, 세로 80㎝로 일반적인 병풍보다 사이즈가 작다.

그런데 병풍에 웬 글자가 저렇게 많나요?

메시지를 전해야 했기 때문입니다. 이 병풍은 앞면과 뒷면이 모두 유교 규범을 가르치기 위한 감계화로 채워졌어요. 열녀나 효자 이야기가 주를 이루죠. 인물 바로 옆에 있는 작은 네모 칸은 방제(榜題)라고 하는데, 이 사람이 누구인지를 글로 간단히 표시한 겁니다.

이 사람들은 실존 인물이었나요?

실존 인물도 있고 전설 속 인물도 있습니다. 페이지를 넘겨 병풍에

감계화(부분), 484년, 사마금룡묘 출토, 대동박물관
유교 윤리를 설파하기 위한 목적으로 제작된 감계화다. 열녀나 효자 이야기가 주를 이루며 그림과 함께 그와 관련된 고서의 내용이 적혀 있다.

있는 그림을 몇 가지 보도록 하죠. 위에서부터 맨 첫 번째 그림이 중국 설화에 등장하는 순임금 이야기예요. 순은 어릴 적 가족에게 온갖 학대를 당했지만 끝까지 효심을 잃지 않은 덕에 훗날 황제가 된 인물입니다. 두 번째 그림은 주태강, 주태임, 주태사라는 주나라 황실 여인들을 그린 겁니다. 이들은 어진 황제를 길러낸 현명한 어머니로 칭송받았죠.

세 번째는 노나라에 살았던 과부 춘강의 이야기예요. 춘강은 여자가 지켜야 할 세 가지 덕목인 삼종지도(三從之道)를 충실히 따른 여인으로 유명했어요. 삼종지도란 어려서는 아버지를, 결혼해서는 남편을, 남편이 죽은 뒤에는 아들을 따르는 것을 말합니다.

요즘 시대에는 어림도 없는 이야기네요.

최근에는 삼종지도라는 말도 거의 쓰지 않죠. 여성의 지위와 역할이 과거와 크게 달라졌으니 당연한 일입니다. 마지막 그림은 황제를 올바른 길로 인도한 반첩여의 이야기예요. 고개지의 〈여사잠도〉에도 등장한 일화죠.

같은 주제의 그림이 북조에서도 나온 거군요.

그만큼 유명한 이야기라는 겁니다. 다음 페이지에서 남조와 북조의 반첩여 그림을 나란히 놓고 비교해볼까요? 두 그림 모두 힌니리 성제가 반첩여에게 어서 마차에 오르라고 채근하는 장면을 그렸어요.

옆 페이지의 위가 북조 그림, 아래가 남조 그림입니다. 두 그림은 같은 이야기를 담았지만 그림의 표현 방식은 무척 달라요. 북조 그림이 강력한 위계질서를 드러낸다면 남조 그림은 자유분방한 느낌을 주거든요. 두 그림 속 가마꾼들의 모습만 살펴봐도 알 수 있죠.

여기서도 가마꾼들이 중요하군요.

북조 그림에서 가마꾼들의 몸집을 보세요. 오른쪽에 있는 반첩여와 비교해도 지나치게 아담합니다. 언뜻 백설공주와 일곱 난쟁이가 연상될 정도예요. 위계에 따라 인물의 크기를 달리 그렸기 때문입니다. 게다가 북조 가마꾼들은 뻣뻣한 자세 탓에 마치 로봇 같아요. 한 치의 흐트러짐도 없이 정면을 향해 걷는 모습이 상관의 명령에 절대복종하는 군인들 저리 가라죠.

크기며 자세도 다 똑같긴 하네요.

반면에 남조의 가마꾼들은 행동이 제각각입니다. 갈까 말까 망설이다 못해 정신 사납게 고개를 이리 돌렸다 저리 돌렸다 하며 몸을 배배 꼬는 모습입니다. 북조의 화가가 '신하는 무조건 황제의 명령에 따른다'는 마음으로 그림 속 가마꾼을 묘사했다면 남조의 화가는 '음… 황제가 뭐?' 하는 삐딱한 태도로 가마꾼을 그렸어요. 두 그림 모두 유교적 가치와 규범을 전달하기 위한 감계화임에도 그림을 그리는 방식은 이토록 차이가 났습니다.

(위)반첩여 이야기(부분), 484년, 사마금룡묘 출토
(아래)고개지, 반첩여 이야기(부분), 당나라 모본, 4~5세기, 영국박물관
북조 그림이 직선적인 딱딱한 묘사로 왕과 신하 사이의 위계질서를 드러냈다면, 남조 그림은 자유롭고 해학적으로 인물을 표현했다.

가마꾼들의 모습을 산만하게 묘사한 건 황제의 심란한 마음을 표현하기 위한 거 아니었나요?

맞습니다. 거기에 더해 고개지가 그린 가마꾼의 모습에는 남조 사회 특유의 자유분방함이 담겨 있어요. 형식적으로는 유교를 중시했지만 내심 유교적 질서를 거부하는 도교의 반사회적인 태도가 그림에 영향을 미친 겁니다. 이처럼 북조와 남조는 같은 주제를 대하는 화가의 태도가 사뭇 달랐습니다.

그런데 왜 북조에서 저렇게 유교 질서를 강조한 그림을 그렸을까요? 유교는 한족 전통 사상이잖아요.

유목민들이 중국 땅에 정착해 살아가려 한 데 원인이 있겠죠. 북중국을 통일한 북위 왕조는 강한 무력을 기반으로 전제왕권을 구축했어요. 그 과정에서 한족의 유교를 받아들여 왕권을 더 공고히 하려 한 겁니다. 유교는 한족이 나라의 질서를 세우는 데 중요한 역할을 한 사상이잖아요? 개방적이기로 소문난 유목민들이 이 좋은 통치 이념을 활용하지 않을 리 없죠. 유교를 비롯해 한족의 질서를 받아들인 덕에 북위는 중국 북방을 통일하고 150년 가까이 안정적으로 나라를 다스렸습니다. 외딴 동굴에서 살아가던 수렵민이 5세기경에는 중국의 가장 강력한 통일왕조로 거듭난 겁니다.

북위가 수렵민이라뇨, 유목민 아니었나요?

요람을 벗어나

북위는 북방 유목민족 중 하나인 선비족이 세운 나라입니다. 선비족은 모용 선비와 탁발 선비로 나뉜다고 했죠? 북위는 탁발 선비가 386년에 세운 나라였어요. 그런데 탁발 선비는 본래 중국 동북부 끝자락 알선동 지역에 자리 잡은 수렵민이었습니다.

아래가 탁발 선비의 발상지인 알선동 동굴이에요. 면적이 2,000제곱미터에 달하는 알선동 동굴은 천 명 가까운 인원이 함께 지낼 수 있는 공간이었습니다.

과장이 아니고 정말 동굴에서 생활했군요.

알선동 동굴, 중국 내몽골 자치구
443년 북위 태무제는 사신을 통해 대흥안령 알선동 동굴에 선대 황제의 무덤이 있다는 것을 알게 된다. 이후 태무제는 그곳에서 제사를 지내고 명문을 남겼는데, 1980년 알선동에서 명문이 발견되어 탁발 선비족의 기원이 우리에게 알려졌다.

중국 대동시
평성은 오늘날 중국 대동의 옛 지명으로, 산서성 최북단에 위치하며 내몽골 자치구와도 인접해 있다. 북쪽 국경선과 가까워 북조 왕조에서 정치·군사의 중심지로 이름 높았다.

탁발 선비는 오랜 세월 알선동 동굴을 보금자리 삼아 고기도 잡고 야생 동물도 사냥하며 유유자적 살았어요. 그러다 이따금 전해지는 동굴 너머 세상 이야기와 신비로운 물건들에 마음을 빼앗겼지요. 그사이 부족의 인구가 늘고 세력이 커지면서 이 넓은 동굴도 비좁게 느껴지기 시작합니다. 결국 탁발부의 수장은 알선동 동굴을 떠나 더 넓고 풍요로운 터전을 찾아보기로 결단을 내렸어요. 옆의 지도를 보세요. 1세기경 탁발 선비는 알선동을 벗어나 남쪽으로 향했습니다. 그렇게 호륜패이 초원에 다다른 숲속의 수렵민은 마침내 드넓은 초원의 주인이 되어 유목민으로서 새 삶을 시작해요.

용기가 대단하네요. 안락한 동굴을 벗어나기 쉽지 않았을 텐데요.

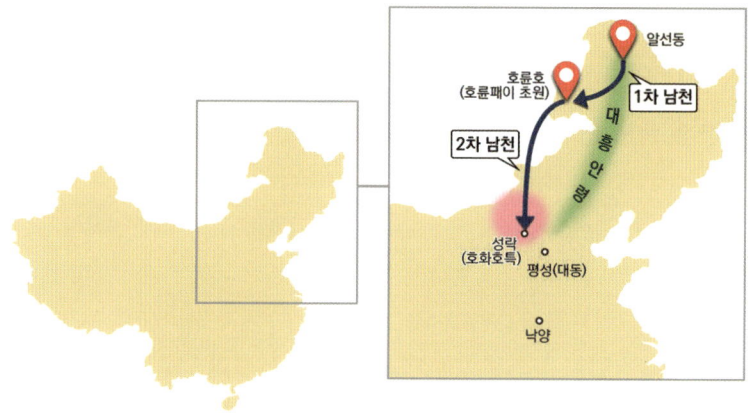

탁발 선비족의 이동 경로
본래 선비족은 대흥안령산맥 북쪽 끝자락 알선동 동굴에서 모여 살던 수렵민이었다. 1세기경 1차 남천을 계기로 유목민이 되었으며 이후 2차 남천을 감행해 유목제국 유연을 꺾고 세력을 키웠다.

탁발 선비는 용감하게 자신들의 운명을 개척한 사람들이었습니다. 이들은 수백 년 뒤 또 한 차례 남쪽으로 이동해 더 큰 세상으로 나아갔어요. 화살표 맨 아래 성락은 탁발 선비족이 근거지를 다시 한번 옮긴 곳입니다. 흉노의 옛 활동지이자 오늘날 중국 내몽골 자치구의 수도인 호화호특이 위치한 곳이기도 하죠.

수백 년에 걸쳐 조금씩 남쪽으로 내려온 거군요.

이후 중국 북방에 자리 잡고 북위를 건국한 탁발 선비는 439년 5호 16국을 모두 제압해 통일을 이룹니다. 이때 수도로 삼은 곳이 평성, 오늘날 중국 대동이에요. 그러나 통일의 기쁨도 잠시, 북위 황실의 고민은 날로 깊어졌습니다. 격렬한 전투를 거듭해 16국을 모두 멸망시켰지만 난생처음 이렇게 드넓은 영토를 다스리려니 막막해진 거예요. 더욱이 북위가 점령한 중국 북방에는 한족이 넘쳐났습니다. 전란을 피해 남쪽으로 내려간 한족도 많았지만, 고향을 떠나지 않은 한족도 상당했어요. 유목민보다 한족의 수가 훨씬 많았죠. 북위의 백성 대다수가 한족이었습니다.

한족은 유목민에게 적대적이지 않았나요? 나라를 다스리기 쉽지 않았겠어요.

| 황제가 부처다 |

그 때문에라도 북위 황제는 이름만 황제가 아니라 온 백성이 우러러보는 황제가 되어야 했습니다. 한족이 보기에 북위 황제는 과거의 노예가 오늘날 왕으로 행세하는 거나 다름없었을 테니까요. 그래서 북위 황실은 '황제야말로 현세의 부처다'라고 주장합니다. 의도적으로 황제를 부처로 격상하여 황제의 권위를 드높인 거지요.

황제가 부처와 동급이라면 한족도 황제가 이민족이라고 쉽게 무시할 순 없었겠군요.

맞습니다. 부처를 경외하듯 황제를 경외하길 바란 거예요. 잠깐 샛길로 빠져보면 그 배경에는 북위 황제 태무제가 내린 폐불령이 있습니다. 폐불령은 불교를 없애라는 명령이에요. 북위는 원래 불교를 숭상했지만 439년 북중국을 통일한 태무제는 도교에 더 우호적이었어요. 도사 구겸지와 한족 관료 최호는 도교 세력을 확장하기 위해 태무제 곁에서 불교 탄압을 부추겼죠. 그 결과 북위 사찰 수백 개가 불타고 승려 수만 명이 수행과 포교의 길을 포기합니다. 이 같이 혹독한 탄압은 거센 반발을 불러일으켜 태무제는 결국 환관에게 독살당해요.

북조에서 불교를 탄압했을 줄은 생각도 못했어요.

태무제 이후 황제 자리에 오른 문성제는 사그라지던 불교의 불씨를 다시 지폈어요. 폐불의 재발을 막고 곤두박질친 황권을 바로 세우기 위해서였죠. 그 과정에서 '황제가 곧 부처다'라는 아이디어를 내세웁니다. 황제가 부처라면 불교를 탄압하는 폐불령을 쉽게 내릴 수 없을 뿐더러 황제가 부처만큼이나 신성하고 위엄 있는 존재로 군림할 수 있을 테니까요. 북조 황실은 이 같은 메시지를 전달하는 통로로 미술을 적극 활용합니다.

황제가 부처라고 말만 한 게 아니라 미술로 보여준 거군요.

대표적으로 운강 석굴의 담요 5굴을 들 수 있습니다. 운강 석굴 중 초기에 지어진 제16~20굴이 담요 5굴이에요. 승려 담요가 주도해 지은 석굴이라 담요 5굴이라는 이름이 붙었죠. 황제가 곧 부처라는 아

운강 석굴 제20굴, 5세기, 중국 산서성 대동
북위 황실의 대대적인 후원을 바탕으로 승려 담요가 주도해 조성한 다섯 개의 석굴 중 하나다. 역대 북위 황제의 모습을 본떠 불상을 조성했다는 이야기가 전해진다.

이디어를 제공한 사람이 바로 담요입니다. 담요 5굴은 북위 황실의 후원을 받아 460년 수도 평성에 지어졌어요. 역대 북위 황제 다섯 명을 상징하는 불상들도 함께 조성됐죠. 위는 담요 5굴 중 하나인 운강 석굴 제20굴로, 사진 속의 불상은 태무제를 나타낸 거라 봅니다. 아래에 있는 관광객들과 비교하면 불상이 얼마나 큰지 알 수 있어요. 이처럼 북조 불교는 황실의 전폭적인 지원 속에 성장했습니다. 북조에 불교 미술이 압도적으로 많은 것도 그 때문이에요. 특히 북조시대의 불교 석굴사원에는 북조적인 특징을 보여주는 미술이 많아요. 옆은 북위시대 그림으로 돈황 막고굴에 있는 벽화입니다.

| 품속의 비둘기 |

그림이 조금 무서워요. 공포 영화의 한 장면은 아니겠죠?

마치 색상이 반전된 옛날 필름을 보는 것 같지만 처음부터 벽화가 이런 모습이었던 건 아닙니다. 그림 속의 검은색은 본래 붉은 계열의 진한 베이지색이었는데 안료에 있는 철 성분이 산화되어 색이 검게 변한 겁니다. 그 탓에 그림이 그로테스크해 보여요. 하지만 이래 봬도 중앙에 있는 인물은 석가모니예요.

시비왕 본생도, 5세기, 막고굴 제245굴, 중국 감숙성 돈황
황실이 적극적으로 불교의 부흥에 앞장섰던 북조에서는 불교를 주제로 많은 그림이 그려졌다. 위 그림은 석가모니가 전생에 시비왕이었을 때의 일화를 그린 것으로 중앙에 있는 인물이 시비왕이다.

석가모니요? 육계도 없고 광배도 안 보이는데요.

아직 부처가 되기 전 석가모니의 전생을 그린 거라 그래요. 이 그림은 〈시비왕 본생도〉라고 해서, 석가모니가 전생에 시비왕이었을 적의 이야기를 담았어요.
시비왕은 자비롭기로 칭송이 자자한 왕이었습니다. 불법을 수호하는 제석천의 귀에도 그 이야기가 전해질 정도로요. 어느 날 제석천은 시비왕이 타인을 위해 얼마나 자기를 희생할 수 있는지 호기심이 생겼어요. 그래서 한 천인을 꾀어 시비왕을 시험하기로 합니다. 그렇게 천인은 비둘기로, 제석천은 매로 변신하죠.

비둘기와 매라니 무슨 꿍꿍이인지 궁금하네요.

비둘기로 변신한 천인은 대뜸 시비왕의 품속으로 날아들었습니다. 그러고는 시비왕 겨드랑이에 얼굴을 파묻고 파들파들 떠는 체했어요. 깜짝 놀란 시비왕은 품속의 비둘기를 도닥이며 물었습니다. "무엇이 너를 그리 겁먹게 했느냐?"
그때 큰 날개를 퍼덕거리며 매 한 마리가 날아오더니 소리쳤습니다. "당장 내 먹이를 내놓아라!" 이 말을 들은 시비왕은 비둘기를 품에 꼭 끌어안은 채 그럴 수 없다고 딱 잘라 거절했어요. 그러자 매가 길길이 날뛰며 원망 섞인 말을 쏟아내기 시작합니다. "내가 비둘기를 먹는 건 자연의 섭리다. 나도 이 세상의 중생일 뿐인데 내 먹이를 빼앗아가다니, 그럼 나는 굶어 죽으라는 소리냐!" 잠시 고민하던 시비왕은 이렇게 답했다고 합니다. "차라리 내 살덩이를 대신 주겠다"

세상에, 그건 너무 큰 희생 아닌가요.

괜히 자비로운 왕으로 칭송받은 게 아닌 거죠. 시비왕은 자신의 허벅지 살을 잘라 매에게 건넸습니다. 그러나 매는 피가 뚝뚝 떨어지는 살덩이를 받고도 코웃음을 쳤어요. "네가 내게 주는 살덩이와 비둘기의 무게가 같아야 공평하지 않겠느냐!"

순 억지가 따로 없네요.

시비왕은 곧 신하들을 시켜 저울을 가져오게 합니다. 저울추 한쪽에 비둘기를 올리고, 반대쪽에는 베어낸 자기 허벅지 살을 올렸죠. 그러나 뼈가 다 드러나도록 허벅지 살을 베고 또 베어 추에 올려도 기울어진 저울은 평평해질 줄을 몰랐어요. 결국 시비왕은 스스로 저울에 올라서며 말했습니다. "이대로 나를 다 내주면 되겠느냐?" 시비왕의 희생에 탄복한 제석천은 그제야 본모습을 드러냈답니다.

생각보다 엄청 무시무시한 이야기네요.

〈시비왕 본생도〉는 불교 미술에 자주 등장하는 소재 중 하나입니다. 앞에서 본 그림도 이 이야기를 모티프로 삼았어요.

| 선과 면의 대결 |

그림으로 다시 돌아갑시다. 이 장면은 신하가 시비왕의 허벅지 살을 베어내는 모습을 표현했습니다. 다리 한쪽을 접어 올린 시비왕과 오른쪽에 칼을 든 신하가 서 있는 게 보여요. 뼈가 허옇게 드러난 허벅지의 모습도 충격적이지만 이 그림에서 눈에 띄는 또 한 가지가 윤곽선입니다.

고개지 그림이 춘잠토사라는 별칭에 걸맞게 가늘고 섬세한 필선을 뽐낸다면, 이 그림은 필선이라고 하기 민망할 정도로 윤곽선이 굵어요. 필선에 그다지 공들이지 않았다는 걸 알 수 있습니다.

윤곽선이 검게 변해서 그렇게 보이는 건 아닐까요?

설령 색이 변하지 않았더라도 남조 회화에서 드러나는 낭창낭창한 붓놀림을 북조 회화에서는 찾아보기 어렵습니다. 대신에 북조 화가들은 채색에 집중했어요. 남조 회화가 선을 중시했다면 북조 회화는 면을 중시한 거죠.

북조 회화에 자주 등장하는 음영법을 예로 들어볼게요. 음영법이란 그라데이션 하듯 색의 톤을 달리해 입체감을 주는 기법입니다. 그림 속 시비왕을 보세요. 윤곽선이 짙은 검은색이라면 그 안쪽은 짙은 회색, 더 안쪽은 회색, 이런 식으로 색을 칠했어요. 물론 본래 색은 검은색이 아니라 붉은색 계열이었겠지만요. 가슴팍은 음영법이 과하게 들어가 근육이 단단해 보일 정도입니다.

시비왕   신하

시비왕 본생도(부분), 5세기, 막고굴 제245굴
벽화가 마모되어 잘 보이지 않지만 시비왕 바로 옆에 칼을 든 신하가 있다. 시비왕은 가만히 눈을 내리깐 채 신하가 자신의 살점을 베어내는 모습을 묵묵히 바라보고 있다.

고개지, 여사잠도(부분), 당나라 모본, 4~5세기, 영국박물관

북조 회화와 남조 회화는 정말 다르네요.

차이가 확실하죠. 이처럼 음영법을 사용하면 면의 덩어리진 느낌을 살릴 수 있어요. 음영법이 발달한 북조 회화가 남조 회화보다 훨씬 입체적으로 보이는 이유입니다. 그런데 북조만큼은 아니지만 남조에서도 종종 음영법을 사용했어요. 위의 고개지 그림을 보세요. 침상 커튼의 어떤 부분은 진하고 어떤 부분은 연합니다. 주름을 표현할 때 그라데이션으로 색을 칠해 커튼에 볼륨감이 느껴지도록 표현한 거죠. 한편 북조 회화도 남조의 그림 기법에 영향을 받았습니다. 오른쪽은 돈황 막고굴 제249굴에 있는 6세기경 벽화예요. 〈시비왕 본생도〉보다 조금 늦게 제작됐죠.

부처와 보살, 6세기, 막고굴 제249굴
그림 한가운데 부처가 서 있고 양쪽에 화려한 보관을 쓴 보살들이 보인다. 부처를 향해 날아오는 비천도 볼 수 있다. 부처는 물론이고 보살과 비천까지 호리호리한 모습으로 표현했다.

어디가 남조 회화의 영향을 받았다는 건가요?

그림 속 인물들을 보면 불상을 포함해 주위의 보살들까지 몸이 무척 늘씬합니다. 신체 비율이 무슨 모델 같아요. 거의 10등신입니다. 이렇게 어깨가 좁고 몸을 가늘게 표현하는 방식은 남조에서 유행한 인물 표현법이었어요. 이 그림은 남조의 영향을 받아 인물들을 호리호리하게 그렸습니다. 하지만 이 그림 역시 북조의 여느 그림처럼 선이 아닌 면을 중시했다는 점은 분명합니다. 불상의 팔을 음영법으로 표현한 걸 보세요. 윤곽선 부근은 진히고 안쪽으로 갈수록 색을 옅게 칠했어요.

| 불투명한 채색으로 완성한 세계 |

면을 중시한 북조 회화의 진면목을 볼 수 있는 그림이 또 있습니다. 오른쪽 위 그림은 막고굴 제249굴에 있는 벽화예요. 지금껏 살핀 북조 회화 중에서도 필선이 유독 안 보이는 그림이죠. 화면 왼쪽 아래에 말을 탄 사람이 뒤돌아 활을 쏘는 모습을 보세요. 윤곽선이 따로 없어요. 대신에 형태를 빽빽하게 채운 면만 가득합니다. 일부분을 제외하면 그림 전체가 이런 식으로 표현됐어요.

정말 이 그림은 면밖에 안 보이네요.

뒤돌아 활을 쏘는 사람(부분)

북조 회화에서는 무엇보다 면을 메우는 채색이 중요했습니다. 채색이야말로 면을 부각하고 입체감을 살리는 데 효과적이었으니까요. 그러나 남조 사람들은 북조와 달랐어요. 윤곽선 없이 색을 빽빽하게 칠한 그림을 좋아하지 않았습니다. 한족이 그림에서 가장 중시한 건 언제나 필, 즉 붓질이었어요. 더욱이 남조에서는 색을 칠할 때도 먹의 농담을 조절해 전체적으로 투명한 느낌이 들도록 그림을 그렸습니다. 아래 남조 그림을 보세요. 옅게 색을 칠해 바탕색이 비칩니다. 수채화 느낌이 나죠. 반면에 북조 회화는 크레파스로 칠한 듯 불투명한 느낌을 줘요.

(위)수렵도, 6세기, 막고굴 제249굴
(아래)고개지, 낙신부도(부분), 송나라 모본, 4~5세기, 북경 고궁박물원
북조 회화가 대상을 빽빽하게 칠해 면을 부각한 반면 남조 회화는 필선을 중시해 바탕색이 비칠 만큼 옅게 채색했다.

사신사호도, 6세기 중엽, 막고굴 제428굴
굶어 죽어가는 호랑이를 위해 자신의 몸을 내어준 마하살타 태자 이야기를 담았다. 이시동도법을 이용했으며 그림 속 뾰족뾰족한 산들은 장면과 장면을 나누는 역할을 한다.

옆에 있는 막고굴 제428굴 벽화도 면을 빽빽하게 칠한 건 마찬가지입니다.

그림 중간에 알록달록한 건 뭔가요? 정신이 하나도 없네요.

산입니다. 마치 짐승의 이빨 같지요. 산의 색깔을 검은색, 파란색, 붉은색으로 번갈아 칠해 이 산들이 다 다른 산이라는 걸 드러냈어요. 그런데 여기서 산을 그린 목적은 산의 다채로운 풍경을 보여주려는 것이 아니라 화면 속 공간을 나누기 위해서입니다. 그림 중간중간에 산을 그려 넣어 이 공간에서 벌어진 사건과 저 공간에서 벌어진 사건을 구분해주려 한 거예요.

굳이 산을 그려 공간을 구별한 이유가 있나요?

이 그림이 연속된 이야기를 담고 있기 때문입니다. 바로 석가모니가 전생에 마하살타 태자였을 적의 이야기죠. 형들과 함께 호랑이 사냥을 나선 마하살타 태자가 굶주려 죽어가는 호랑이와 새끼들을 발견하고 자신의 몸을 내어준다는 내용입니다. 그림 두 번째 단 맨 오른쪽을 보세요. 마하살타 태자가 절벽에서 뛰어내려 자신의 몸을 호랑이 먹이로 내주는 장면입니다. 바로 옆에 있는 그림은 절벽에서 떨어진 마하살타 태자를 잡아먹는 호랑이가 표현됐어요.

〈시비왕 본생도〉만큼 충격적인 이야기네요.

〈시비왕 본생도〉도 그렇지만 이 그림도 불교 교리를 전하기 위해 핵심 장면을 그리다보니 그림이 다소 잔혹합니다. 이처럼 북조와 남조는 그림 기법부터 그림에 대한 생각까지 큰 차이를 보였어요. 단순하고 선명한 북조 회화는 눈에 띄는 강렬한 표현으로 메시지를 전달하는 데 효과적이었습니다. 반면 섬세하고 정교한 남조 회화는 이 그림이 왜, 어떻게 좋은지를 선으로 드러낸 거죠.

북조와 남조 그림 모두 고유의 개성이 있는 것 같아요.

사실 채색을 중시한 그림 기법은 북조 고유의 방식은 아닙니다. 가령 북조 회화에 빠지지 않고 등장하는 음영법은 인도나 중앙아시아에서 흔히 사용한 기법이었어요. 인도에서 중국으로 불교가 전파될 때 그림 기법도 함께 전해진 겁니다. 서역과 인접한 하서회랑을 차지한 북조는 그림에서도 인도와 서역의 영향을 받았어요.

불교가 불상만 전한 게 아니네요.

특히 서역의 키질 석굴사원 벽화는 남북조시대에 조성된 하서회랑의 석굴사원 벽화와 그림 기법이 거의 같습니다. 선보다는 면을 강조한 점, 면을 강조하기 위해 채색을 중시한 점, 면을 빽빽하게 채워 빈 공간이 거의 보이지 않는다는 점 등이 그렇죠. 오른쪽은 서역에 있는 키질 석굴사원의 벽화예요. 면에 빈틈없이 색을 칠한 모습이 돈황 막고굴의 수렵도나 마하살타 태자 그림과 비슷해요.

코끼리 위의 왕, 4~5세기, 키질 제14굴, 중국 신장위구르 쿠차
이 벽화는 대광명왕의 일화를 그린 그림이다. 어느 날 대광명왕은 달리는 코끼리 위에서 떨어져 부상을 입는다. 이 일로 왕에게 꾸지람을 들은 코끼리 조련사는 '나는 코끼리의 마음까지는 훈련 시킬 수 없다. 몸과 마음을 모두 다스릴 수 있는 분은 부처님뿐'이라고 대답한다. 그 말에 깨달음을 얻은 대광명왕이 스스로 부처가 되어 중생을 돌보기로 결심했다는 이야기다.

| 흔들리는 나무 |

한편 같은 시기의 북위 미술이라도 지역에 따라 한족의 영향을 더 강하게 받은 경우도 있습니다. 아래는 낙양에 있는 북위 무덤에서 출토된 석관이에요. 낙양은 중원에 해당하는 곳으로 한족 문화가 깊이 뿌리 내린 지역이었습니다. 하서회랑이 이민족 문화가 직접 유입되는 통로였다면 낙양은 한족의 홈그라운드와 다름없어요. 동시대 미술이라도 하서회랑과 낙양이 서로 다른 지역색을 보이는 이유입니다.

그런데 이건 그림이 아니네요?

효자고사도, 6세기 초, 중국 하남성 낙양 출토, 미국 넬슨-앳킨스미술관
북위 시대에 낙양에서 출토된 석관으로 남조 회화의 영향이 엿보인다.

돌에 얇은 선으로 그림을 새겼다고 해서 선각화라고도 부릅니다. 이 석관에 새겨진 선은 무척 가늘고 섬세해서 그림보다 더 그림 같아요. 이제껏 본 북조 그림과 달리 남조 회화 느낌이 납니다. 게다가 조각의 주제와 표현 방식 역시 한족 미술을 따랐어요. 사마금룡묘의 칠기 병풍처럼 유교적인 교훈을 주제로 삼았거든요.

이 석관은 총 6개의 효자 이야기로 구성돼 있습니다. 아래 석판은 석관의 일부분으로 그중 3개의 이야기가 담겼어요. 각각의 이야기 옆에는 방제를 두어 누구의 이야기인지를 표시했죠. 석판 맨 왼쪽은 효자 왕림의 이야기가 새겨졌습니다. 효자 왕림은 신나라의 왕족이었어요. 신나라는 왕망이 한나라를 일시적으로 무너뜨리고 세웠던 나라인데 8~23년, 딱 15년간 존속했습니다.

효자 왕림(부분), 6세기 초, 중국 하남성 낙양 출토, 미국 넬슨-앳킨스미술관
효자 왕림이 산적들에게 붙잡힌 형을 구하기 위해 산적을 찾아가 애원하는 장면과 운 좋게 풀려난 형제가 집으로 돌아가는 장면이다.

한나라가 중간에 무너진 적이 있었군요.

아주 잠깐요. 그래서 신나라 이전의 한나라를 전한, 이후를 후한이라고도 부릅니다. 신나라가 멸망한 뒤 왕씨 가문은 뿔뿔이 흩어지고 왕림과 그의 형이 남아 선조들의 무덤을 지켰죠. 그러던 어느 날 형이 산적에게 붙잡혀 죽을 위기에 처하자, 왕림은 끈으로 자신의 팔과 몸통을 꽁꽁 묶고 산적들을 찾아갔어요. 차라리 형 대신 자기를 죽여달라면서요.

선각화에 새겨질 만한 이야기네요.

어떻게든 형을 구하려고 한 왕림의 용기가 가상하죠? 이를 가엽게 여긴 산적들은 다행히 왕씨 형제를 풀어줬습니다. 옆에 있는 석관에 그 이야기가 담겨 있어요.
석판 ①번에는 무릎 꿇고 애원하는 왕림의 모습이, ②번에는 산적들에게 풀려나 집으로 돌아가는 왕씨 형제의 모습이 묘사됐습니다. 이 석관에서 가장 주목할 부분은 산수 표현이에요. 나무를 보세요. 그림 속 나무들은 하나같이 줄기가 가느다랗고 잎사귀는 세밀하게 표현됐습니다.

이거 어쩐지 낯이 익은데요.

〈죽림칠현과 영계기〉 탁본에서 이런 모습의 나무를 본 적이 있죠?

줄기는 콩나물처럼 가늘고 잎사귀는 지나치게 상세히 그린 나무들 말이에요. 한족의 전통적인 나무 표현 방식이 북위 석관에도 영향을 준 겁니다. 이런 식으로 나무를 표현하는 건 5~6세기 중국의 영향권에 있었던 아시아 전역에 공통적으로 나타났어요. 심지어 고구려 고분벽화에서도 비슷한 모습의 나무를 볼 수 있습니다.

또 고구려 무덤이 등장하는군요.

오른쪽 위는 6세기 말 조성된 고구려 무덤 진파리 1호분의 벽화입니다. 그림 양쪽에 나무들을 보세요. 줄기가 가늘고 이파리 하나하나가 꼼꼼히 묘사된 점이 한족의 나무 표현법과 흡사합니다. 게다가 이 나무들은 거센 바람에 휘청이는 모습이에요. 바람이 부는 가운데 흔들리는 나무를 묘사하는 건 남조 회화에 자주 나오는 장면입니다. 고개지의 〈낙신부도〉를 떠올려보세요. 낙신의 옷자락은 물론이고 배경 속 구름과 나무까지 바람이 부는 듯이 표현했잖아요. 남조 회화는 어디에선가 바람이 불고 있는 듯한 장면을 그리는 특징이 있습니다.

고구려 벽화도 그 영향을 받은 거네요.

맞습니다. 북위 석관도 마찬가지예요. 다음 페이지에서 산적들에게 풀려난 왕씨 형제가 집으로 돌아가는 장면을 다시 보겠습니다. 이번에는 인물이 아니라 배경에 주목해보세요.

나무 나무

(위)벽화, 6세기 말, 진파리 1호분, 평안남도 중화군
(아래)고개지, 낙신부도(부분), 4~5세기, 북경 고궁박물원

두 개의 그림

집으로 돌아가는 길(부분), 6세기 초, 중국 하남성 낙양 출토, 미국 넬슨-앳킨스미술관

형제 왼쪽에 있는 나무를 보세요. 이파리들이 위로 솟구쳐 흔들리고 있습니다. 마치 바람에 나부끼는 머릿채 같아요. 격렬히 흩날리는 나뭇잎들이 화면 전체에 운동감을 자아내며 어딘지 위태로운 느낌을 줍니다. 이 무렵 한족의 불안정한 마음을 엿보는 듯해요.

이야기를 듣고 보니 스산한 분위기가 느껴지네요.

맞습니다. 그런데 이 나무는 현실에 있는 나무와도 달라요. 현실의 나무를 면밀히 관찰해 그린 게 아니라 화가의 머릿속에 있는 나무 이미지를 재현한 것처럼 표현이 밋밋합니다. 나무만 그런 게 아니에요. 화면 전체에 비석같이 우뚝 서 있는 것들을 보세요.

이건 뭔가요?

산입니다. 험준한 바위산을 표현한 거예요. 이처럼 산수를 비현실적이고 추상적으로 나타내는 것도 남조 회화의 특징입니다. 이 석관은 북조 무덤에서 나왔지만 여러모로 한족 미술의 특징을 담고 있어요.

이 무덤의 주인은 한족이 아니었을까요? 아무리 지역색이 달라도 석굴사원에서 본 북조 회화랑은 너무 딴판인데요.

그럴 가능성도 있죠. 원래 북위를 세운 탁발 선비는 유목민족답게 무덤을 쓰지 않았어요. 그러니 관도 필요 없었죠. 이 석관은 원래 한족의 무덤에서 나온 것이거나 한족의 영향을 많이 받은 이민족의 무덤에서 나왔을 겁니다. 안타깝게도 정확한 정보는 남아 있지 않지만요. 이 무렵 북위에서 한족 미술의 영향이 커진 것은 당시 북위의 정책과도 연관이 있어요. 북위의 7대 황제인 효문제가 한족 문화를 적극적으로 받아들였거든요. 효문제는 북조 황제 가운데 한족 문화를 가장 열렬히 수용한 황제였습니다.

어떤 한족 문화를 받아들였단 건가요?

여러 가지가 있지만 가령 균진제를 들 수 있습니다. 균진제는 중국식 토지 제도를 본뜬 거예요. 모든 토지는 황제의 소유라는 전제하에 백성들에게 토지를 공평히 나눠주고 세금을 받는 제도였죠. 균전제의 시행으로 북위 백성들은 이전보다 먹고살기가 수월해졌습니다. 백성들의 형편이 나아지자 조정에서 거둬들이는 세금도 늘어났고요. 게다가 효문제는 선비 귀족과 한족 귀족의 혼인을 장려했어요. 능력만 출중하면 한족도 고위 관리로 임명했고요. 급기야 493년에는 수도를 평성에서 낙양으로 옮기기까지 했습니다.

낙양은 중원이잖아요. 수도를 중원으로 옮긴 거네요?

네. 이 같은 효문제의 정책을 한화 정책이라고 해요. 한화(漢化)는 한족 문화에 동화된다는 뜻입니다. 즉 선비족을 한족화한다는 거죠. 앞에서 본 북위 석관은 이러한 사회 분위기에서 만들어졌어요. 이 무렵부터 북위의 지배계층은 한족의 장례 풍습에 따라 매장을 하고 대규모 무덤을 축조하기 시작했습니다.
북위의 효문제는 이민족이라는 한계를 극복하고 낯선 중국 땅에서 진정한 통일 국가를 이루고자 한화 정책이라는 강수를 뒀습니다. 그러나 효문제의 급진적인 한화 정책은 빛과 어둠을 모두 품고 있었어요. 빛을 발한 만큼 어둠 역시 짙었지요. 어느덧 북위에서는 내분의 징조가 번져나갔습니다. 이 와중에 북조 미술은 이전과 차원이 다른 수준에 도달하게 돼요. 다음 강의에서는 북조 미술이 이룩한 눈부신 성과를 눈에 담아보겠습니다.

| 필기 노트 | 03. 두 개의 그림

이민족 왕들이 다스린 북조에서는 인도와 서역의 영향을 받아 면과 채색을 강조한 그림이 그려진다. 또한 유교 윤리를 전하기 위한 감계화와 황제가 곧 부처라는 주장 아래 불교 미술이 활발히 제작된다. 미술을 통해 왕권을 높이고 국가의 결속력을 강화하려 했던 북조 왕조의 노력을 엿볼 수 있다.

- 유교를 내 품에

  유교 수용 유교에 대한 반발심이 거셌던 남조와 달리 북조는 적극적으로 유교를 받아들임. 유교를 활용해 안정적으로 나라를 다스리려는 목적.

  사마금룡묘 칠기 병풍
  ① 효자와 열녀 이야기로 꾸며진 감계화.
  ② 신분에 따라 인물 크기를 달리해 위계질서를 드러냄.
  ③ 고개지 그림 속 하인들이 자유분방한 모습이라면 칠기 병풍의 하인들은 군인처럼 경직된 모습으로 표현됨.

- 황제가 곧 부처

  북위 탁발 선비족이 세운 나라. 439년 북중국을 통일함.

  불교적 통치 이념 미술을 통해 '황제가 곧 부처'라는 메시지를 선포함. 왕을 부처와 동급으로 격상하여 황권을 드높임.

  윈강 석굴의 담요 5굴 황실이 전폭적인 지원으로, 승려 담요가 주도해 지은 석굴. 역대 북위 황제 다섯 명을 상징하는 불상이 있음.

- 남조와 다르게

  북조 회화의 특징 인도와 서역 미술의 영향을 받음.
  ① 형태에 빽빽하게 색을 칠해 면을 강조함.
  ② 색의 명도 차이를 통해 대상에 입체감을 부여하는 음영법 사용.

  초기 막고굴 벽화 북조의 선명하고 간결한 그림 기법은 불교 교리를 전하는 데 적합했음.

- 한족까지 품은 미술

  효자고사도 석관 낙양에서 출토된 북위 석관으로 효자 이야기로 꾸며짐.
  ① 같은 북조 미술이라도 중원에 해당하는 지역에서 발견된 미술은 한족의 영향을 더 강하게 받음.
  ② 석관에 가늘고 섬세한 선을 새긴 선각화. 필선을 강조한 남조 회화를 떠올리게 함.
  ③ 나무줄기는 가늘고 잎사귀는 세밀하게 표현함. 바람에 휘청이는 나무 표현법이 남조 회화와 흡사함.

나는 오랑캐의 아들이라 한족의 노래는 알지 못하네.
용감한 이는 반드시 빠른 말을 타야 하고,
빠른 말에는 반드시 용감한 이가 있어야 하네.
황토 먼지를 헤치고 나서야,
비로소 승패를 가릴 수 있으리라.

– 중국 악부시가, 「건아행(健兒行)」

04

호는 한의 모자를, 한은 호의 모자를

#누예묘 #서현수묘 #북위의 분열

이제 우리나라에서도 훠궈는 낯선 음식이 아니죠. 저도 한겨울이면 뜨끈한 훠궈 생각이 나곤 합니다. 팔팔 끓는 탕에 내 맘대로 고른 재료를 양껏 집어넣어 익혀 먹는 재미가 있죠. 훠궈는 오늘날 중국의 대표 음식이지만 실은 북방 유목민들이 휴대용 솥에 물을 끓여 양고기를 익혀 먹은 데서 유래했습니다.

훠궈

이 조리법은 중국 전역으로 퍼져 지역에 따라 각기 다른 식재료를 넣은 훠궈로 발전했어요. 북경에서는 북방 유목민들이 즐겨 먹던 것과 비슷한 양고기 훠궈가 유명하고, 사천 지역에서는 고추기름을 잔뜩 넣은 매운 훠궈가 인기 있죠.

훠궈는 태생부터 중국 음식인 줄 알았어요.

오늘날 중국 문화에는 유목민에게서 유래한 것이 많습니다. 중국인들이 침상과 의자를 쓰기 시작한 것도 그렇고요. 잦은 이동으로 간이 주택을 짓고 살았던 유목민들은 바닥에서 올라오는 냉기를 막기 위해 침상과 의자를 사용했는데 그 문화가 한족에게 전해진 겁니다.

식사를 준비 중인 몽골 유목민들
유목민 음식 중에는 붉은 고기와 가축의 젖을 발효시킨 재료로 만든 음식이 많다. 목축을 하는 유목민들은 곡물 대신 술이나 치즈, 핏물을 빼지 않은 고기로 단백질을 보충한다.

유목민들이 중국 북방에 나라를 세운 4세기 이후 유목민 문화는 본격적으로 중국 사회에 스며들었어요. 물론 중국 땅에 정착한 유목민 역시 한족 문화를 대대적으로 받아들였습니다.

서로가 서로에게 영향을 미친 거군요.

| 통합을 향해 |

남북조시대는 한과 호, 즉 한족과 이민족 문화가 가장 격렬하게 대결하고 충돌한 시기입니다. 이때 이루어진 문화적인 융합은 이후 도래할 당나라 문화의 초석이 됐어요. 그 중심에 북위 황제 효문제의 성공과 실패가 있었습니다. 앞에서 북위가 수도를 평성에서 낙양으로 옮겼다는 이야기를 했습니다. 493년 귀족들의 반대를 무릅쓰고 낙양 천도를 감행한 효문제는 이전보다 더 급진적인 한화 정책을 펼쳤어요. 대표적으로 중국식 관료제를 도입해 선비족 귀족들의 신분에 차등을 두거나 선비족 고유의 옷을 입지 못하게 한 일을 들 수 있죠.

선비족 옷을 못 입게 하면 대체 뭘 입으라는 건가요?

한족의 옷을 입으라는 겁니다. 그뿐이 아니에요. 원래 쓰던 선비족 말도 쓰지 못하게 했는 걸요. 심지어 황제의 성씨인 탁발씨도 중국

황제예불도, 6세기, 중국 낙양 용문 석굴 출토, 메트로폴리탄미술관
효문제는 북위의 7대 황제로 471년부터 499년까지 나라를 다스렸다. 중국식 관료 체제를 도입하고 균전제를 시행하는 등 적극적인 한화 정책을 펼치며 한족과 선비족 간의 융합을 꾀했다. 이 부조는 효문제가 신하들을 대동하고 부처에게 경배하는 모습이다.

식 한자를 써서 원씨로 바꿨습니다. 이처럼 효문제는 사회, 정치, 경제 등 모든 분야에서 중국식 제도를 도입했어요. 또 한족 귀족들을 불러다 중요 직책에 앉히고 정무를 보게 했지요. 이들의 노하우가 강력한 통일 국가를 이루는 데 길잡이가 되어줄 거라고 판단한 겁니다.

한족의 도움을 받아 부족한 역량을 채우려 했나 보네요. 모르면 아는 사람한테 물어보고 배우는 자세는 좋은 거 같아요.

그러나 한족에게 일방적으로 유리한 한화 정책은 선비족들의 심기를 거슬렀습니다. 황실을 향한 선비족들의 불만은 눈덩이처럼 커져만 갔죠. 그 와중에 효문제는 관직과 부를 미끼로 황실을 지지하는 선비족 세력을 모으기 시작했어요. 그다음 이들을 수도 낙양으로 불러들여 특별대우를 해줬습니다. 반면 황실에 적대적인 선비 세력은 춥고 삭막한 국경지대에 그대로 남아 다른 유목민족과 대치하며 힘겨운 삶을 살아야 했어요.

황제에게 홀대받은 선비족 세력은 속이 부글부글 끓었겠는데요.

그렇습니다. 온갖 반발을 무릅쓰고 무리하게 밀어붙인 한화 정책은 결국 화를 몰고 왔습니다. 참다못한 국경지대의 선비 세력이 523년 반란을 일으켰거든요. 이 반란을 육진의 난이라고 합니다. 육진이란 국경지대에 설치된 여섯 개의 진을 뜻해요. 여기서 진(陣)은 군사가 배치된 곳을 말합니다.

터질 일이 터진 거네요.

북위는 육진의 난을 진압하는 과정에서 둘로 나뉘고, 동위와 서위가 건국됩니다. 그 뒤 얼마 안 가서 동위는 북제로, 서위는 북주로 이어졌죠.

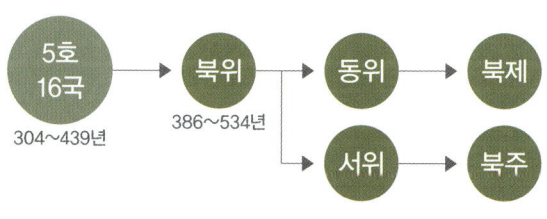

북위의 분열

북위가 두 개의 나라로 갈라진 뒤에는 어느 나라도 효문제처럼 급진적인 한화 정책을 펴지 않았어요. 한족과 선비족 모두가 받아들일 수 있는 절충적인 국정 운영을 하려고 했습니다. 한족과 선비족의 진정한 통합을 시도한 시기랄까요. 북제의 누예묘에서는 한족과 이민족의 문화가 결합한 당시의 시대 분위기를 확인할 수 있어요.

설마 누예도 사마금룡처럼 한족이었나요?

| 누예는 누구인가 |

아닙니다. 누예는 선비족 명문가 태생으로 북제에서 큰 공을 세운 장군이었습니다. 누예의 고모 누소군은 북제의 초대 황제 고환의 부인이에요. 고환은 한족 출신이지만 3대째 선비족 진영에서 살며 완전히 선비족으로 바뀐 사람이었습니다. 당시 누씨 집안은 재력이 상당해서 고환이 황제로 자리 잡는 데 물심양면으로 도움을 줬다고 해요. 이들 사이에서 태어난 아들이 북제의 3대 황제 고연이었죠.

명문가 태생에 황제와 가까운 친척이라니, 누예는 완전 금수저였네요.

한평생 남부러울 것 없이 살았던 누예는 570년 사망해 산서성 태원에 묻혔습니다. 태원은 북위의 수도였던 평성과 낙양 중간 지점에 자리해요. 오른쪽 지도에서 태원의 위치를 확인할 수 있습니다.

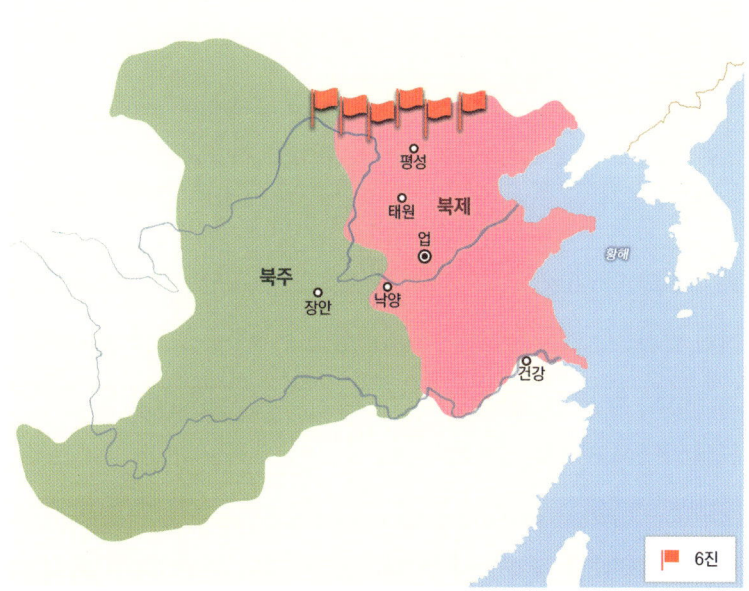

북주와 북제
북위의 분열로 북주와 북제로 갈라진 두 나라는 선비족과 한족 모두를 포용하는 정책을 펼쳤다. 특히 북제는 태원을 군사요충지로 삼아 국경지대 선비족과 소통하며 이들을 통제했다.

태원이 북제의 수도였나보군요.

북제의 수도는 업이었습니다. 태원은 북제의 군사적 요충지로 북제 제2의 수도라 불린 곳이었어요. 북제 황제들은 태원에 장기간 머물며 군을 정비하고 국경지대 선비족을 통제했습니다. 효문제가 낙양으로 수도를 옮기고 국경지대 선비족을 나 몰라라 했던 것과는 달랐죠. 정치의 중심이 태원으로 옮겨가자 이 지역에서 황족들의 무덤도 많이 조성됐어요. 그중 하나가 누예묘입니다. 누예묘의 발견으로 중국 미술계는 발칵 뒤집혔어요.

중국 미술계가 발칵 뒤집힐 정도면 엄청 대단한 무덤인가봐요?

그렇습니다. 오른쪽 맨 위에 있는 그림이 누예묘의 측면도입니다. 방이 여러 개인 한나라 무덤에 비하면 규모가 소박해요. 대신에 누예묘는 북조 최고의 벽화묘라 불릴 정도로 벽화가 빼곡합니다. 벽화 면적만 약 60평에 달하니 엄청나죠. 그중에서도 무덤 통로에 그려진 벽화는 북조 회화의 높은 예술성을 보여주는 그림으로 손꼽혀요. 측면도를 보면 알겠지만 누예묘는 경사진 무덤 통로를 거쳐야 묘실 입구에 다다르는 구조입니다.

그런데 측면도에 숫자는 왜 써 있나요?

무덤 통로에 있는 벽화가 총 3단으로 구성돼 있거든요. 옆에서 측면도 아래의 일러스트를 보세요. 통로 서쪽 벽화의 일부분을 그린 겁니다. 위에서부터 차례로 훑어볼까요?
맨 윗단 ①번은 낙타를 끌고 가는 상인들, 둘째 단 ②번은 기마병들, 가장 아랫단 ③번은 나팔 부는 병사들과 말들이 그려졌습니다. ①번, ②번의 상인들과 기마병들은 몸의 방향이 무덤 출구를 향해 있어 마치 무덤 바깥으로 나가려는 듯이 표현됐어요. 반면에 맞은편 통로 동쪽 벽화는 말 안장에서 내린 병사들이 하나둘 귀환해 묘실로 들어가는 것처럼 묘사했죠. 그래서 통로 서쪽 벽화를 출행도, 통로 동쪽 벽화를 회귀도라고 불러요. 오른쪽 일러스트에서 회귀도는 빠져 있습니다.

무덤 입구

누예묘 측면도

①

②

③

무덤 통로 서쪽 벽화(부분) 일러스트

| 여행과 귀환 |

출행도라면 한족 무덤에서 자주 보이던 벽화 아닌가요?

맞습니다. 통로 서쪽 벽화는 한족 무덤에 빈번히 등장하는 출행도와 형식이 비슷합니다. 출행도는 묘주가 말과 마차, 신하들을 잔뜩 대동하고 길을 나서는 그림이죠. 앞에서 본 ②번 일러스트의 실물 벽화가 위에 있는 그림입니다. 이 그림은 기마 출행도예요. 허리춤에 칼을 찬 기마병들이 말을 타고 어딘가로 향하는 모습이죠. 누예묘 벽화는 북조 회화 중 첫손에 꼽히는 그림답게 솜씨가 단연 돋보입니다. 필치와 구성이 아주 자유롭지요.

그 때문에 이 그림을 그린 사람이 누구인지 추측도 많았어요. 그중

기마 출행도, 570년, 누예묘, 중국 산서성 태원
묘실 통로 서쪽 벽 둘째 단에 그려진 벽화다. 말을 탄 기병들이 일제히 묘실 입구를 향해 달려가는 듯 표현됐다. 동작이 제각각인 200여 마리의 말들은 세부 표현이 정교하고 생동감 넘친다.

에는 6세기에 활약한 북제의 궁중 화가 양자화가 그린 그림이라는 설도 있습니다. 당나라 기록에 따르면 양자화는 북제 화가 중에서 동물을 특히 잘 그리기로 유명했어요.

그림 속 말을 보니 확실히 실력 있는 화가가 그린 것 같아요.

누예묘의 동물 벽화는 사실적이고 생생한 표현이 일품입니다. 이제껏 본 북조 회화와는 비교가 안 돼요. 위진벽화묘 화상전에 그려진 말들을 떠올려보세요. 말을 이모티콘처럼 간략하게 묘사했던 북조 사람들은 6세기경이 되면 말의 움직임부터 세부 모습까지 실감 나게 표현합니다.

화상전, 3~5세기,
위진벽화묘, 중국 감숙성

그림 솜씨가 정말 일취월장했네요.

무엇보다 누예묘 벽화의 말은 몹시 사실적이에요. 옆에서 왼쪽 말을 보세요. 재갈을 문 말이 앞을 바라보고 있습니다. 이마에서 주둥이로 이어지는 부분을 보면 세부 묘사에 얼마나 공을 들였는지 알 수 있어요. 입가의 털까지 그렸습니다. 그뿐인가요? 말의 두껍고 탄탄한 목 근육은 어떻고요.

갈기 사이로 뾰족 튀어나온 귀가 금방이라도 쫑긋댈 것 같아요.

그 곁에 있는 말도 마찬가지로 생동감이 넘칩니다. 앞발을 치켜든 채 입을 벌리고 눈을 크게 뜬 모습이 곧장 앞으로 달려나갈 기세예요. 벌린 입 사이로 혀와 이빨도 표현했습니다. 힘이 잔뜩 들어간 말의 엉덩이에서는 폭발적인 힘이 느껴지지요. 누예묘 벽화에는 말이 200여 마리나 등장하는데 똑같은 말이 하나도 없어요. 생김새는 물론이고 털의 색깔, 움직임, 표정까지 각기 다 다릅니다. 말들이 저마다 개성이 뚜렷해요.

말을 탄 두 사람, 570년, 누예묘
채색에 지중해 필신이 거의 드러나지 않는 동시대 막고굴 벽화와 달리 기운 넘치는 자유로운 필선이 인상적이다.

호는 한의 모자를, 한은 호의 모자를

그에 비해 사람들 얼굴은 다 비슷하네요. 표정도 없고요.

아닙니다. 자세히 뜯어보면 사람들의 얼굴 생김새도 다릅니다. 얼굴 형이 하나같이 길고 둥근 데다 머리에 검은 두건을 쓰고 있어 언뜻 비슷한 느낌이 들지만요. 그런데 이렇게 고만고만한 형태가 반복되는 것처럼 느껴지는 점이 오히려 그림에 안정감을 주는 요소예요.

안정감이라뇨?

사실 누예묘의 출행도는 구성이 복잡한 편입니다. 말과 사람들이 여럿 등장하는 것도 모자라 이 많은 말이 저마다 자유분방하게 움직이고 있거든요. 이리저리 목을 비트는 건 물론이고 네 개나 되는 발을 마구 구르고 있죠. 그런데 화면 상단을 차지한 병사들의 비슷비슷한 얼굴형이 날뛰는 말들로 자칫 산만해질 수 있는 그림의 구성을 정돈해주고 있어요. 게다가 말들의 활달함과 병사들의 고요함이 묘한 조화를 이루며 그림 전체에 리듬감을 부여합니다.
그뿐 아니라 이 그림은 앞에서 본 다른 북조 회화와 달리 공간감과 깊이감이 잘 나타나요. 사람들을 일렬로 줄 세우지 않고 대각선으로 배치해, 마치 앞사람과 뒷사람 사이에 공간이 있는 것처럼 그림을 그렸습니다. 비스듬한 대각선 구도를 이용해 사람들이 겹겹이 있는 듯한 착시 효과를 준 거예요. 게다가 뒤에 있는 사람들을 앞에 있는 사람들보다 흐릿하게 처리해 깊이감까지 더했어요. 괜히 누예묘 벽화가 북조 회화의 정점이라 평가받는 게 아닙니다.

기마병들, 570년, 누예묘
그림에 동적인 요소와 정적인 요소를 동시에
등장시켜 역동적이면서도 통일감 있는 화면을
구성했다.

화가의 솜씨가 정말 노련하네요.

누예묘 벽화는 남조 회화처럼 필선에 탱탱한 힘이 있어요. 다만 차이가 있다면 남조 회화의 필선이 단아하고 정교한 느낌인 반면, 누예묘 벽화의 필선은 그보다 더 자유롭고 힘이 넘칩니다. 그래서 생생한 느낌을 주죠. 앞에서 봤지만 보통 북조 회화는 채색에 치중해 필선이라 부를 만한 게 딱히 없습니다. 막고굴 벽화만 떠올려봐도 알 수 있죠. 한마디로 누예묘 벽화는 다른 북조 회화와 비교해도 그림 기법에서 상당한 차이를 보여요.

남조 회화의 영향을 받은 걸까요?

비교적 가는 필선으로 그림을 그리고 채색은 옅게 한 점이 남조 회화와 비슷합니다. 그렇다고 누예묘가 남조의 영향만 받은 건 아니에요. 북조 회화의 특징 중 하나인 음영법도 등장하니까요. 음영법 덕분에 말들이 저토록 볼륨감 있고 입체적으로 표현된 겁니다. 게다가 누예묘 벽화에서는 유목민 문화의 요소도 많이 발견돼요.

| 변치 않는 기억 |

여러 번 말했지만 유목민 미술에 가장 많이 등장하는 소재가 동물입니다. 누예묘에는 다양한 동물들이 그려졌어요. 오른쪽은 누예묘

묘실 북쪽 천장 벽화(부분), 570년, 누예묘
누예묘 묘실 북쪽 벽 천장에 있는 그림이다. 12개의 별자리인 12지신을 상징하는 동물들로 추정되며, 왼쪽부터 양, 황소, 개로 보인다.

묘실 북쪽 천장에 있는 벽화입니다. 그림 중앙에 그려진 소를 보세요. 고개를 치켜든 모습이 여간 당당하지 않아요.

소가 평소에 밭을 열심히 갈았나봐요. 근육질이네요.

이 그림의 소는 해부학적으로도 발전된 모습을 보여줍니다. 소의 툭 불거져 나온 어깨는 강인해 보이고 뱃가죽과 앞발이 이어지는 부분에 살이 접힌 모습도 잘 표현했어요. 이처럼 사실적인 동물 표현은 애초에 동물들을 유심히 관찰해온 유목민들의 습성 덕분입니다.
한편 이 벽화에 등장하는 사람들은 생김새가 한족과 다릅니다. 길고 둥근 얼굴, 짙은 눈썹, 가늘고 긴 눈, 정수리 쪽으로 앞머리를 바짝 끌어당긴 모습은 선비족의 흔한 외형이에요. 대다수 병사들이 머리에 쓴 검은색 두건은 선비족이 자주 쓰던 풍모입니다. 앞에서 사마금룡 묘의 병사 도용도 같은 모자를 착용했죠.

풍모는 귀를 덮는 모자 아니었나요?

귀를 덮는 풍모도 있지만 그렇지 않은 풍모도 있었습니다. 어떤 풍모든 모자가 어깨까지 내려온다는 공통점이 있죠. 병사들의 차림도 눈여겨보세요. 선비족을 포함한 초원의 유목민들은 말을 타기 편하게 바지를 입고 목이 긴 장화를 신는 일이 많았습니다. 누예묘 벽화에는 당시 중국을 호령한 유목민들의 풍속이 담겨 있어요.

한화 정책을 그렇게 펼쳤는데도 선비 복식은 사라지지 않았군요.

사라지기는커녕 한족에게 전파되기까지 했는걸요. 이 당시에는 한족 중에도 유목민을 따라 바지를 입는 사람들이 늘어났습니다. 본래 한족은 남녀 할 것 없이 긴 치마를 입었어요. 한족 남자들이 바지를 입기 시작한 건 유목민이 중국 북방에 나라를 세우면서부터였습니다. 이때 한족은 유목민이 입는 바지가 활동하기 훨씬 편할 뿐 아니라 실용적이고 보온성도 높다는 걸 알게 됐어요. 효문제는 오랑캐의 옷을 입지 말라는 호복 금지령을 내렸지만 정작 한족 사이에서는 이민족 복식이 유행했습니다.

선비족 복식을 입은 병사들, 570년, 누예묘
누예묘에 표현된 기마병들은 외모부터 옷차림까지 선비족의 특징을 보여준다. 머리에 쓴 풍모, 짧은 웃옷, 무릎까지 올라오는 장화는 선비족의 전형적인 복장이었다.

한족이 유목민을 하도 멸시해서 유목민 문화라면 기를 쓰고 깎아내릴 줄 알았는데 자진해서 받아들였다니 의외네요.

적어도 이 시기 중국 북방의 한족은 선비족과 어울려 사는 데 차츰 익숙해졌어요. 선비족이 대세였으니 시류를 따랐다고 해도 이상한 일은 아니죠. 5호16국부터 북제까지 이민족 왕조가 중국 북방을 다스린 지 300년 세월입니다. 10년이면 강산도 변한다는데 사람도, 문화도, 가랑비에 옷이 젖듯 서로 물드는 게 당연해요.

| 묘주를 기다리며 |

누예묘는 한족과 이민족 문화가 만나 완숙한 형태로 탄생한 무덤입니다. 문화 융합의 결정판이라고 할까요. 그런데 누예묘 이상으로 다양하고 풍부한 문화를 보여주는 북제 무덤이 또 있어요. 2002년 태원에서 발굴된 서현수묘입니다. 서현수묘는 571년에 조성된 무덤으로 누예묘보다 1년 늦게 지어졌습니다.

2002년이면 정말 최근에 발견된 무덤이군요.

맞습니다. 원래 중국 회화사는 당나라 중후반기부터 시작하는데 최근 그보다 이른 시기의 회화들이 속속 발굴되며 중국 회화사에 지각변동을 일으키고 있습니다. 서현수묘와 누예묘도 그 대열에 속하죠.

묘실 통로 전경, 571년, 서현수묘, 중국 산서성 태원
서현수묘는 지면에서 묘실 바닥까지 깊이가 8m가량이다. 내리막길로 이루어진 묘실 통로는 누예묘처럼 양쪽 벽면이 그림으로 가득하다.

현재까지 이어지는 고대 벽화 무덤의 발굴은 중국 회화사를 다시 써야 할 정도로 큰 사건이 되고 있어요. 그런 의미에서 서현수묘와 누예묘의 중요성은 거듭 강조해도 부족하지 않습니다.

두 무덤은 같은 시대에 조성된 무덤이니 공통점이 많겠어요.

그렇기도 하고 그렇지 않기도 합니다. 일단 서현수묘도 누예묘와 구조는 똑같아요. 땅을 경사지게 파고 들어가 그 끝에 묘실을 두고, 무덤 통로의 묘실 벽면을 그림으로 치장한 방식이 유사합니다. 페이지를 넘기면 서현수묘 무덤 통로에 그려진 벽화를 볼 수 있어요.

무덤 통로를 장식한 의장대의 모습, 571년, 서현수묘
옷차림이 비슷한 100여 명의 사람들이 무덤 입구를 향해 서 있다. 몇몇은 깃발이 달린 장대를 들었고 허리춤에 칼을 차고 있다. 망자를 맞이하는 의장대의 모습으로 추정된다.

19미터 길이의 통로 양측에는 엄숙한 표정으로 서 있는 100여 명의 남자들이 그려져 있습니다.

사람이 아주 많은 걸 보니 이 그림도 출행도인가요?

출행도는 아니고 귀빈을 맞이하러 나온 사람들 같아요. 100명에 가까운 사람들이 무덤 출구를 향해 서 있는 걸 보면요. 다들 비슷한 옷을 입고 두건을 착용한 점이 무슨 부대 같기도 합니다. 오늘날로 따지면 국가 행사나 특별한 기념일에 제복을 차려입고 의식을 베풀어 귀

오늘날 의장대

빈을 환영하는 의장대와 비슷해요. 그런데 이중 몇몇은 고개를 돌려 두런두런 이야기를 나누고 있습니다. 군기가 빠졌달까요.

벽화 속 저 사람들은 누구를 기다리는 걸까요?

아마도 무덤 주인이겠죠. 이 사람들은 망자의 영혼을 맞이하기 위해 모인 겁니다. 그럼 무덤 통로를 지나 묘실로 들어가봅시다. 이곳에서는 사방을 채운 벽화를 만날 수 있어요.

묘실 벽화, 571년, 서현수묘
묘실의 네 면을 장식한 그림을 펼친 모습이다. 묘실에 들어서자마자 보이는 북쪽 벽은 서현수와 그의 아내의 초상으로 꾸며졌다. 묘주 부부를 중심으로 서쪽 벽과 동쪽 벽에는 출행도가 있다.

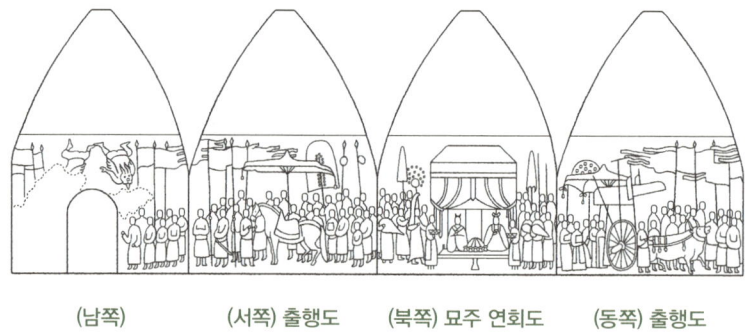

(남쪽)　　(서쪽) 출행도　　(북쪽) 묘주 연회도　　(동쪽) 출행도

서현수묘 묘실 평면도

서현수묘의 묘실은 12평가량 되는 정사각형 방 안에 벽마다 서로 다른 주제의 그림이 그려져 있습니다. 위를 보세요. 묘주 연회도를 중심으로 좌우에 출행도가 위치합니다. 서쪽에는 묘주의 출행을 돕기 위한 행렬이, 동쪽에는 묘주 아내의 출행을 위한 행렬이 그려졌죠. 부부가 각각 출입구 쪽으로 나가는 모습입니다. 묘실 천장은 별자리와 연꽃들로 꾸몄어요.

별자리가 있는 걸 보니 천장은 하늘을 표현했나봐요.

네, 서현수묘 역시 묘실 천장은 천상 세계를, 묘실 벽면은 지상 세계를 나타냈습니다. 한족 장례 미술 전통에 영향받았음을 알 수 있죠. 앞에서 본 누예묘, 위진벽화묘, 정가갑 5호분도 다 비슷합니다. 이런 벽화 양식은 중국 북방에서 6세기까지 이어졌어요.

그런데 서현수묘 벽화는 누예묘와 그림 분위기가 또 다르네요.

그래도 두 무덤에 등장하는 인물들의 생김새는 비슷하지 않나요? 물론 그림 분위기는 꽤 차이가 나지만요. 누예묘 벽화가 힘차고 자유로운 필선으로 대상의 움직임을 역동적으로 표현했다면, 서현수묘는 묘주 부부를 제외하면 가만히 서 있는 사람이 대다수라 분위기가 정적입니다. 그 때문에 감상자의 시선이 묘주 부부에게 쏠리면서 훨씬 통일된 느낌을 줘요.

또 서현수묘 벽화는 누예묘에 비해 다양한 색상을 써서 그린 까닭에 더 화려해 보입니다. 누예묘 벽화가 인물과 말들을 표현하는 데 집중한 반면, 서현수묘는 인물뿐 아니라 배경도 알록달록하게 꾸몄어요. 누예묘와 서현수묘는 조성 시기가 1년밖에 차이 나지 않는데 그림의 화법이나 구성 방식에서 화가의 개성이 뚜렷이 드러납니다.

누예묘 벽화가 장엄한 느낌이라면 서현수묘는 화려한 느낌이에요.

그러나 두 무덤이 북조 회화의 절정을 보여준다는 점만큼은 같아요. 오른쪽 그림은 서현수묘 묘실 서쪽 벽에 있는 출행도입니다. 소가 끄는 우차가 묘주의 아내를 태우기 위해 대기 중이죠. 그런데 자세히 보면 바퀴가 타원형이에요. 실제로 바퀴 모양이 이랬다간 우차가 제대로 굴러가지도 못하겠죠.

원숭이도 나무에서 떨어지는 때가 있는 걸까요?

의도적인 겁니다. 일부러 바퀴를 타원형으로 그려 정면이 아닌 대각선에서 이 광경을 바라본 듯 표현했어요. 자세히 보면 우차 옆에서 고삐를 쥐고 소를 모는 사람도 약간 옆모습으로 그렸고요. 물론 이 점만 가지고 이 그림이 일반적인 서양화 같이 원근법을 충실히 따랐다는 건 아닙니다. 그러나 적어도 이 그림을 그린 화가는 어떤 위치에서 사물을 보느냐에 따라 대상의 형태가 다르게 인식된다는 것을 알았어요. 그래서 그림도 실제와 차이 나게 그린 겁니다.

출행도(부분), 571년, 서현수묘
묘실 동쪽 벽에 있는 그림으로 소가 끄는 우차를 그린 행렬도다. 주위에는 천상 세계로 떠나는 망자를 축하하는 사람들로 가득하다. 정면이 아닌 살짝 측면을 그린 이 벽화는 당시 북조 회화가 과거보다 기술적으로 발전했음을 보여준다.

| 망자를 위한 잔치 |

묘실의 북쪽 벽에는 묘주 부부가 그려져 있습니다. 옆 페이지의 아래 왼쪽이 서현수의 아내, 오른쪽이 서현수예요. 서현수는 이민족이 입는 좁은 소매의 옷을 입고 모피를 걸친 모습입니다.

드라마에서 조직의 두목이나 왕이 이런 모피를 걸친 걸 봤어요.

서현수도 드라마 속 권력자들처럼 짐승의 털을 몸에 둘러 강인함과 위엄을 뽐낸 거지요. 한편 묘주 부인은 한족처럼 소매통이 넓은 비단옷을 입었습니다. 그림에서는 잘 보이지 않지만 옷깃에 작은 무늬가 빼곡해서, 섬세하게 짜인 값비싼 비단옷이라는 것을 추측할 수 있어요. 부부는 음식이 잔뜩 차려진 상을 앞에 두고 칠기 술잔을 든 채 잔치를 즐기는 중입니다. 곁에 음식을 받쳐든 시녀들과 갖가지 악기를 연주하는 사람들이 보이죠.

사람이 왜 이렇게 많나 했더니 잔치가 열린 거군요.

이 잔치는 평범한 잔치가 아닙니다. 망자가 좋은 곳으로 떠나길 바라는 마음을 담아 마련한 잔치예요. 즉 이 그림은 기쁜 마음으로 망자를 보내는 장례 장면입니다. 이처럼 서현수묘 벽화에는 죽은 이의 영혼이 세상을 떠나는 과정이 그대로 담겨 있어요. 먼저 망자의 영혼이 무덤에 도착하는 순간, 묘실 통로 양쪽을 장식한 100여 명의

(위)묘주 연회도, 571년, 서현수묘
(아래)묘주 초상 세부, 571년, 서현수묘
가만히 앉아 정면을 응시한 채 술잔을 들고 있는 묘주 부부와 이들을 둘러싸고 악기를 연주하는 악단이 보인다. 전체적인 구성이 한족 장례 미술의 묘주 연회도와 유사하다. 묘주 부부의 옷차림은 선비족과 한족의 복식을 모두 반영하고 있다.

의장대에게 환영을 받아요. 그런 다음 묘실로 들어서면 망자가 저승으로 잘 떠나가기를 기원하는 성대한 잔치가 열리죠. 끝으로 망자는 준비된 우차와 말을 타고 천상 세계로 가는 여행길에 오릅니다. 무덤의 동선까지 생각해서 벽화를 그렸어요.

| 외래문화 애호가 |

서현수묘의 또다른 특징은 이국적인 정취가 물씬 풍긴다는 점입니다. 실제로 이 시기 북조 지배계층은 실크로드를 통해 전해진 외래 문물에 흠뻑 빠져 있었어요. 북제 황제 고위도 서역문물을 사랑하기로 유명했대요. 틈만 나면 서역의 예술가들을 불러다 공연을 열고 실생활에서도 실크로드에서 온 물건을 즐겨 사용했다고 하죠.

당시에는 외래문화를 즐기는 게 고급 취미였나봐요.

남북조시대에 외래문물을 소비하는 사람들은 대부분 지배계층이었습니다. 로마나 페르시아에서 중국 비단이 어마어마한 가격에 팔렸듯 실크로드를 거쳐 중국까지 전해진 문물 역시 값비싼 것들이었죠. 북제 고위 관리였던 서현수도 외래문물에 둘러싸여 사치스러운 생활을 했습니다. 그 증거를 보여주는 유물이 바로 옆에 있어요.
이 반지는 묘주의 관 근처에서 발견됐습니다. 한눈에 봐도 이국적인 모습이 이란이나 중앙아시아 쪽에서 제작된 장신구로 추정됩니다.

그리스 문화의 영향을 받아 만든 것으로 보이죠. 사파이어에 새겨진 형상이 헤라클레스라는 의견이 설득력을 얻었거든요.

그리스 신화에 나오는 헤라클레스요?

네. 네메아 골짜기의 사자를 물리친 영웅 헤라클레스 말입니다. 보통 헤라클레스는 오른쪽 그리스 조각처럼 자신이 죽인 사자 가죽을 뒤집어쓰고 몽둥이를 든 모습으로 형상화됩니다. 서현수묘에서 발견된 금반지에도 머리에 뭔가를 쓰고 손엔 무기를 든 인물이 보여요.

(왼쪽)사파이어 금반지, 571년, 서현수묘 출토
(오른쪽)헤라클레스, 1~2세기, 루브르박물관
사자 가죽을 머리에 쓰고 방망이를 든 헤라클레스 도상은 그리스 미술을 본뜬 로마 조각에서 자주 발견된다. 왼쪽 사파이어 금반지에 묘사된 인물은 헤라클레스 도상과 모습이 유사하다.

악단(부분), 571년, 서현수묘
비파, 생, 공후는 모두 외국에서 전래된 악기로 당시 외래 문화가 중국에서 얼마나 인기가 있었는지 알 수 있다.

그러게요. 헤라클레스와 꽤 비슷해요.

서현수묘 벽화에서도 이 무렵 북조 지배계층이 얼마나 외래문물에 열광했는지 보여주는 장면을 찾을 수 있습니다. 왼쪽 그림은 앞에서 본 묘주 연회도의 일부분을 확대한 모습이에요. 그림 맨 왼

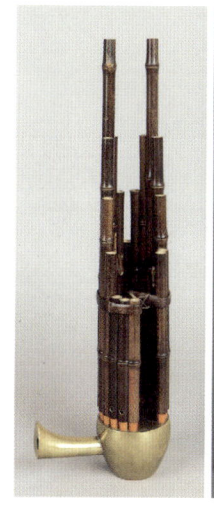

(왼쪽)생 (오른쪽)공후

쪽 사람부터 비파, 생, 공후처럼 보이는 악기를 연주하고 있습니다. 이와 비슷한 장면이 정가갑 5호분에도 등장하죠.

비파는 알겠는데 생이나 공후는 낯서네요.

생은 중국의 전통 악기로 대나무를 이용해 만듭니다. 서양에서는 입으로 부는 오르간이라고도 한다는군요. 공후는 서역에서 들어온 악기예요. 현이 세로로 되어 있어 언뜻 보면 하프처럼 생겼고, 실제 연주하는 방식도 하프와 비슷합니다. 악단은 무덤 벽화뿐 아니라 도용으로도 제작됐어요. 다음 페이지는 북위시대에 만들어진 악단 도용입니다.

도용으로 보니 또 색달라요.

악단 도용, 530년, 중국 하남성 낙양 왕문묘 출토, 낙양박물관
북위의 왕족 왕문이 묻힌 무덤에서 출토된 악단 도용이다. 붉은색으로 채색한 도용의 모습이 화려하다.

맨 왼쪽 사람은 비파, 나머지는 피리를 불고 있어요. 사진에는 보이지 않지만 이들 뒤쪽에 여성 무용수들이 춤을 추고 있습니다.

비파와 피리는 빠지지 않고 나오는군요.

서현수묘 벽화에 등장한 비파와 공후는 모두 서역에서 온 악기입니다. 4세기경부터 중국 북방에 대대적으로 전해진 서역 음악은 북조 귀족들 사이에서 널리 유행했어요. 그중에서도 서역 음악의 곡조는 이후 중국 전통 음악에 지대한 영향을 미쳤습니다. 오늘날 중국 전통 음악 가운데 서역의 영향을 받지 않은 음악이 거의 없다는 말이 있을 정도죠.

단순히 악기만 전해진 게 아니군요?

그렇습니다. 북방 유목민이 중국 땅에 자리 잡기 시작한 3세기경부터 중국에는 새로운 문물이 쏟아져 들어왔어요. 낯선 문화에 거부감이 없었던 중국 북방에서는 외래문물에 대한 관심이 식을 줄 몰랐죠. 반면에 상대적으로 위축된 남조는 외래문화를 받아들이는 데 북조만큼 적극적이지 않았습니다. 서역으로 향하는 실크로드가 북조 영토와 닿아 있어 실크로드 사막길을 통한 교역이 어렵기도 했고요. 대신 남조에서는 해상 교역이 활발해집니다.

북조와 남조가 상황이 많이 달랐네요.

이 시기 중국 북방은 초원의 유목민 문화와 실크로드를 통해 전해진 서방의 외래문화가 뒤섞이는 용광로 같은 땅이었습니다. 그 결과 북조 미술은 한족과 이민족의 문화가 공존하는 독창적인 성격을 띠게 돼요. 북조 회화의 정점으로 평가받는 누예묘와 서현수묘의 벽화는 바로 이런 문화 융합의 산물이었어요.

북조 회화가 발전할 수 있었던 비결은 문화 융합에 있었군요.

회화만 그랬던 건 아닙니다. 두 무덤만큼이나 한족과 이민족의 문화 융합을 잘 보여주는 미술이 또 있습니다. 바로 도자기죠. 실생활에서 자주 쓰이는 도자기는 급변하는 사회 분위기를 즉각적으로 반영하는 미술품입니다. 옆은 누예묘에서 출토된 도자기예요. 이 도자기 역시 한족과 이민족의 문화가 결합해 탄생한 대표적인 미술품이죠. 중국적이면서 전혀 중국적이지 않은 요소가 한데 뒤섞여 있거든요.

어떤 점이 그렇다는 건가요?

그 점을 알려면 기존의 중국 도자기 전통이 어땠는지 살펴봐야겠죠? 사실 중국 도

도자기, 570년, 누예묘 출토

자기는 역사가 매우 깊습니다. 중국 도공들은 도자기에 관해서는 언제나 최고의 기술력을 자랑했어요. 더욱이 남북조시대는 중국 도자기가 비약적인 발전을 이룬 때이기도 합니다. 다음 강의에서는 이들이 중국 절강성에서 이룬 예술적 성취를 확인해보겠습니다.

| 필기 노트 |

04. 호는 한의 모자를, 한은 호의 모자를

북조 왕조가 다스린 중국 북방에서는 한족과 유목민, 중국과 서방의 다양한 문화가 경계를 넘어 뒤섞이게 된다. 낯선 문화를 받아들이는 데 거침이 없었던 북조 사람들은 갖가지 문화의 영향을 받아 한과 호가 융합된 새로운 차원의 미술을 창조했다.

- 한화 정책의 명과 암

  한화 정책 북위의 7대 황제인 효문제는 급진적인 한화 정책을 시행함. 한화 정책은 선비족을 한족화하는 정책이었음.
  ① 선비족 귀족과 한족 귀족의 혼인을 장려함.
  ② 능력 있는 한족을 관리로 임명함.
  ③ 균전제, 신분제 등 한족의 사회·정치 제도를 도입함.
  ④ 수도를 평성에서 낙양으로 옮김.
  ⑤ 선비족 풍습 금지. ⋯▶ 선비족 복식, 선비족 언어를 금지함.

  의의 유목제국이 아닌 정주 국가로서 체제를 정비함. 선비족과 한족의 융합이 이루어짐.

  한계 북위의 분열을 불러옴. 홀대받던 선비족 세력이 육진의 난을 일으킴. 이후 북위는 동위·서위로 분열되었다가 다시 북제·북주로 이어짐.

- 누예묘

  북조의 누예묘는 한족과 이민족 간의 문화 융합의 결정체로 평가받음.
  ① 한족 무덤 미술의 전통을 따라 무덤을 조성함.
  ② 남조 회화의 영향을 받아 채색이 옅어지고 필선이 강조됨. 다만 자유롭고 역동적인 필선은 남조 회화와 구별되는 독창적인 특징임.
  ③ 출행도의 기병들은 대부분 선비족 복장을 함. ⋯▶ 풍모를 쓰고 호복을 입고 무릎까지 올라오는 장화를 신음.
  ④ 유목민 미술 특유의 생동감 넘치는 동물 표현.
  ⑤ 북조 회화의 유산을 이어받아 음영법 사용.

- 서현수묘

  2001년 발견된 북조 무덤으로 누예묘와 동시대에 조성됨. 당시 북조를 강타한 서방 문화의 영향을 엿볼 수 있음.
  ① 강렬한 원색을 사용해 벽화를 그림. ⋯▶ 화려한 분위기.
  ② 원근법에 근접하게 대상을 표현함. ⋯▶ 우차의 타원형 바퀴.
  ③ 서방 문물에 열광한 북조 귀족들. ⋯▶ 외국 악기를 연주하는 악단의 모습, 사파이어 금반지 등.

가을의 맑은 바람과 이슬 속에서 월요가 빛나니,
천 개의 산에서 비취빛을 빼앗아 온 듯하도다.

– 소식, 「차지도(茶之道)」

05

흙과 불의 연금술

#연유와 회유 #월주 청자 #계수호 #첩화문

"하늘에 천당이 있다면 땅에는 소주와 항주가 있다." 어느 송나라 시인은 이렇게 말했습니다. 여기서 항주는 중국 절강성에 위치한 도시예요. 바다와 인접한 절강성은 중국에서도 경치가 아름답기로 유명합니다. 특히 항주 서쪽에 있는 서호는 빼어난 풍광으로 중국 문인들에게 많은 영감을 준 호수죠. 중국 시인 소동파가 서호의 아름다움을 춘추전국시대 미인 서시(西施)에 비유한 일은 잘 알려져 있습니다. 서시는 중국에서 양귀비와 함께 미인의 대명사로 여겨지는 인물이에요.

얼마나 아름답길래 그런 이야기가 나왔는지 가보고 싶네요.

서호는 차 생산지로도 이름 높습니다. 서호 인근에는 다양한 차나무가 자라는데, 그중 절강성의 대표 특산물인 서호용정차는 중국의

서호 강변과 뇌봉탑 풍경
중국의 많은 문인이 서호 남쪽에 위치한 뇌봉탑에 올라 아름다운 서호 풍경을 감상하며 이를 시로 썼다. 뇌봉탑은 977년 건축된 이래 지금까지 방문객이 끊이지 않는 명소가 됐다. 현재 모습은 2002년에 복원된 것이다.

10대 명차에 들 만큼 명성이 자자해요. 오늘날 절강성은 아름다운 자연 풍경, 시인의 정취, 맛 좋은 차로 유명한 고장입니다. 중국인은 물론이고 외국인 관광객에게도 사랑받는 곳이죠. 그러나 먼 옛날 이 지역은 무엇보다 도자기 생산지로 각광받았습니다. 절강성을 포함한 중국 남부 지방은 도자기를 만드는 데 유리한 자연환경을 갖추고 있었어요.

도자기는 아무데서든 만들 수 있는 거 아닌가요?

도자기의 필수 재료는 물과 흙 그리고 불을 지필 수 있는 땔감입니다. 중국 남방은 이 세 가지가 모두 풍부한 땅이에요. 양자강 이남의 강남 지방은 온화한 기후와 풍부한 강수량 덕택에 중국의 오랜 곡창지대였습니다. 사방에 물과 땔감이 차고 넘쳤죠. 주변의 크고 작은 산에는 도자기를 만들 흙도 풍부했어요. 그중 바다와 맞닿아 있는 절강성, 강소성, 복건성 일대는 주요 도자기 산지이자 수출지였습니다. 바다를 통해 먼 곳까지 도자기를 운송하기 편했거든요.

절강성 위치

도자기를 만드는 데 생각보다 자연환경이 중요하군요.

이 조건을 모두 갖추었다고 해서 최상의 도자기를 거저 만들 수 있는 건 아닙니다. 거기에 뛰어난 기술력이 더해져야 하죠. 도자기는 기술이 곧 예술이라는 것을 가장 극명히 보여주는 미술이에요. 그런 의미에서 도자기 제작 기술이 비약적으로 발전한 남북조시대는 중국 도자기 역사에서 매우 중요합니다. 이 무렵 중국 절강성에서 제작된 도자기가 그 증거예요. 당시 남조의 도자기 기술을 따라올 나라는 어디에도 없었습니다.

북조도 남조 기술을 못 따라갔나요?

북조는 남조에 비해 상대적으로 도자기를 만드는 기술이 부족했어요. 북조가 외래문물의 영향을 받아 독특하고 이국적인 도자기를 만들었다면, 남조는 한나라 이래 축적해온 도자기 제작 기술을 충실히 계승해 과거보다 기술적으로 훨씬 완성도 높은 도자기를 만들었습니다. 곧 살펴보겠지만 북조와 남조의 도자기는 여러 면에서 사뭇 다른 모습을 띠었어요.

남조 회화와 북조 회화가 달랐던 것처럼요?

그렇습니다. 사실 중국의 도자기 역사는 까마득한 신석기시대까지 거슬러 올라갑니다.

| 1만 년의 역사 |

아주 먼 옛날 사람들은 야외에서 불을 지펴 직접 토기를 구웠습니다. 그러다 차츰 외부 환경에 영향을 받지 않도록 사방이 막힌 가마를 고안해 그릇을 생산했어요. 중국 사람들도 마찬가지였죠. 더욱이 한족은 오랜 세월 흙으로 무언가를 빚어내는 일에 일가견이 있었습니다. 한나라 때 후장 풍습이 성행하며 무덤에 대규모 도용을 넣는 일이 관습화되자 도용을 찾는 이들이 급증했거든요. 그 결과 흙을 다루는 솜씨가 뛰어난 한족 도공들도 덩달아 늘어났습니다.

무덤을 화려하게 조성한 일이 미술을 발전시킨 거네요.

그런 셈이죠. 특히 한나라에서는 죽은 사람을 위해 현생의 삶을 모방한 각종 물건을 무덤에 묻었어요. 이런 물건들을 일컬어 명기(明器)라고 합니다. 명기는 종류가 매우 다양한데, 그릇은 물론이고 사람이나 동물 모형, 심지어 건축물 모형까지 있답니다.

다음 페이지는 한나라 무덤에서 발견된 명기입니다. 2세기경 제작된 망루 모형 명기로, 이렇게 생긴 명기는 한나라 무덤 곳곳에서 발견돼요. 망루란 주변을 감시하기 위해 탑처럼 높게 지은 건축물을 말합니다.

명기 크기가 얼마나 되나요? 설마 엄지손가락만한 건 아니겠죠? 사진만 봐서는 가늠이 잘 안돼요.

망루 모형 명기, 1~2세기, 중국 출토, 국립중앙박물관
지붕 처마 끝에 꽃 모양을 장식했다. 한나라시대 건축 양식을 반영한 건물로 보이나, 신선 세계를 상징하는 건축물이라는 의견도 있다.

그렇게 작지는 않아요. 높이가 106센티미터에 이르는 제법 큰 도자기입니다. 4층으로 구성된 망루에는 층층이 인물들이 조각돼 있어요. 망루에 올라서 주변을 굽어보는 중이죠.

이게 도자기라고요?

처음에는 초록빛의 아름다운 도자기였을 겁니다. 녹유를 바른 흔적이 보이거든요. 녹유란 도자기에 녹색이나 청색을 낼 때 사용하는 유약입니다. 녹유를 바른 도자기는 선명한 녹색을 띨 뿐만 아니라 반짝반짝 광택까지 돌았어요.

글쎄요. 아무리 봐도 표면에 광택이 도는 것 같진 않은데요.

세월이 흐르면서 겉면의 유약이 떨어져 나가 푸석푸석한 모습이 된 겁니다. 유약이 있고 없고의 차이가 상당하죠?

| 옷이 날개다 |

유약의 종류에 따라 효과가 조금 다르긴 하지만 유약을 바른 도자기는 그렇지 않은 도자기보다 외적으로 아름답고 품질도 높답니다. 도자기의 기본 재료인 점토가 몸이라면 유약은 옷이나 다름없어요. 옷과 유약은 외부 환경으로부터 몸체를 보호하고 외형을 아름답게

꾸며준다는 점에서 공통점이 있습니다. 그런데 도자기에 사용되는 유약의 주재료가 잿물이라는 걸 아는 사람은 많지 않은 것 같아요. 사실 잿물은 수십 년 전만 해도 빨래할 때 자주 쓰였습니다. 비누가 귀하던 시절 대부분의 가정에서 잿물로 빨래를 했죠.

유약 바르기

도자기에 사용하는 유약과 빨래할 때 쓰던 잿물이 같다는 건가요?

네. 놀랍게도 잿물과 유약은 주재료가 같습니다. 옛날에는 집집마다 불 때는 아궁이가 있었어요. 아궁이 속의 나뭇재를 긁어모아 물에 풀어 만든 것이 잿물입니다. 그 물로 양말이며 이불을 빨았답니다. 잿물에 포함된 알칼리 성분이 옷의 찌든 때를 녹여줬거든요.

빨래할 때 쓰는 잿물이 어떻게 유약이 된다는 건가요?

잿물에는 알칼리 성분뿐 아니라 규산도 풍부합니다. 규산은 모래를 이루는 성분으로 흔히 유리를 만들 때 사용돼요. 규산과 알칼리 성분이 바로 유약의 핵심 재료입니다.
잿물을 바른 그릇을 가마에 넣고 구우면 열에 의해 잿물에 포함된 규산이 녹습니다. 이때 잿물 속 알칼리 성분은 규산이 원래보다 더 낮은 온도에서 녹을 수 있게 도와요. 이렇게 물질의 녹는 점을 낮춰주는 성분을 융제라고 합니다. 융제로 인해 더욱 낮은 온도에서 녹은 유약은 점토 표면에 착 달라붙어 유리막을 형성하죠. 그 결과 유약을 바른 도자기는 그릇 표면이 매끈해지고 광택이 돌게 돼요. 그릇에 물이 스며드는 것도 막아주고요.

융제로 규산의 녹는점을 낮추는 이유가 있나요?

유약이 점토보다 먼저 녹아야 그릇 모양이 잘 유지되기 때문입니다. 그러지 않으면 유약이 점토 표면에 매끈하게 달라붙지 않아 그릇 형태가 흐트러질 수 있거든요.
중국 사람들은 잿물이 도자기의 품질과 아름다움을 높일 수 있다는 사실을 우연히 발견하고 나중에는 돌가루를 섞은 나뭇재를 물에 풀어 유약을 만들기 시작했어요. 그러면 점성이 더 강해져 유약이 줄줄 흘러내리는 것을 방지할 수 있습니다. 어떤 재료를 어떤 비율로 섞어 만드냐에 따라 유약도 천차만별이죠.

유약을 만드는 방법도 여러 가지로 연구된 거군요. 무슨 과학 실험 같네요.

앞에서 본 망루는 녹유를 바른 도기입니다. 녹유는 유약 중에서도 연유에 속해요. 연유는 한자로 납 연(鉛) 자에 광택 유(釉) 자를 쓰는데 납이 들어간 유약을 말합니다.

| 위험한 아름다움 |

납은 몸에 해롭잖아요. 왜 유약에 납을 넣나요?

유약은 크게 회유와 연유로 나뉩니다. 회유의 주성분이 나뭇재라면 연유의 주성분은 납이에요. 이 둘의 차이는 녹는 온도가 다르다는 점입니다. 나뭇재를 사용한 회유는 1,200도 이상의 고온에서, 납을 사용한 연유는 그보다 낮은 600~800도에서 녹죠. 연유에 포함된 납 성분이 녹는점을 대폭 낮춰주거든요. 납은 아주 강력한 융제였습니다.

600~800도면 높은 온도 아닌가요?

도자기의 세계에서 600~800도는 높은 온도가 아니에요. 도자기는 굽는 온도에 따라 토기, 도기, 석기, 자기 네 종류로 나뉩니다. 높은 온도에서 구운 도자기일수록 더 단단하죠.
그릇에 유약을 바르고 가마에 넣는 과정을 상상해보세요. 가마 속 온도가 차츰 올라가 약 100도를 찍었어요. 이때 점토의 수분이 증발하기 시작합니다. 이 현상은 약 500도까지 이어지는데, 그사이 점토 내의 수분이 완전히 증발해 그릇이 딱딱하게 굳습니다. 이 상태가 토기예요. 여기서 온도를 더 높이면 점토에 있는 갖가지 성분이 불순물과 함께 배출되고, 900도쯤에는 이마저 모두 산화돼 사라집니다. 1,000도에 이르면 점토 안에 포함된 광물 성분이 녹아 액체 상태로 변하게 되죠. 이때 액체가 점토 사이로 흘러들어 빈 공간을 메우고 점토 입

도자기의 종류
도자기는 굽는 온도에 따라 토기, 도기, 석기, 자기로 나눌 수 있다. 높은 온도에서 구운 도자기일수록 품질이 좋고 아름답다.

자들을 더 강하게 결속시킵니다. 그렇게 점토 조직이 치밀해진 도자기는 방수력이 높아지고 품질도 향상돼요. 이를 '도자기가 단단하다' 또는 '경도가 높다'고 하는데, 유리처럼 경도가 높아진 도자기는 손톱으로 긁어도 자국이 남지 않습니다.

여기서 도자기가 단단하다는 건 깨지지 않는다는 말이 아니군요.

맞습니다. 이렇게 가마에서 도자기를 굽는 과정을 소성이라고 부릅니다. 소성을 한 도자기는 굽기 전보다 크기가 10퍼센트가량 줄어들어요. 위 사진에서 ①번이 도기, ②번이 도기, ③번이 석기, ④번이 자기입니다. 자기가 되려면 1,250도 이상의 고온에서 구워야 해요.

그럼 높은 온도에서 구운 도자기일수록 좋은 도자기겠네요?

네. 가장 높은 온도에서 구운 자기는 질적으로나 기술적으로 제일 뛰어난 도자기예요. 최소 1,250도 이상의 고온이 유지되는 가마가 있어야 만들 수 있죠. 그러기 위해서는 가마를 다루는 나름의 노하우가 있어야 하는 건 물론, 땔감도 많이 들어요. 토기에서 자기로 가는 과정은 그에 상응하는 기술력과 자본이 투입된 결과입니다. 당연히 자기가 가장 만들기 어렵고 제작 단가도 비쌌어요.

옛날에는 아무나 자기를 쓸 수 없었겠어요.

그래서 한나라 사람들은 연유 도자기에 열광했습니다. 연유가 등장하기 전까지 유약을 바를 수 있는 도자기는 많지 않았거든요. 유약에 납을 넣어 녹는점을 대폭 낮춘 연유는 어떤 의미에서 유약의 대중화를 가져왔습니다. 더 사용하기 쉽고 성능 좋은 유약을 개발하게끔 독려했으니까요. 이뿐이 아니에요. 연유는 일반 유약보다 색도 다양하게 낼 수 있었어요. 어떤 안료를 첨가하느냐에 따라 녹색이 되기도 하고 갈색이나 황색이 되기도 했죠.

그래도 납이 들어간 그릇인데 별 탈은 없었나요?

연유 도기는 대부분 부장품이었습니다. 옆은 2~3세기경 제작된 연유 도기예요. 터질 듯 동그란 몸통, 높고 두툼한 굽이 전형적인 한나

녹유호, 1~2세기, 중국 출토, 백하랑수중박물관
한나라 시대에는 납이 들어간 유약을 발라 낮은 온도에서 구운 연유 도기가 유행했다. 색이 선명하고 장식성이 강한 연유 도기는 보통 부장품으로 사용됐다.

라 그릇 모습입니다. 한나라 때 이뤄진 도자기 제작 기술의 진보는 중국 도자기 발전의 토대가 됐어요.

한나라 말에 출현한 청자도 중국 도자기 역사에 한 획을 그었습니다. 청자의 등장은 자기에 근접한 그릇을 생산할 수 있는 기술력을 확보했다는 뜻이나 마찬가지예요. 어마어마한 성취를 이룬 거죠. 여기서 남조는 한발 더 나아가 청자를 대량 생산하는 데 성공했어요. 그 중심에 월주요가 있었습니다.

| 청자의 메카 |

월주요는 월주 지역에 있는 가마터를 한데 묶어 일컫는 말입니다. 월주의 가마에서 만든 청자를 월주 청자 또는 월자라 부르죠. 오늘날 중국 절강성의 항주, 소흥, 영파 일대를 아우르는 지역이 월주요가 있던 곳입니다. 아래 지도에서 월주요 위치를 확인할 수 있어요.

월주요는 바다랑 정말 가깝네요.

수나라시대 가마터 분포도
이 무렵 중국 북방에서는 황하 유역을 중심으로 가마가 만들어졌다. 한편 남방은 양자강 부근과 남쪽 지역에 집중적으로 가마터가 분포한다. 월주요는 남방의 대표적인 가마터로 청자의 대량 생산을 이끌었다.

이두호에 잠겨 있는 도자기 사금파리들
중국 절강성 영파에 자리한 이두호 가마터는 월주요 중 하나로, 15개의 가마가 발견됐다. 당·송시대부터 북송 후기까지 사용됐으며 중국은 최근 이두호 가마터를 보호 유적지로 지정했다.

월주라는 명칭은 춘추전국시대에 이곳이 월나라 영토였던 데서 유래했어요. 앞에서 이야기한 절세미인 서시도 월나라 미인이었죠. 월주는 한나라 때부터 남송시대에 걸쳐 중국 청자의 명실상부한 중심지로 떠오릅니다.

월주에서 만든 청자가 자기의 시조라고 보면 되나요?

그렇습니다. 남북조시대에 월주 청자가 크게 유행하면서 청자 생산지도 확대됐어요. 질깅성 근처의 깅시성, 인휘성, 복간성을 비롯해 서쪽 내륙의 사천성 등지에서도 청자를 만들기 시작했죠.

흙과 불의 연금술 355

사자 모양 월주 청자, 3세기 후반, 중국 절강성 출토, 서호박물관
사자의 늠름한 모습을 형상화한 청자로 월주요에서 제작됐다. 사자의 갈기와 등을 덮은 털을 가는 선으로 새겨 섬세하게 묘사했다. 사나운 이빨을 드러낸 채 고개를 치켜든 사자의 모습이 생동감 넘친다.

옆은 이른 시기에 제작된 월주 청자입니다. 3세기 후반 서진시대의 청자로 사자처럼 생긴 동물이 위풍당당한 모습을 뽐내고 있어요.

사자 등에 난 구멍을 보니 뭔가를 꽂아놓는 용도로 썼나봐요.

촛대 같긴 합니다. 이 도자기는 재료부터 제작 기술까지 과거보다 발전한 모습을 보여줘요. 사자 가슴 중간에 하얀 태토(胎土)가 보이나요? 태토란 도자기를 만드는 흙을 말하는데 이 도자기는 흰색 태토를 썼어요. 불순물이 적은 흙일수록 색이 연하고 밝습니다. 열에도 강하고요. 대표적인 예가 고령토예요. 고령토는 순도 높은 흰색 흙으로, 중국 강서성 고령산에 있다고 해서 고령토라 불렸습니다. 녹는점이 1,700도에 달해 훗날 중국 자기의 주원료가 됐죠.

흙에도 열을 잘 견디는 흙이 있고 그렇지 않은 흙이 있는 거군요.

맞습니다. 좋은 흙을 정성스레 수비(水飛)한 점토로 도자기를 만들면 왼쪽 청자처럼 표면이 매끄러운 도자기를 완성할 수 있어요. 수비란 도자기를 빚기 전에 흙을 물에 풀어 불순물과 잔돌을 골라내는 과정을 말합니다. 도자기 곳곳에 유약이 뭉쳐 색이 진하게 표현된 부분은 제법 청자 빛깔도 납니다. 그럼에도 이때 만들어진 청자는 엄밀한 의미에서 완벽한 청자라고 할 수 없어요.

청자라고 떡하니 부르고 있는데 청자가 아니라뇨?

| 청자에 다가가기 |

청자의 사전적 정의는 푸른 빛깔이 나는 '자기'입니다. 앞에서 본 월주 청자는 도기보다 높은 온도에서 굽긴 했지만 1,250도 이상의 고온에서 구운 자기는 아니에요. 도기와 자기의 중간, 즉 석기 정도로 볼 수 있습니다. 푸른 빛이 난다고 다 청자는 아니라는 거죠.

자기가 아니라서 완벽한 청자가 아니라는 거네요?

청자를 만들고 싶어 안달이 났는데 안타깝게도 아직 꿈을 이루지 못한 단계랄까요. 초기 월주 청자는 도기에서 청자로 거듭나는 과도기적 상태, 즉 월주 자기의 원시적인 형태를 보여준다고 해서 고월자라고 불려요. 후한부터 당나라 때까지 월주요에서 만들어진 청자를 말하죠. 옆의 도자기들은 3세기경의 고월자입니다. 맨 위는 귀가 네 개 달린 항아리라는 뜻에서 청자 사이호(四耳壺)라고 해요. 도자기에 붙어 있는 고리가 사람 귀를 닮았다고 귀 이(耳) 자를 쓴 겁니다. 힘이 넘치는 통통한 몸체에 두툼한 목까지 한나라 그릇의 전통을 이었다는 것을 알 수 있어요.

아래 그릇은 위에 있는 항아리와 형태가 똑같아요.

형태는 같지만 이 항아리에는 불상이 장식돼 있습니다. 육계는 물론이고 광배까지 갖춘 불상이 가부좌를 틀고 있죠.

― 불상

(위)월주 청자, 3세기, 중국 절강성 출토, 도쿄후지미술관
(아래)불상이 있는 월주 청자, 3세기, 중국 질강싱 출토, 하님싱빅물판
초기 월주 청자인 고월자는 과거보다 잘 정제된 태토를 사용해 높은 온도에서 구운 도자기다. 보통 올리브그린 색, 회녹색 등 우리가 아는 청자 빛깔보다 누런빛을 띤다.

그러고 보니 정말 도자기 한가운데에 불상이 있군요.

신선 세계 속의 부처를 표현한 혼병을 기억하나요? 고월자의 불상은 혼병의 불상처럼 도자기를 장식하기 위한 용도로 쓰였습니다. 예배하기 위한 불상이 아닌 거죠.

여기서 혼병 이야기를 다시 듣게 되네요.

사실 혼병 또한 남조에서 유행한 청자 중 하나였습니다. 이 시기 혼병 대부분이 청자예요. 혼병은 3세기경 중국 남부에서 집중적으로 만들어진 초기 청자입니다. 옆은 서진 시대의 혼병으로 아직 그릇 표면이 울퉁불퉁하고 유약도 얼룩덜룩 발렸어요. 이 무렵 도자기 제작 기술이 미흡했음을 알 수 있습니다.

그런데 도자기 색깔이 제가 아는 청자 색은 아닌 것 같아요. 청자는 더 맑은 푸른빛이 돌아야 하지 않나요?

혼병, 3세기, 중국 절강성 출토, 북경 고궁박물원
250~350년 중국 남방에서 주로 제작된 혼병은 초기 청자로, 청자 제작 기술의 발전 단계를 보여준다.

우리가 아는 청자보다 색이 조금 탁합니다. 푸른 기가 섞인 베이지색이에요. 그런데 이 올리브그린 색이 고월자 특유의 색상이랍니다.

일부러 이런 색을 냈다는 건가요?

| 기술이 예술이다 |

고월자는 진정한 청자로 거듭나는 과도기적 상태라고 말했어요. 색감부터 내구성까지 우리가 아는 청자에 미치지 못합니다. 그래도 도기보다 높은 온도에서 구운 그릇인 건 분명해요. 유약도 회유를 발랐고요. 완벽한 청자는 아니지만 이전보다 월등한 기술력으로 청자에 가까운 색을 낸 건 인정해야죠. 초기 월주 청자는 시간이 흐르며 우리에게 익숙한 푸른빛을 띤 청자로 발전합니다.

청자의 푸른색이 처음부터 '짠!' 하고 등장한 게 아니었군요.

엄청난 시행착오와 오랜 노력으로 이룬 결과죠. 청자의 푸른빛은 유약 속에 들어 있는 미량의 철 성분에서 비롯된 거예요. 여기에 청자 특유의 소성 과정을 거쳐 비로소 우리가 아는 푸른색의 청자가 완성됩니다.

청자 특유의 소성 과정이라뇨?

가마에서 도자기를 굽는 과정을 소성이라 부른다고 했죠? 소성은 크게 산화소성과 환원소성 두 가지로 나눌 수 있어요. 산화소성이 산소가 충분한 가마에서 도자기를 굽는 거라면 환원소성은 산소 공급이 차단된 가마에서 도자기를 굽는 것을 말합니다. 청자는 반드시 환원소성으로 구워야만 푸른색을 띠어요.

낯선 개념이 한꺼번에 나와서 너무 복잡해요.

환원소성의 원리를 쉽게 설명해볼게요. 밀폐된 공간에서 불을 피우면 어떤 일이 벌어지나요? 일산화탄소가 발생합니다. 겨울철 텐트 안에서 난로를 피웠다가 일산화탄소에 중독됐다는 이야기를 종종 들어봤을 거예요.

환원소성은 이와 비슷한 상태에서 도자기를 굽는 겁니다. 밀폐된 가마에서 불을 때면 산소가 부족해 일산화탄소가 발생하는데, 이때 청자 유약 속에 있는 미량의 철 성분이 일산화탄소와 결합해 푸른빛이 도는 청자가 탄생하죠. 즉 청자를 만들기 위해서는 가마 안의 산소를 차단하는 게 중요해요.

청자 만드는 게 보통 까다로운 일이 아니네요.

그런데 청자 유약을 바른 도자기를 환원소성이 아닌 산화소성으로 구우면 어떻게 될까요? 산소가 들락날락하는 가마에서 유약 속의 철 성분은 산소를 만나 붉게 변합니다. 그 결과 그릇은 적색이나 갈색을 띠게 되죠. 철이 녹슬면 어떤 색으로 변하는지 알 겁니다.

야외의 철제 기구들이 산소에 노출돼 붉게 녹스는 것과 같은 거군요.

네. 드문 일이긴 하지만 검은색 도자기를 만들기 위해 철분이 많은 유약을 발라 산화소성으로 굽기도 했어요. 이처럼 도자기 제작에 있어 가마의 중요성은 여러 번 강조해도 부족합니다. 아래는 남조 사람들이 청자를 만들 때 주로 사용한 오름가마예요.

오름가마는 뜨거운 공기는 위로, 찬 공기는 아래로 이동한다는 원리를 이용한 가마로 고온에서 도자기를 굽는 데 적합했습니다. 비탈길에 지어진 덕에 가마 안에서 뜨거운 공기와 찬 공기가 계속 순

오름가마
비탈길에 경사지게 지어진 가마를 말한다. 경사진 구조 덕분에 열효율이 높고 온도를 균일하게 유지하기 쉽다. 여러 칸의 가마로 이루어져 있어 도자기를 대량 생산하는 데 유리하다.

환하며 장시간 고온을 유지할 수 있었거든요. 아래는 오름가마의 불칸 모형이에요.

안에 쌓여 있는 건 뭔가요? 연탄처럼 보여요.

그릇을 넣는 용기입니다. 갑발이라고 하지요. 보통 고급 자기들은 갑발에 넣고 구웠어요. 갑발은 산소를 차단하고 그릇에 불씨가 튀어 색이 변하는 걸 방지하는 실용적인 도구였습니다. 반면 북조의 가마는 이와 달랐어요. 옆 페이지 왼쪽 모형이 북조에서 주로 사용한 만두요입니다. 만두 같다고 해서 만두요라 불리죠.

가마 모습이 귀여워요.

오름가마 불칸 모형

앙증맞지요? 만두요는 둥근 형태에다 오름가마보다 크기도 작아 한 번에 많은 그릇을 굽기는 어려웠습니다. 또 오름가마와 달리 나무가 아닌 석탄을 때서 도자기를 구웠어요. 나무 땔감이 충분하지 않았던 중국 북방의 환경 탓이죠. 그런데 이 만두요가 우리나라 강진에서도 발견돼 화제가 됐습니다. 아래 오른쪽 사진을 보세요. 전라남도 강진은 고려시대의 청자 가마가 있던 곳이에요. 현재 우리나라에서 발견된 만두요의 흔적은 강진에 있는 것이 유일합니다.

우리나라 고려청자도 월주 청자의 영향을 받은 게 아닐까요?

고려청자가 월주 청자의 영향을 받은 건 분명합니다. 월주 청자는 아시아 전역에 청자 붐을 일으킨 미술품이었어요.

(왼쪽)만두요 모형 (오른쪽)전라남도 강신에서 발견된 만두요 가마터
나무 땔감이 부족한 북방에서는 오름가마보다 규모가 작은 돔형의 만두요를 사용했다. 단실로 이루어진 만두요는 구조가 비교적 간단해 안정적으로 열관리를 할 수 있었다.

| 청자의 변신 |

남북조시대에 청자에 대한 수요가 급증하고 대량 생산이 가능해지자 다양한 형태의 청자가 쏟아져나왔습니다. 아래는 중국 남부에서 유행한 청자 계수호예요. 청자 계수호는 4세기경 동진에서 성행하기 시작해 6세기경까지 꾸준히 제작됐습니다.

그릇 이름이 독특하네요.

청자 계수호, 4~5세기, 중국 출토, 여순박물관
초창기 계수호는 주로 부장품이었으나 남북조시대에 크게 유행하며 실생활 용기로 사용됐다. 당시 중국 남방은 한나라 그릇 전통에 따라 공처럼 둥글고 힘 있는 기형의 계수호를 제작했다.

계수호(鷄首壺)는 한자로 닭 계(鷄), 머리 수(首), 병 호(壺) 자를 써서 닭 머리 모양의 주전자를 말해요. 중국 남조를 대표하는 청자 중 하나로, 물이 나오는 주둥이를 닭 머리 모양으로 만든 것이 특징입니다. 왼쪽 계수호도 주둥이가 닭 머리 모양이에요.

저라면 닭 주둥이에서 나오는 물은 마시고 싶지 않을 것 같아요.

중국 전통에서 닭은 행운을 상징하는 길상입니다. 적어도 중국 사람들은 닭 주둥이에서 물이 나온다고 꺼림칙해하지는 않았겠죠. 실제로 초창기 계수호는 부장품으로 제작됐지만 시간이 흐르며 실생활 용기로 사용됐어요. 닭 주둥이에 구멍을 뚫어 물이 쫄쫄 흘러나오도록 한 것만 봐도 충분히 일상생활에서 썼을 법합니다.

청자 계수호, 4~5세기, 국립중앙박물관

계수호에 술을 담고 주거니 받거니 하며 즐겼을 수도 있겠네요.

계수호는 우리나라에서도 여러 점 발견됐습니다. 옆은 우리나라에서 출토된 계수호로 4세기경 그릇입니다. 중국에서 만들어진 계수호와 생김새가 판박이에요.

우리나라에서도 이때 계수호를 만든 건가요?

아닙니다. 이 무렵 우리나라에 있었던 계수호는 대부분 중국에서 수입한 거예요. 당시 우리나라는 아직 청자 만드는 기술을 갖추지 못했습니다.

우리나라 도자기가 뛰어나다고 들었는데 원래는 중국이 앞섰네요.

청자 계수호가 중국에서 큰 인기를 끌자 색다른 계수호도 등장합니다. 그중 하나가 흑유 계수호예요. 아래 왼쪽은 중국 남경에서, 오른쪽은 우리나라 충청남도 공주에서 발견됐습니다. 백제 수촌리 고분에서 출토됐죠. 검은색의 흑유 계수호는 칠기 그릇 같은 느낌을 내려고 일부러 유약을 두텁게 바른다는 특징이 있어요.

(왼쪽)흑유 계수호, 4~5세기, 중국 출토, 진강박물관
(오른쪽)흑유 계수호, 4~6세기, 충청남도 공주 수촌리 고분 출토, 국립공주박물관
오른쪽 흑유 계수호는 공주 수촌리 고분에서 출토된 것으로 당시 이 일대를 지배하던 마한 소국의 지배자에게 백제 왕실이 하사한 것으로 보인다.

오른쪽 흑유 계수호 밑부분을 보면 유약이 얼마나 두텁게 발렸는지 확인할 수 있습니다. 바닥 부분의 갈색 몸통이 원래 태토입니다. 흑유 계수호는 철분이 많은 유약을 산화소성으로 구운 대표적인 도자기예요. 그 덕에 검은색 도자기를 만들 수 있었던 거죠.

도자기 색상을 내는 데 철분 함량이 중요하군요.

그렇습니다. 이 무렵 남조 도자기는 백제 귀족들 사이에서 인기가 대단했어요. 남조가 최첨단 기술을 이용해 신상 도자기를 만들면 백제가 바로 들여올 정도였죠. 아마 남조의 황제가 하사하는 형식이었을 거예요. 삼국 중에서 백제는 중국 남조와 가장 활발히 교류한 나라였습니다. 고구려나 신라에서 발견된 남조 도자기는 몇 점 안 되는데 백제에서는 수백 점에 이르는 남조 도자기가 발견됐어요.

백제와 남조가 꽤나 돈독한 사이였나봐요.

정확히는 백제를 포함한 마한의 소국들이 일찍부터 중국 남조와 교류를 했다고 봐야겠죠. 마한은 삼국시대 이전 경기도, 충청도, 전라도 지역에 분포했던 부족 연맹체였습니다. 원래 마한은 백제와 함께 한반도 남서부를 지배하고 있었어요. 2010년에는 마한이 아닌 가야 고분에서도 계수호가 발견돼 화제가 됐습니다.

가야에서도요?

(왼쪽)청자 계수호, 5~6세기, 전라북도 남원 월산리 고분군 출토, 국립전주박물관
(오른쪽)청자 계수호, 5~6세기, 중국 절강성 출토, 미국 클리블랜드미술관
왼쪽 계수호는 백제와 가야의 접경 지역인 전라북도 남원 월산리 고분군에서 발견됐다. 백제 왕실을 통해 가야까지 흘러 들어간 것으로 보이며 백제와 가야 사이에 교류가 있었음을 보여준다.

위의 왼쪽 계수호가 전북 남원에서 발견된 가야 계수호예요. 이 계수호는 백제 왕실을 통해 가야에 전해진 것으로 추정됩니다.

이 그릇은 앞에서 본 계수호보다 모양이 길쭉하네요?

시간이 흐르면서 남조 계수호의 모양이 변한 겁니다. 오른쪽 계수호는 5~6세기경 중국 남조에서 제작된 청자 계수호입니다. 가야 계수호와 비슷하게 몸통이 길어요. 4세기경 만들어진 초기 계수호가 전형적인 한나라 그릇처럼 몸통이 땅딸막하고 탱탱하게 부푼 모습이라면 5~6세기경에 제작된 계수호는 형태가 길쭉하고 날씬해요. 호풍의 영향을 받은 겁니다.

| 호풍이라는 새로운 바람 |

호풍이란 오랑캐 호(胡) 자에 풍속 풍(風) 자를 써서 오랑캐의 풍속이라는 뜻입니다. 여기서 오랑캐는 한족을 제외한 모든 이민족을 일컫는 말이에요.

남북조시대에 유행한 호풍은 크게 두 가지였습니다. 중국 북방을 차지한 유목민의 풍속과 실크로드를 통해 전해진 서방의 이민족 문화가 그것이죠. 서방 문화는 중국을 기준으로 실크로드의 서쪽 지역, 즉 그리스, 로마, 페르시아, 인도, 중앙아시아 등지에서 전해진 문화를 말합니다. 남북조시대에 도자기의 외형이 길쭉해진 이유도 서방 문화의 영향을 받았기 때문이에요.

먼 옛날부터 도자기 형태까지 영향을 받을 정도로 교류했다는 게 신기해요.

옆은 기원전 6세기 고대 그리스에서 제작된 암포라입니다. 타원형의 몸통에 두 개의 손잡이가 달린 서양 항아리를 암포라라고 해요. 5~6세기 중국의 계수호는 이 같은 서양의 항아리와 형태가 비슷해집니다.

암포라, 기원전 6세기, 그리스 출토
암포라는 고대 그리스나 로마에서 사용한 항아리로 타원형의 긴 몸통에 두 개의 손잡이가 달린 그릇을 말한다.

계수호 기형의 변천 과정
중국의 계수호는 동진 때까지 공처럼 둥근 모습이었다가 남북조시대에 들어서며 서방 문화의 영향을 받아 타원형 몸체에 목이 긴 형태로 점차 변화한다.

위에서 남조 계수호의 모습이 시기에 따라 어떻게 달라졌는지 확인해보세요. ①번은 서진시대의 계수호, ②번은 동진시대의 청자 계수호, ③번은 남북조시대의 청자 계수호입니다. 시간이 흐를수록 계수호의 형태가 점점 길어지고 손잡이도 솟아오르는 것을 알 수 있어요. 외래문물에 꽁꽁 문을 걸어 잠근 남조도 호풍의 영향을 받아 도자기를 만들었는데 외래문물에 열광했던 북조는 어땠을까요? 그보다 더하면 더했지 덜하지 않았습니다. 오른쪽은 누예묘에서 출토된 도자기입니다. 이전 강의에서 한족과 이민족의 문화가 결합해 탄생한 대표적인 도자기로 소개했었죠.

이 도자기도 계수호였군요!

맞습니다. 북조에서도 남조처럼 6세기에는 청자 계수호를 만들었어요. 하지만 전체적인 모습과 분위기는 남조 도자기와 아주 다릅니다.

청사 계수호, 570년, 누에묘 출토, 신서성박물관
초기 남조 계수호에 비해 형태가 길어졌고 도자기 표면을 이국적인 문양으로 장식했다. 높이 솟아오른 손잡이는 용을 형상화한 것이다.

일단 도자기의 외형이 남조보다 훨씬 길쭉해요. 겉모습도 무척 화려하고요. 위로 치솟은 손잡이는 용머리로 장식했고 도자기 표면에는 갖가지 형상과 무늬들을 따로 만들어 붙였습니다. 이처럼 6세기경 북조에서는 남조와는 차원이 다른 이국적인 모양의 도자기가 연이어 등장했어요.

옆 페이지 왼쪽은 또다른 북제 항아리로, 중국에서 만들었다는 걸 모른다면 로마에서 온 물건으로 착각할 정도입니다. 그릇 한가운데에 있는 인물은 서양 사람처럼 보이고 그릇의 목이나 굽에 있는 장식들도 중국 전통 문양과 거리가 멀어요.

청자 계수호, 570년, 누예묘 출토, 산서성박물관

북조 도자기는 정말 화려하네요.

사실 이 도자기들은 북조 도자기치고 화려한 편도 아닙니다. 맨 오른쪽 도자기는 북조에서 제작된 청자예요. 그릇에 장식이 얼마나

(왼쪽)녹유 첩화병, 6~7세기, 메트로폴리탄미술관
(오른쪽)청자 연화병, 6세기, 중국 하남성 출토, 중국 국가박물관
북조 도자기는 두껍게 발린 유약, 크고 둔중한 모습이 압도적인 느낌을 준다. 첩화문을 활용해 화려하게 장식한 점도 특징이다.

많은지 빈 곳이 거의 없어요. 이렇게 도자기 표면에 여러 문양을 잔뜩 붙여 꾸미는 방법을 첩화(貼花)라고 합니다. 북조 도자기의 대표적인 장식 기법 중 하나죠. 이 도자기의 첩화문은 모두 연꽃의 꽃잎을 형상화한 거예요. 그래서 이 도자기를 청자 연화병이라고도 부른답니다. 그릇의 굽을 보면 불상의 대좌 중 하나인 연화좌와 모양이 흡사해요. 불교의 영향이 느껴집니다.

흙과 불의 연금술   375

저 많은 꽃잎을 일일이 만들어 붙인 걸까요?

보통 첩화문은 틀을 이용해 찍어냅니다. 그래서 도자기를 장식한 꽃잎들의 모양이나 크기가 다 똑같아요. 북조 도자기는 첩화문이 빈번히 등장한다는 점 외에도 몇 가지 특징이 있습니다.

우선 도자기의 두께, 즉 기벽이 두꺼워요. 그 때문에 남조 도자기보다 더 묵직하고 투박한 느낌을 줍니다. 그릇의 크기가 커서 더 그렇게 느껴지죠. 앞에서 본 청자 연화병만 해도 높이가 63센티미터에 달하는데 몸체 위, 아래, 목 부분은 각각 따로 만들어 붙였어요. 옆에 있는 도자기도 다르지 않습니다. 이 도자기는 562년 북제에서 제작됐어요. 마찬가지로 틀로 찍어낸 첩화문을 활용해 도자기를 장식했습니다.

화려하긴 한데 남조 도자기처럼 수려한 느낌은 안 나는 거 같아요.

아직 기술이 부족한 탓이죠. 당시 북조가 남조에 비해 도자기 제작 기술이 뒤처졌던

첩화문

황유 첩화병, 562년, 중국 고적회락묘 출토, 섬서역사박물관

건 사실입니다. 북조에서 청자를 생산하기 시작한 때가 6세기부터 니 그럴 만도 하죠. 그래도 북조 도자기의 화려하고 이국적인 모습은 우리의 눈길을 끌기에 충분합니다.

이렇게까지 남조와 북조의 도자기가 다르다니 놀라워요.

북조와 남조는 미에 대한 기준이 달랐습니다. 남조 도자기가 철저히 한족의 기호에 맞춰 제작됐다면 북조 도자기는 탁발 선비족의 취향에 따라 생산됐어요.
탁발 선비족은 유목민 시절부터 서방의 다양하고 화려한 문물을 자주 접한 덕에 이국의 물건에 금세 빠져들었어요. 이렇게 보면 중국 북방에서 유달리 거센 호풍이 일었던 것도 이상한 일은 아닙니다. 더욱이 당시 중국에 불어닥친 호풍은 도자기에만 한정되지 않았어요. 서현수묘에서 발견된 금반지나 중국에서 유행한 서역의 악기들을 떠올려보세요. 이 모두가 호풍의 영향입니다.

남북조시대는 확실히 호풍이 대세였네요.

맞습니다. 그리고 이 호풍 뒤에는 목숨을 걸고 실크로드를 오간 소그드 상인들이 있었어요. 소그드인들은 중앙아시아에서 온 이란계 민족으로 이 시기 실크로드에서 맹활약한 상인이었습니다. 서방문물을 중국에 전달한 주역이었죠. 이들이 중국에 전한 외래문물은 중국 미술에 그전까지와는 전혀 다른 이국적인 색조를 입혔습니다.

여태껏 살펴본 북조 도자기들이 그 예라고 할 수 있어요.

북조 도자기는 북조 미술 중에도 특히 이국적인 성격이 강한 거 같아요.

맞습니다. 다음 강의에서는 남북조시대에 문화 융합의 중심에 있었던 소그드인들의 활약을 살피며 중국에 흘러든 서방문물을 탐색하는 시간을 갖도록 하겠습니다. 북조 도자기에 지대한 영향을 미쳤던 호풍의 유래가 마침내 밝혀집니다.

| 필기 노트 | 05. 흙과 불의 연금술

남북조시대는 도자기 제작 기술이 비약적으로 발전한 때다. 남조가 오랫동안 축적해온 도자기 제작 기술을 바탕으로 청자의 대량 생산을 이끌었다면 북조는 서방 문화를 적극적으로 받아들여 화려하고 이국적인 모습의 도자기를 생산한다.

- **흙으로 빚어낸 아름다움**

  토기에서 자기로 높은 온도에서 구운 도자기일수록 단단하고 품질이 좋음. 자기는 질적·기술적으로 가장 뛰어난 도자기.

종류	굽는 온도	특징
토기	약 600~700도	유약을 바르지 않아 물이 스며듦.
도기	약 800~900도	자기에 비해 경도와 강도가 낮음.
석기	약 1,000도	강도가 강하고, 투광성이 없음.
자기	약 1,250도 이상	흡수성이 없고, 단단하며 투명함.

  유약 점토에 유리막을 형성해 도자기의 품질을 높이고 광택이 돌게 함.
  ① **회유** 나뭇재가 주성분인 유약. 1,200도 이상의 고온에서 녹음.
  ② **연유** 납이 주성분인 유약. 600~800도의 저온에서 녹음.

- **남조를 물들이는 푸른빛**

  남조 도자기 남조는 한족의 축적된 도자기 기술을 바탕으로 그 당시 기술적으로 가장 뛰어난 도자기를 생산했음.

  월주요 월주 지역의 가마터이자 중국 청자의 중심지.

  고월자 초기 월주 청자. 후한시대부터 당나라 때까지 월주요에서 만들어진 청자. 도기에서 청자로 거듭나는 과도기적 상태를 보여줌. 푸른색이 섞인 올리브그린 색상이 특징.

  계수호 닭 머리 모양의 주전자.
  ① 남조와 활발히 교류한 백제의 영토에서도 발견됨.
  ② 초기 계수호는 한나라 그릇 전통에 따라 공처럼 둥근 형태로 제작됐으나 이후 서방 문화의 영향으로 기형이 점점 길어지고 손잡이가 솟아오름.

- **북조를 뒤흔든 이국의 문화**

  북조 도자기 북조는 남조보다 도자기 제작 기술이 부족했지만 이국적이고 다양한 모양의 도자기를 생산함.

  누예묘 청자 남조에서 유행한 계수호가 서양의 항아리만큼 길어짐.

  황유 첩화병, 청자 연화병 도자기 표면에 갖가지 문양을 붙여 화려하게 장식함. 이 같은 기법을 '첩화'라고 함.

  … 보통 북조 도자기는 크기가 크고 기벽이 두껍고, 유약을 두껍게 바른다는 특징이 있음.

남북조시대 미술 다시 보기

3세기
청자 사이호
월주 자기의 원시적인 형태인 고월자다. 한나라 그릇을 따라 둥글고 힘있는 기형이 특징이며 고월자 특유의 올리브그린색을 띠고 있다.

4~5세기
죽림칠현과 영계기
혜강, 완적, 산도, 왕융 사이에 있는 나무들은 칸막이 역할을 한다. 나무의 종류를 알아볼 수 있게 잎을 세밀하게 묘사한 점이 남조 산수 표현의 특징을 보여준다.

4~5세기
낙신부도
조식과 낙신의 첫 만남을 담은 이 장면은 낙신의 나부끼는 옷자락과 두 남녀의 닿을 수 없는 거리를 통해 신과 인간의 불가능한 사랑을 예고하며 서정적인 느낌을 자아낸다.

동진 건국
317년

224년
파르티아 멸망
사산조 페르시아 건국

369년
근초고왕,
마한 정복

5세기
시비왕 본생도
한가운데 인물이 시비왕이고 겉에서 칼을 든 하인이 왕의 허벅지 살을 베어내고 있다. 막고굴 제245굴을 장식한 이 벽화는 채색을 중시한 전형적인 북조 회화 기법으로 제작됐다.

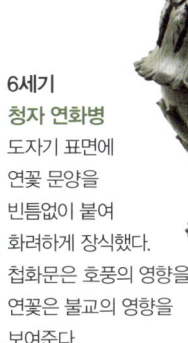

6세기
청자 연화병
도자기 표면에 연꽃 문양을 빈틈없이 붙여 화려하게 장식했다. 첩화문은 호풍의 영향을, 연꽃은 불교의 영향을 보여준다.

6세기
누예묘 출행도
한족과 이민족 미술이 완숙한 형태로 결합한 작품으로 북조 회화의 절정으로 여겨진다. 역동적인 말의 움직임과 정적인 병사들의 모습이 대조를 이루며 두 개의 상반된 힘이 그림에 리듬감을 부여한다.

| 북위, 중국 북방 통일 남북조시대 시작 439년 | 북위 효문제, 수도를 낙양으로 옮김 493년 | 육진의 난 523년 | 북위, 동위와 서위로 분열 534년 | 누예묘 조성 570년 | 서현수묘 조성 571년 |

404년
광개토 대왕, 후연과의 전쟁에서 승리

553년
신라, 한강 유역 차지

III

입에는 꿀을, 손에는 아교를

─ 중국의 소그드인 ─

한평생 내 눈동자는 진귀한 물건을 더듬고 다녔지요.
장사꾼의 거친 손으로 세상에서 가장 부드러운 실크를 움켜잡았다오.
내 두 발이 여기까지 끌고 온 이국의 물건들은
미지의 아름다움으로 온갖 환상과 욕망의 궁궐을 짓고
사람들을 불러 모았다오.
그러니 당신이 찾는 것이 여기 없다면 이 세상 그 어디에도 없는 것이라오.

— 사마르칸트, 우즈베키스탄

야광배에 담긴 맛 좋은 포도주,
말 위의 비파 소리는 마시라 재촉하네.

– 왕한, 「양주사(凉州詞)」

01

실크로드의 트렌드 세터

#박트리아 #헬레니즘 #중앙아시아 미술 #첩화문

올해는 보라색이 유행이라더라, 빈티지 패션이 대세라더라, 인테리어 경향은 어떻다더라… 누구나 한번쯤 이런 이야기에 귀기울여봤겠죠. 이와 비슷한 말들은 최신 트렌드라는 이름으로 우리 소비생활에 적잖은 영향을 줍니다.

그래서 멀쩡한 옷을 놔두고 매년 옷을 또 사게 되는 거 같아요. 대체 유행이 뭔지….

동감입니다. 그런데 달리 생각해본 적은 없나요? 대체 이런 유행은 누가 정하는지, 유행의 근원지는 어디인지 말입니다. 유행의 탄생에는 누구보다 앞서 유행을 발굴하고 대중에게 선보이는 존재가 필요해요. 사람들의 욕망을 바탕으로 시장을 개척하는 사람, 유행의 선두에서 유행을 이끌어가는 사람, 우리는 이런 사람들을 트렌드 세터(trend setter)라 부릅니다. 그런데 과거에도 오늘날 트렌드 세터 못지않은 이들이 있었어요. 바로 실크로드의 소그드 상인들이죠.

소그드 상인들의 영향력이 그렇게 대단했나요?

그럼요. 중앙아시아를 중심으로 활동했던 소그드인들은 3~8세기에 실크로드를 장악하며 유행을 선도했어요. 로마에서 중국에 이르는 길인 실크로드의 최고 상인으로 성장해 동서양의 물자는 물론이고 문화와 예술까지 전파한 주역이었죠. 이 무렵 중국에 불어닥친 호풍도 8할이 소그드 상인의 활약 덕분이었습니다. 소그드인들이 주도한 호풍은 중국 사람들의 복장부터 사상, 생활용품에 이르기까지 온갖 분야에 영향을 미쳤어요.

트렌드 세터라 불릴 만하네요.

| 중국이라는 무대 |

소그드 상인들이 실크로드의 트렌드 세터로 발돋움하는 데 결정적인 역할을 한 나라가 중국입니다. 중국은 실크로드 전체를 통틀어 소그드인에게 가장 중요한 교역국이었어요. 비단이나 도자기를 포함해 중국에서 사들이는 교역품의 양도 어마어마했지만, 중국에 판매하는 물량 역시 그에 못지않았기 때문입니다.

실크로드를 통한 거래가 다양했나보네요.

물론이죠. 실크로드 상인들은 온갖 교역품을 가지고 문지방이 닳도록 중국을 드나들었습니다. 그래선지 중국 미술에는 소그드 상인의 모습이 심심치 않게 발견돼요. 아래는 당나라에서 만든 소그드인 도용입니다. 중앙아시아 이란계 민족이었던 소그드인들은 동양인과 다르게 생겼어요. 중국 문헌에는 소그드인의 외모를 심목고비(深目高鼻), 즉 눈이 깊고 코가 높다, 수염이 많다고 했습니다.

인상은 부리부리해 보이는데 머리에 쓴 모자가 앙증맞네요.

끝이 뾰족한 고깔모자는 소그드 상인들이 자주 썼던 모자입니다. 중국 산동성에서 출토된 6세기 석곽(石槨)에서는 중국인과 소그드인이 함께 등장하는 장면도 볼 수 있어요. 석곽이란 시신을 넣는 관을 보호하기 위해 만든 또다른 관을 말합니다. 석곽이니 돌로 만들었겠죠. 당시 북조에서는 석곽에 석관을 넣는 풍습이 유행했어요.

소그드인 도용, 7세기, 중국 출토, 낙양박물관
중앙아시아 이란계 민족이었던 소그드인은 동양인과 달리 또렷한 이목구비를 가졌다. 활동하기 편한 소매통이 좁은 웃옷을 입었으며 손에 호병을 들고 있다.

실크로드의 트렌드 세터

아래는 북제 귀족의 무덤에서 발견된 석곽의 일부 장면을 그림으로 옮긴 겁니다. 왼쪽에 공손한 자세로 허리를 구부린 남자가 소그드인이에요. 곱슬머리, 높은 코, 움푹 들어간 눈두덩과 쌍꺼풀이 진 큰 눈이 중앙아시아 이란계 사람답지요.

북제 석곽 일러스트, 573년, 중국 산동성 청주 출토, 청주박물관
북제 귀족 무덤에서 발견된 석곽의 일부를 그림으로 옮긴 것이다. 중국인 묘주가 소그드 상인을 접견하는 장면으로, 당시 중국 지배층과 소그드 상인 간의 활발한 교류가 있었음을 알 수 있다.

맞은편 남자가 중국인인가요?

한족 귀족처럼 보입니다. 얄쌍한 얼굴에 작은 이목구비, 오밀조밀한 인상이 전형적인 동양인이에요. 두 사람은 생김새만큼이나 옷차림도 무척 다릅니다. 소그드인이 널찍한 칼라가 달린 화려한 옷을 입었다면 맞은편 남자는 통이 넓은 소매에 길고 펄럭이는 중국 전통 의복을 입었어요. 한쪽 발을 반대편 허벅지에 올린 채 술잔을 든 모습이 꽤나 거만해 보이는군요. 그 앞에서 공손히 허리를 숙인 소그드 상인과 대비돼 더 그렇게 느껴져요.

태도만 보면 저 중국인이 무덤 주인 같은데요.

그럴 가능성이 매우 높습니다. 이 장면은 소그드 상인이 중국인 귀족에게 무언가를 청탁하는 모습입니다. 누구라도 혹할 만한 물건을 가지고요. 상인 옆에 선 하인이 손에 들고 있는 물건을 보세요. 얼음을 산처럼 쌓아 만든 빙수처럼 생겼어요. 이 물건은 산호입니다. 산호는 따뜻한 바다에서 자라는데 이 무렵엔 지중해 산호를 제일 알아줬다고 해요. 그림 속 소그드 상인은 중국에서 보기 힘든 지중해 특산품을 중국 귀족에게 바쳐 환심을 사려 하

산호
햇빛이 풍부하고 따뜻한 바다에서 자라는 산호는 아름다운 외형 덕분에 장식품으로도 쓰인다.

고 있어요. 실제로 소그드 상인들은 막대한 수익을 가져다주는 중국과 교역의 물꼬를 트기 위해 온갖 노력을 기울였습니다. 그중 하나가 이국의 물건을 뇌물로 바치는 것이었죠.

| 서방 금속기의 유행 |

이런 식으로 중국에 흘러든 서방의 문물은 북조 귀족들 사이에서 크게 유행했습니다. 그 가운데서도 이국적이고 화려한 서방의 금속기는 사치품으로 엄청난 인기를 누렸어요. 중국에서 서방 금속기의 유행은 하나의 문화현상으로 자리 잡았습니다. 금속기란 금, 은, 구리 같은 금속으로 만든 그릇을 말해요. 옆의 사진은 당시 북위의 수도였던 평성, 오늘날 대동에서 출토된 금속기입니다.

확실히 중국에서 만든 것처럼 보이진 않네요.

이 그릇은 4세기경 서방 금속기로 추정됩니다. 현재는 녹이 슬어 초록색이 됐지만 원래는 번쩍번쩍 화려한 황금잔이었을 거예요. 은이나 구리를 합금한 재료로 형태를 만들고 금도금을 한 것으로 보이니까요. 중국에서는 이렇게 굽이 높은 잔을 고배라고 불렀습니다. 로마나 서아시아에서는 보통 이런 잔에 포도주를 따라 마셨죠.

높다란 굽이 요즘 와인잔이랑 비슷해 보여요.

포도동자문 고배, 4세기, 중국 산서성 대동 출토, 산서성박물관
중앙아시아 박트리아 지역에서 제작된 금속기로 추정되며 실크로드를 통해 중국에 전해진 것으로 보인다.

중앙아시아 아프가니스탄 북부의 고대 도시
박트라의 오늘날 모습

와인잔의 기원이 그리스·로마의 금속기에서 유래했다는 설도 있습니다. 하지만 이 금속기의 제작지는 그리스나 로마가 아니에요. 박트리아로 추정되죠.

박트리아의 위치

중앙아시아의 박트리아는 오늘날 아프가니스탄, 타지키스탄, 우즈베키스탄 일부를 포함하는 지역입니다. 이 땅은 일찍부터 그리스 문화가 전해진 곳으로 헬레니즘 문화가 확산되는 중요한 통로였어요. 헬레니즘 문화란 그리스 후기 문화로 기원전 4세기 알렉산더 대왕의 동방 원정을 계기로 아시아에 퍼졌습니다.

그 유명한 헬레니즘이 여기서 나오네요.

박트리아는 낯설어도 헬레니즘은 낯설지 않죠? 기원전 334년 동방 원정에 나선 알렉산더 대왕은 광대한 땅을 정복했는데, 거기에는 박트리아가 포함돼 있었습니다. 지도의 붉은색 영역이 당시 알렉산더 대왕이 점령한 영토예요. 지도 맨 오른쪽의 박트리아를 보세요. 그러나 승승장구하던 마케도니아 제국에 갑작스러운 위기가 찾아옵니다. 기원전 323년 알렉산더 대왕의 사망 소식이 전해진 거예요. 그러자 그 휘하에 있던 장군들은 서로 권력 투쟁을 벌여 마케도니아의 거대한 영토를 나눠 가졌어요. 이후 이들은 각자의 영토에 그리스계 도시를 세우고 지배자로 군림했습니다.

결국 그 큰 땅덩어리가 분열돼버렸네요.

마케노니아 제국의 최대 영토
기원전 334년 동방 원정을 시작한 알렉산더는 10여 년에 걸친 전투 끝에 지중해부터 인더스강에 이르는 땅을 점령한다. 그 후 이 땅에 들어선 그리스계 도시들은 그리스 문화가 전파되는 통로가 된다.

| 헬레니즘의 확산 |

나아가 제국을 나눠 가진 장군들은 저마다 자신이 알렉산더 대왕의 정통 후계자라며 목소리를 높였어요. 지배자로서의 정통성을 놓고 자기들끼리 경쟁을 벌였죠. 그 방법 중 하나가 알렉산더 대왕의 정신을 이어받아 주변에 그리스 문화를 퍼뜨리는 거였습니다.

그 과정에서 마케도니아 제국의 동쪽 끝에 위치한 박트리아는 헬레니즘 문화가 동방으로 전해지는 최전선이 돼요. 마침 이 일대에서 활동하던 소그드인들은 이 기회를 놓치지 않고 상인 정신을 발휘합니다. 그 덕에 그리스의 영향이 가득 담긴 박트리아 금속기가 중국에 전해지게 된 거예요.

그런데 이 컵의 어떤 부분이 그리스적이라는 건가요?

컵의 전체적인 형태나 장식이 그렇습니다. 옆의 일러스트를 보세요. 고배 중앙에 벌거벗은 아이가 포도를 들고 있습니다. 포도와 아이가 함께 등장한다고 해서 이 고배를 포도동자문 고배라고도 불러요. 사실 포도덩굴에 둘러싸인 아이의 모습은 그리스를 계승한 로마 미술에서 흔히 발견되는 도상입니다.

아래 그림은 로마 산타 코스탄자 교회 천장을 장식한 모자이크예요. 벌거벗은 아이들이 포도를 수확하는 장면이죠. 그림의 구성이 포도동자문고배의 장식과 아주 유사합니다. 그런데 아이와 포도가 함께 등장하는 이 도상이 우리나라에서도 발견됐어요. 그리스·로마 미술

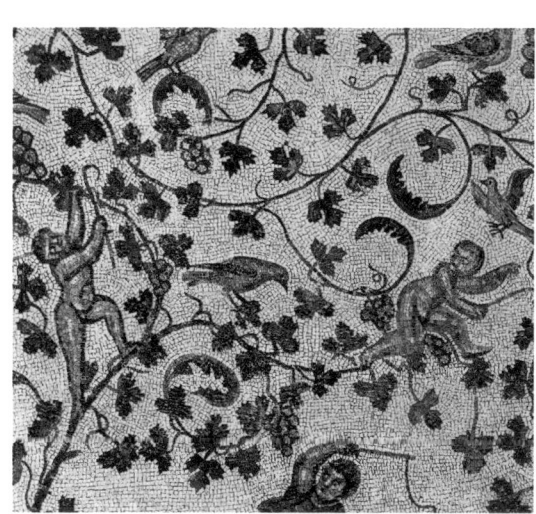

**(위)포도동자문 고배 일러스트
(아래)포도를 수확하는 아이들, 4세기, 이탈리아 산타 코스탄자 교회**
포도덩굴에 둘러싸인 아이의 도상은 그리스·로마 미술의 흔한 모티프다. 그리스 문화가 직접 전해진 박트리아에서는 포도와 아이가 등장하는 금속기를 자주 만들었다.

실크로드의 트렌드 세터　　　397

상감청자, 13세기, 국립중앙박물관
포도덩굴에 매달린 아이들의 모습을 상감했다. 포도 알맹이 하나하나가 붉은색을 띠어 도자기에 생기를 더해준다.

카라바조, 바쿠스, 1598년경, 우피치 미술관
17세기 바로크 화가 카라바조의 대표작이다. 술의 신 디오니소스로 분장한 소년이 와인잔을 들고 있다. 달콤한 포도주와 과일은 쾌락에 대한 경고를 의미한다.

의 도상이 중국을 거쳐 우리나라까지 전해진 겁니다. 옆의 고려 상감청자를 보세요. 포도덩굴에 매달린 아이들의 천진난만한 모습이 그려져 있어요.

그러고보니 도상이 아주 흡사하네요. 그런데 고려 청자의 동자들은 옷을 입었군요. 유교의 영향일까요?

오해입니다. 윤곽선을 새겨서 옷을 입은 것처럼 보일 뿐 실은 벌거벗었답니다. 그리스·로마 미술에 포도가 자주 등장하는 것은 와인의 주재료인 포도가 그리스 신화에 나오는 술의 신 디오니소스를 상징하기 때문이에요. 박트리아에서는 그리스 문화의 영향을 받아 디오니소스 신앙이 유행했는데 매년 관련 축제가 열릴 정도였어요. 로마에선 디오니소스를 바쿠스라고 불렀으니 바쿠스 축제라고도

할 수 있겠군요. 우리나라 약국에서 파는 박카스는 바쿠스에서 따온 이름이라고 하죠.

박카스가 신의 이름이었다니….

그리스의 영향은 고배 밑부분에서도 나타납니다. 아래에서 술잔의 굽 부분을 다시 보세요. 끝이 통통한 잎들이 부채꼴 모양으로 장식돼 있습니다. 이런 문양을 종려나무, 영어로 팜트리(palm tree) 잎사귀를 닮았다고 해서 팔메트라고 불러요. 팔메트는 이집트에서 유래했지만 그리스와 로마에서 더 널리 쓰인 장식이었습니다. 옆 페이지 아래 사진은 기원전 5세기경 그리스에 건축된 제우스 신전의 기둥머리예요. 넓게 펼쳐진 잎사귀 모양이 팔메트 문양과 비슷하죠.

팔메트 장식
팔메트 장식은 고대 이집트의 로터스(수련) 문양에서 기원해 그리스에 이르러 팔메트 문양으로 양식화됐다. 건축, 공예품, 도자기, 직물 등 다양한 미술 분야에서 발견된다.

이렇게 보니 정말 그리스 영향을 받았네요.

하지만 박트리아 금속기에는 그리스·로마뿐 아니라 다른 지역의 미술도 흔적을 남겼습니다. 박트리아의 특수한 위치 덕분이죠.

(위)종려나무
(아래)팔메트 문양이 장식된 주두, 기원전 5세기, 그리스 올림피아 제우스 신전

| 문화의 교차로 |

박트리아 지역은 기원전 4세기경부터 기원 전후까지 그리스계 왕국에 점령당했습니다. 이후 인도 쿠샨 왕조의 지배를 받았고, 4세기경에는 페르시아 사산 왕조의 통치 아래 있었어요. 심지어 북쪽의 유목민들도 박트리아를 호시탐탐 노렸습니다.

박트리아를 놓고 온갖 나라가 각축전을 벌였군요.

그도 그럴 게 박트리아는 교통의 요지였어요. 페이지를 넘기면 기원전 2세기경 이 지역을 차지한 그리스-박트리아 왕국의 지도를 볼 수 있습니다. 그리스-박트리아는 알렉산더 대왕의 동방 원정으로

기원전 2세기경 그리스-박트리아 왕국
그리스-박트리아는 알렉산더 대왕의 동방 원정 이후 남겨진 그리스인들이 세운 나라로 헬레니즘 문화가 동쪽으로 전해지는 데 결정적인 역할을 한 고대 왕국이다. 기원전 3~2세기경 번성했다.

이 땅에 남게 된 그리스인들이 세운 나라였어요. 지도의 박트라가 그리스-박트리아 왕국의 수도였습니다. 박트라는 오늘날 아프가니스탄 북쪽에 있는 도시로, 앞에서 본 박트리아 사진이 현재 박트라의 모습입니다. 위 지도를 보면 알겠지만 박트리아는 서아시아, 중앙아시아, 인도가 만나는 곳에 위치해요. 그 때문에 수도 없이 강대국의 침략을 받았죠. 동시에 문화의 교차로 역할도 했습니다. 한마디로 박트리아는 그리스 문화가 전해지는 통로이면서 페르시아, 인도, 나아가 유라시아 초원의 유목민 문화가 흘러드는 복잡한 땅이었어요.

그러네요. 내로라하는 나라들이 박트리아를 둘러싸고 있군요.

이 나라들의 영향이 모두 담긴 미술품이 바로 옆에 있습니다. 중국 북주의 장군 이현과 그의 아내가 묻힌 무덤에서 출토된 금속기죠. 569년 사망한 이현은 전쟁에서 여러 번 큰 공을 세워 황제의 신임을 얻은 인물이었습니다. 이현의 무덤에서는 이 금속기를 포함해 높은 미적 감각을 보여주는 다양한 유물들이 발견돼 화제가 됐어요.

그런데 금속기 색상이 왜 저렇게 어둡나요?

원래 이 금속기는 은으로 만들어 겉에 금도금을 했습니다. 그런데 세월이 흘러 은이 녹슬며 검게 변한 거예요. 다행히 금도금이 조금 남아 있어 그릇이 제작될 당시의 호화로운 외관을 상상할 수 있습니다. 게다가 그릇 전체에 장식까지 했으니 눈부시게 화려했겠죠.

금속기, 5~6세기, 중국 영하회족 자치구 이현묘 출토, 중국 국가박물관
높이 약 40cm인 은제 항아리로 금도금을 했다. 항아리의 기형, 장식 등에서 그리스, 페르시아 등 다양한 나라의 영향을 확인할 수 있다.

실크로드의 트렌드 세터

| 황금사과의 저주 |

우선 금속기의 몸통 장식부터 살펴볼까요? 부조로 꾸며진 이 부분은 그리스 신화에 나오는 트로이 전쟁을 소재로 삼았습니다. 이야기는 인간 영웅 펠레우스와 바다의 여신 테티스의 결혼식에서부터 시작해요. 불화의 여신 에리스는 모든 신들이 초대받은 이 결혼식에 자신만 초대받지 못해 화가 났습니다. 그래서 결혼식 당일, 무작정 식장에 찾아가 잔칫상에 황금사과를 던져버렸죠.

결혼 선물로 황금사과를 주었다면 좋은 거 아닌가요?

문제는 이 황금사과에 '가장 아름다운 여신에게'라는 글귀가 적혀 있었다는 겁니다. 그러자 신들의 여왕 헤라, 지혜의 여신 아테나, 사

금속기를 장식한 트로이 전쟁 이야기
금속기 중앙에는 테티스가 던진 황금사과 이야기부터 트로이 전쟁의 시작과 그리스 연합군의 승리로 끝난 결말을 상징하는 장면이 묘사돼 있다.

랑의 여신 아프로디테가 동시에 앞으로 나서더니 황금사과의 주인은 자기라며 다투기 시작했어요. 자기야말로 세상에서 가장 아름다운 여신이라는 거죠. 난처해진 제우스는 목동 파리스를 잡아다가 황금사과의 주인이 누구인지를 선택하게 합니다.

대뜸 끌려온 파리스는 무척 당황했겠어요.

사실 이 일은 파리스에게 저절로 굴러온 행운과 다름없었습니다. 세 여신은 파리스를 둘러싸고 듣는 것만으로 가슴 떨리는 제안을 쏟아내기 시작했거든요. 헤라는 최고의 부와 권력을, 아테나는 전쟁을 승리로 이끌 수 있는 지혜를, 아프로디테는 세상에서 가장 아름다운 여인을 안겨주겠노라 약속했죠. 물론 '황금사과의 주인으로 나를 선택한다면'이라는 전제하에 말이에요. 고심하던 파리스는 아프로디테에게 황금사과를 건넸습니다. 옆의 ②번이 그 장면이에요. 화려한 차림의 아프로디테가 보입니다. 맞은편의 파리스는 손에 쥔 황금사과를 아프로디테에게 내밀고 있군요.

그래서 파리스는 그 소원을 이루나요?

네. 시간이 흘러 자신이 트로이 왕의 아들이라는 출생의 비밀을 알게 된 파리스는 왕자가 됩니다. 그러던 어느 날 군대를 이끌고 전장에 나섰다가 우연히 헬레나와 마주쳐요. 순식간에 사랑에 빠진 파리스는 아프로디테의 도움으로 헬레나를 납치하죠.

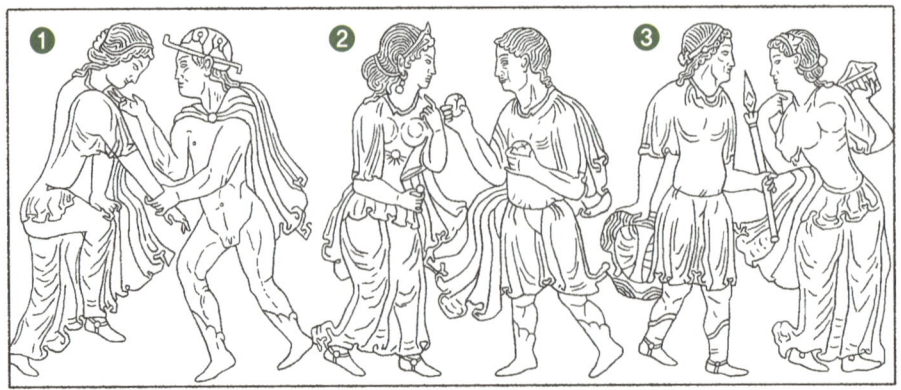

이현묘 금속기의 중앙 장식 일러스트

자크 루이 다비드, 사비니 여인들의 중재, 1799년, 루브르박물관
로마 건국 신화를 바탕으로 그린 그림이다. 로마 병사들이 사비니의 여인들을 납치하는 과정에서 싸움
을 중재하는 여인들의 용맹한 모습을 그렸다.

옆의 일러스트 ③번이 그 장면입니다. 한 손에는 창을, 또 한 손에는 방패를 든 왼쪽 남자가 파리스이고, 맞은편 여인이 헬레나예요. 굳이 파리스가 납치라는 극단적인 방법을 쓴 이유가 있었어요. 당시 헬레나는 스파르타의 왕비였거든요. 졸지에 아내를 잃은 스파르타의 왕 메넬라오스는 끓어오르는 분노를 참기 힘들었습니다. 서둘러 그리스 연합군을 꾸려 트로이로 진격했죠. 그렇게 시작된 트로이 전쟁은 10년간 이어지다 그리스 연합군의 승리로 막을 내려요. 결국 트로이는 멸망하고 헬레나는 남편과 재회하게 됩니다. ①번 일러스트를 보세요. 오른쪽의 메넬라오스가 헬레나의 팔목을 붙잡고 있습니다. 다른 손으로는 헬레나의 턱을 받쳐 들어 아내의 얼굴을 보려던 참이죠.

고작 세 장면에 이 모든 이야기가 담겨 있었네요.

트로이 전쟁 이야기는 그리스·로마 미술의 단골 모티프입니다. 그런데 이 이야기가 박트리아 금속기 표면에 중심 소재로 장식됐어요. 금속기에 표현된 인물들도 그리스나 로마 사람 같아 보입니다. 아래 그림 속 로마인들과 금속기에 표현된 인물들을 비교해보세요. 벌거벗은 채 투구를 쓰고 망토를 두른 남성이며 몸에서 차르륵 흘러내리는 옷을 입은 여인들까지 모습이 비슷해요. 물론 예외도 있습니다. 보통 그리스·로마인들은 발가락이 훤히 보이는 샌들을 신는데, 금속기의 인물들은 부츠를 신었어요.

정말 그러네요.

| 동서 융합으로 창조된 미술 |

이런 점만 봐도 이 금속기가 그리스·로마의 영향만 받은 건 아니라는 사실을 알 수 있습니다. 특히 그릇의 형태가 그렇죠. 5~7세기경 페르시아 사산 왕조에서 유행한 형태를 따랐거든요. 이 무렵 박트리아가 페르시아 사산 왕조의 지배를 받았다는 점을 생각하면 자연스러운 일이죠. 높은 굽, 세로로 긴 타원형 외관, 가는 목, 그릇의 주둥이가 새 부리처럼 뾰족한 점이 아래 왼쪽에 있는 페르시아 사산 왕조의 물병과 똑같아요. 중국 사람들은 이런 병을 가리켜 서역에서 온 항아리라는 의미로 호병(胡甁)이라 불렀습니다.

(왼쪽)금속기, 6~7세기, 이란 출토, 에르미타시박물관
(오른쪽)금속기, 5~6세기, 중국 이현묘 출토, 중국 국가박물관
5~7세기 페르시아 사산 왕조에서 유행한 금속기의 외형은 박트리아에서 생산된 금속기에도 반영되었다.

(왼쪽)손잡이를 장식한 에프탈인 두상 세부
(오른쪽)에프탈 은접시에 새겨진 에프탈인 두상 일러스트, 4~6세기, 예르미타시박물관
에프탈은 5세기 후반 중앙아시아에서 전성기를 누린 유목민족으로, 박트리아 지역을 근거지로 삼고 활약했다. 금속기의 손잡이를 장식한 에프탈인 두상은 당시 에프탈이 박트리아에 끼친 영향력을 보여준다.

장식만 다르지 형태는 쌍둥이 같네요.

또 하나 이 금속기에서 주목해야 할 점은 손잡이를 장식한 인물 두상입니다. 이 사람은 유목민족 에프탈인으로 추정돼요. 위의 오른쪽은 러시아 예르미타시박물관에 소장된 에프탈 금속기의 장식을 그림으로 옮긴 겁니다. 전체적인 이목구비와 둥근 모자를 쓴 모습이 박트리아 금속기의 인물 두상과 무척 닮았어요. 에프탈 역시 한때 박트리아를 점령한 유목민족이었습니다. 한마디로 이 금속기는 그리스, 페르시아, 에프탈 영향까지 두루 받은 거예요.

이런저런 문화가 다 뒤섞인 금속기군요.

병 곳곳을 장식한 연주문(連珠文)은 또 어떻고요. 연주문이란 구슬을 줄지어 연결한 듯한 모양의 장식 문양을 말합니다. 이 금속기는 병의 목 부분과 굽을 연주문으로 꾸몄어요. 옆에서 금속기의 굽을 보세요. 굽의 장식이 진주를 줄줄이 연결해 만든 목걸이처럼 보이지 않나요? 이런 모습의 연주문 장식은 페르시아나 중앙아시아에서 자주 사용한 것으로, 소그드 상인을 통해 중국을 포함한 여러 지역에 전파됐습니다.

연주문(부분)

단순한 장식 같은데 은근히 화려하네요.

이유가 있어요. 이제껏 살펴본 서방의 금속기들은 일반적인 중국 그릇에 비해 장식이 무척 입체적입니다. 문양 자체는 단순할지 몰라도 금속기를 장식한 요소들이 대부분 툭 튀어나와 있어 존재감이 남다르죠. 북조 도자기의 첩화 기법을 기억하나요? 틀을 사용해 찍어낸 문양을 도자기 표면에 다닥다닥 붙여 장식하는 방법이었잖아요. 북조 도자기의 첩화는 서방 금속기의 돌출된 장식에서 영감을 얻어 발전시킨 겁니다. 중국식 응용인 셈이죠. 오른쪽을 보세요. 우리가 앞에서 본 6세기 북조 도자기를 다시 가져왔습니다.

북조 도자기와 서방 금속기의 분위기가 정말 비슷해요.

❶ 청자 계수호, 570년, 중국 누예묘 출토, 산서성박물관
❷ 녹유 첩화병, 6~7세기, 메트로폴리탄미술관
❸ 청자 연화병, 6세기, 중국 하남성 출토, 중국 국가박물관
중국 북조에서는 호풍의 유행으로 서방 금속기의 기법을 적용한 도자기를 생산했다. 서방 금속기의 돌출된 장식은 중국에서 첩화문으로 발전해 북조 도자기의 특징이 된다.

기법만 서방 금속기의 영향을 받은 게 아닙니다. 문양도 이국적이에요. 위에서 ①번, ③번 도자기의 첩화문을 확대한 사진을 보세요. 잎사귀가 넓게 펼쳐진 듯한 모양이 팔메트 문양과 비슷해요. ②번 도자기에서 사람 얼굴을 둘러싼 원형 장식 역시 연주문이 분명합니다. 이처럼 6세기경 중국에서는 서방 금속기를 수입하는 데 그치지 않고 이국의 양식을 중국화하여 도자기를 생산했어요. 다음 페이지의 중국 도자기는 그 결정판이라고 할 수 있습니다.

도자기 전체가 첩화문이네요.

― 봉황 머리

― 연주문

― 팔메트

― 디오니소스

― 연꽃

청유 봉수용병호, 8~9세기, 북경 고궁박물원
봉황을 형상화한 당나라 그릇으로, 도자기 표면이 첩화문으로 가득하다. 중국 남방에서 제작됐지만 두껍게 바른 유약, 세로로 긴 외형, 장식 기법 등은 북방 도자기의 특징을 띠고 있다. 남방 기술로 완성한 북방식 청자의 대표적인 예다.

이 도자기는 8~9세기 당나라에서 만들었습니다. 당나라는 남북조 시대에 불어닥친 호풍이 절정에 달한 시기였어요. 그 영향으로 이 도자기에는 앞에서 살펴본 이국적인 장식과 모티프들이 고스란히 표현됐습니다.

우선 길고 늘씬한 형태가 호병과 똑같아요. 도자기 곳곳을 연주문과 팔메트로 장식한 점도 그렇죠. 도자기 한가운데에는 그리스 신화에 나오는 술의 신 디오니소스가 표현돼 있습니다. 연꽃으로 꾸민 맨 아랫부분에서는 불교의 영향도 느껴져요.

이국적인 요소가 종합 선물 세트처럼 다 들어가 있네요.

손잡이의 형태도 특이합니다. 마치 용이 앞다리로 도자기의 몸통을 붙잡고 병 안의 내용물을 들여다보는 것처럼 표현했어요. 반면 항아리 윗부분은 봉황 머리로 장식했습니다. 이렇게 손잡이와 그릇의 형태를 동물 모양으로 꾸미는 기법은 페르시아 그릇에서 자주 나타납니다. 무엇보다 놀라운 것은 이 도자기의 생산지예요. 남방 청자를 대표하는 가마인 월주요에서 만들었거든요.

당연히 북방 도자기인 줄 알았어요!

당나라 때는 중국 남방에서도 이런 이국적인 도자기를 만들었어요. 강력한 호풍이 북방을 넘어 남방까지 휩쓴 겁니다. 이 도자기는 남방 기술로 만든 북방식 청자인 셈이에요.

| 화려함은 소그드로부터 |

이국적인 공예품은 중국 내륙뿐 아니라 지금의 신장위구르, 즉 서역에서도 발견됐습니다. 오른쪽 항아리는 6세기에 제작된 것으로, 높이가 15센티미터쯤 되는 단지입니다. 뚜껑에는 잎이 부채꼴 모양으로 펼쳐진 팔메트 문양이 장식돼 있고, 아래쪽 굽에는 작은 구슬이 일렬로 박혀있어요. 굽에 그림자가 져서 잘 안 보이지만요.

이것도 연주문인가요?

그렇습니다. 여기서 가장 눈에 띄는 건 단지 몸통을 빙 두르고 있는 보석들이에요. 얇은 금판으로 둥근 테두리를 만들고 그 안에 보석을 상감했습니다. 붉은색과 황금색의 강렬한 대비가 그릇에 생기를 주죠. 이 그릇은 화려한 생김새로 보아 귀족들이 부를 과시하기 위해 소장했던 사치품이 분명해요.

그릇이 너무 예뻐서 탐이 나네요.

6세기 그릇인데 오늘 백화점에서 샀다고 해도 믿을 거 같아요. 페이지를 넘기면 같은 고분에서 출토된 또다른 그릇을 볼 수 있습니다. 금빛 외관에 붉은 보석을 상감한 점이 황금단지와 흡사해요.

그런데 모양이 좀 이상하네요. 일부러 이렇게 만든 건가요?

황금단지, 5~7세기, 중국 신장위구르 출토
금판을 다듬어 모양을 만들고 그 안에 붉은 보석을 상감한 황금단지다. 뚜껑 부분은 팔메트로 장식해 이국적인 분위기를 더했다.

아마도 컵 위에 뭔가 무거운 게 떨어지면서 형태가 우그러진 모양입니다. 마치 캔을 분리수거 하기 직전에 힘껏 찌그러뜨린 것 같지 않나요? 본래는 우리가 흔히 쓰는, 가운데가 넓고 받침은 좁은 잔이었겠죠. 컵 오른쪽에 있는 손잡이도 눈여겨볼 부분입니다. 호랑이 모양의 손잡이지요.

호랑이치고는 너무 앙상해 보여요.

며칠을 굶어 빼빼 마른 호랑이 같긴 합니다. 그러나 몸에 줄무늬가 있는 걸로 보아 호랑이가 틀림없어요. 아마도 호랑이 모양으로 손잡이를 만들려다보니 몸통이 지나치게 가늘어진 듯합니다.

황금컵, 5~7세기, 중국 신장위구르 출토
황금단지와 같은 고분에서 출토된 황금컵이다. 컵 전체를 격자무늬로 장식하고 30개의 홍옥수를 박아 넣어 완성했다.

그렇다 해도 이 정도로 손잡이를 가늘게 만들 필요가 있었을까 싶죠. 이 술잔을 사용한 사람은 주로 남자였을 텐데 손가락이 굵은 남자들은 이 컵을 잡기가 더 어려웠을 겁니다. 따라서 손잡이를 굳이 이런 모습으로 제작한 것 자체가 장인의 의도라고 봐야 해요. 실용성보다는 미적 가치에 더 무게를 두고 컵을 만든 겁니다. 500밀리리터 맥주잔을 떠올려보세요. 손잡이가 굵으면 컵이 투박해 보일 수밖에 없습니다.

그러네요. 지금보다 손잡이가 굵으면 안 예뻤겠어요.

이 잔은 확실히 아름다움을 우선시해 만들었습니다. 컵 전체를 장식한 타원형의 붉은색 보석을 봐도 알 수 있죠. 이 보석은 홍옥수라는 돌이에요. 영어로는 커넬리언(carnelian)이라고 하죠. 오늘날은 홍옥수를 다이아몬드나 루비 같은 보석으로 치지 않지만 이때는 홍옥수의 반짝거리는 붉은색을 특별하게 여겼습니다. 우리나라 삼국시대 무덤에서도 홍옥수 장신구가 많이 나왔어요. 옆은 백제 무덤에서 발견된 홍옥수 목걸이입니다.

목걸이, 백제, 국립중앙박물관
삼국시대에는 금속제 장신구가 많날했나. 유리를 비롯해 홍옥수, 마노, 수정 같은 천연석을 가공한 장신구가 인기를 끌었다.

실크로드의 트렌드 세터

격자무늬 안에 상감된 홍옥수 장식(부분)
중국에서는 보통 기룡문, 뇌문 같은 구불구불한 문양을 장식으로 사용했다. 황금컵의 이 격자무늬는 중국 전통 문양과는 거리가 먼 이국적인 요소다.

더욱이 이 그릇은 홍옥수를 그냥 장식한 게 아니라 그릇 전체에 격자무늬를 새기고 그 안에 바둑돌을 올리듯 마름모꼴 하나하나에 홍옥수를 상감했습니다. 그런데 금속에 보석을 상감하거나 반듯한 격자무늬를 장식으로 활용하는 건 중국 사람들의 방식이 아니에요. 금속공예가 발달한 페르시아 사산 왕조 미술에서 활발히 사용한 기법이었죠.

페르시아에서 금속공예가 유달리 발달한 이유가 있나요?

페르시아 지역은 영토의 많은 부분이 광대한 사막으로 이루어진 데다 자연환경이 척박했습니다. 정원 하나 가꾸기 힘든 여건 탓에 일찍이 페르시아 사람들은 눈에 띄는 화려한 미술을 선호했어요. 자연스럽고 단순한 미술품 대신에 호화롭게 치장한 금속공예품을 많이 만들었죠. 그 결과 보석을 박아 아름답게 꾸민 장식들은 어느덧 페르시아 미술의 상징처럼 여겨졌습니다. 이를 페르시아풍이라 부르는 사람도 늘어났고요.

그럼 이 그릇들은 페르시아에서 온 거겠네요.

그럴 수도 있고 그렇지 않을 수도 있습니다. 보석을 상감하는 기법은 사실 페르시아 미술의 전유물이 아니에요. 페르시아와 더불어 중앙아시아 미술에서도 널리 쓰인 방법이었습니다. 중세 기독교 미술에서도 등장하고요.

페르시아 미술을 대표하는 연주문도 마찬가지입니다. 과거에는 연주문을 당연히 페르시아 미술에서 기원한 것으로 봤지만 최근에는 그렇지 않다는 주장도 많습니다. 연주문의 기원이 정확하지 않다는 거죠. 분명한 건 연주문을 활용해 물건을 만들고 주변에 퍼뜨린 사람들이 소그드인이었다는 사실이에요. 연주문은 소그드 미술에 빠지지 않고 등장하는 장식입니다.

연주문이 소그드 사람들의 취향에 딱 맞았나봐요.

굉장히 선호했죠. 다음 페이지는 소그드인들의 땅에서 발견된 아프리시압 궁전 벽화의 일부분이에요. 사람들이 입은 옷을 보세요. 옷에 빼곡히 장식된 문양은 대부분 연주문입니다. 소그드인들은 연주

연주문 장식이 있는 옷을 입은 사람들, 7세기, 아프라시압 궁전, 우즈베키스탄 사마르칸트

문을 페르시아 사람들보다 훨씬 다양한 곳에 사용했어요. 이 같은 소그드인들의 취향은 중국에 그대로 전해져 북조 도자기에 영향을 주었습니다. 심지어 연주문은 북제의 서현수묘 벽화에서도 발견돼요. 옆 페이지 왼쪽 그림이 벽화의 일부분입니다. 여인이 입고 있는 옷을 보세요. 허리를 두른 끈에 연주문이 표현돼 있어요. 바로 옆에 있는 7~8세기경 당나라 비단신에서도 연주문과 비슷한 장식을 찾을 수 있습니다. 연주문이 되게끔 비단을 짠 거죠.

이 정도면 연주문은 소그드 미술이라고 해도 되겠어요.

(왼쪽)연주문이 있는 옷을 입은 여인, 6세기, 서현수묘, 중국 산서성 태원
(오른쪽)비단신, 7~9세기, 중국 실크박물관
연주문이 수놓인 이국적인 문양의 직물은 중앙아시아부터 서역, 중국 하서회랑까지 드넓은 지역에 걸쳐 발굴된다.

그런 의미에서 3~8세기 실크로드를 누볐던 소그드 상인들이 동서양으로 퍼뜨린 다종다양한 미술을 소그드 미술이라 부를 수 있을 거예요. 그러나 여전히 많은 사람이 연주문이나 상감 기법 등을 페르시아 미술로 간단히 정의해버리곤 합니다. 페르시아가 오랜 세월 드넓은 땅을 지배한 강력한 나라였기 때문이죠.

소그드인 입장에서는 억울한 일이겠네요.

물론 소그드인들이 특정 시기에 페르시아의 통치 아래 있었던 건 사실입니다. 페르시아 미술이 소그드인에게 큰 영향을 끼쳤다는 것도 맞는 말이고요. 하지만 소그드인들은 그와 별개로 자신들의 문화와 미술을 창조한 사람들이었어요. 심지어 소그드인 고유의 문자와 언어도 있었는 걸요. 그럼에도 중앙아시아의 소그드 미술은 오랫동안 페르시아 미술의 하위 범주로 취급돼 제대로 조명받지 못했습니다. 최근에 중앙아시아와 신장위구르 일대의 고고학적 발굴이 활발해지면서 소그드 미술이 페르시아의 부속 문화가 아니라는 사실이 밝혀졌어요. 이후 막연히 페르시아 미술이라 부르던 몇몇 미술 양식을 최근에는 소그드 미술이라 바꿔 부르는 추세입니다.

그건 긍정적인 변화 같아요.

사실 중국과 페르시아는 서로 부딪힌 적 없는 두 개의 강성한 나라였습니다. 그런데 어떻게 중국을 포함한 이토록 다양한 곳에서 페르시아풍의 미술을 볼 수 있는 걸까요? 그 중심에는 동서양 사이에서 다리 역할을 한 소그드인들이 있었습니다. 소그드인들의 역할을 빼놓고 이 현상을 설명하기란 힘든 일이죠. 하지만 소그드인들을 그저 동서양의 문물을 전파한 전달자로만 보아선 안 됩니다. 이들은 실크로드를 통해 자신들의 문화와 취향을 전 세계에 퍼트린 문화 주체였어요. 드넓은 지역에 영향력을 행사한 소그드 미술을 오늘날 우리가 주목해야 하는 이유입니다. 한때 실크로드를 주름잡았고 동서양 미술 양쪽에 두루 영향을 끼친 소그드인들은 과연 어떤 사람들이었을까요? 이들의 고향 소그디아나로 발길을 돌려 그 흔적을 따라가봅시다.

| 필기 노트 | 01. 실크로드의 트렌드 세터

중앙아시아 이란계 민족이었던 소그드 상인들은 중국에 서방 문화를 전파한 주인공이다. 이들을 통해 전해진 서방의 금속기는 선풍적인 인기를 끌며 과거와 전혀 다른 미의식을 중국에 퍼뜨린다.

- 서방 문물의 유입
  - **소그드 상인** 실크로드를 통해 중국에 서방 문물을 전파한 주역. 중앙아시아와 중국을 오가며 활동함.
  - **서방 금속기 열풍** 북조 귀족들 사이에서 외래문물이 유행하자 서방 금속기가 사치품으로 각광받기 시작.
  - ⋯▸ 헬레니즘과 페르시아 미술이 중국에 직접적인 영향을 미치는 계기가 됨.
  - 참고 헬레니즘은 그리스 후기 문화로 기원전 4세기경 알렉산더 대왕의 동방 원정을 통해 아시아로 전파됨.

- 박트리아 금속기
  - **박트리아** 중앙아시아에 위치한 박트리아는 알렉산더가 점령한 마케도니아 제국의 동쪽 끝 영토였음. 헬레니즘 문화가 동방에 전해지는 최전선.
  - **포도동자문 고배** 박트리아에서 제작된 금속기로, 중국 귀족 무덤에서 출토. 그리스 신화에 등장하는 술의 신 디오니소스를 모티프로 컵을 장식함.
  - **이현묘 금속기** 북주의 장군 이현묘에서 출토. 트로이 전쟁 이야기로 금속기를 꾸밈. 그릇 모양은 당시 페르시아에서 유행한 금속기의 형태를 따랐음.

- 화려함으로 승부하다
  - **누예묘 청자** 북조 도자기는 서방 금속기에 영향받아 이국적인 모습을 띰. 서방 금속기에서 볼 수 있는 이국적인 주제와 문양, 장식 기법 등을 적용해 도자기를 생산.
  - **청유 봉수용병호** 중국 남방 기술로 만든 북방식 청자.

- 문화의 전달자 유행의 창조자
  - **소그드 미술** 소그드인들이 실크로드를 통해 동서양으로 퍼뜨린 다종다양한 미술. 과거에는 막연히 페르시아 미술이라 불렀으나 최근에는 소그드 미술이라고 부르는 추세.
  - **유행의 선두주자** 소그드 상인들은 단순한 문화의 전달자가 아니라 실크로드를 통해 자신들의 미적 취향을 곳곳에 퍼뜨린 문화 주체였음.

진리는 강하고 불멸하며,
그 길을 따르는 자는 축복을 받으리라.

− 「아베스타」

02

불을 숭배하는 사람들

#아프라시압 궁전 #납골기 #조로아스터교 #나나

우리 생각에 좀 먼 곳이지만 우즈베키스탄에 고구려 사신이 그려진 벽화가 있다는 걸 아나요?

처음 들어봐요. 그게 정말인가요?

네. 1965년 우즈베키스탄 사마르칸트에서 7세기 소그드 벽화가 발굴됐어요. 아프라시압 궁전터에서 발견된 이 벽화는 당시 소그드 지역을 다스린 바르후만 왕과 관련된 그림이었습니다. 그중 바르후만 왕의 즉위식을 묘사한 서쪽 벽화에 고구려 사신으로 보이는 인물들이 등장해 화제가 됐죠. 다음 페이지에서 서쪽 벽화의 일부분을 볼 수 있습니다.

고구려인들이 어디 있다는 건가요? 다 비슷해 보이는데요.

사신들(부분), 7세기, 아프라시압 궁전, 우즈베키스탄 사마르칸트
아프라시압 궁전은 30여 개의 방으로 이루어진 유적으로 오늘날에는 황량한 터만 남아 있다. 이곳에서 발견된 벽화는 7세기 중엽 번영을 이룬 소그디아나의 모습을 담은 것으로, 특히 아프라시압 궁전 서쪽 벽에 그려진 사신들 중 고구려인으로 추정되는 인물들이 있어 화제가 됐다.

왼쪽 그림에서 박스로 표시한 두 사람이 고구려 사신으로 추정됩니다. 이들이 머리에 쓴 관모가 고구려인이 착용한 조우관(鳥羽冠)과 비슷하거든요. 벽화 바로 아래 일러스트에서 세부를 더 자세히 살필 수 있습니다. 조우관은 새 조(鳥) 자에 깃 우(羽) 자를 써서 새의 깃털로 장식한 관모를 말해요. 실제로 중국 문헌에는 고구려인들이 관모에 새의 깃털을 꽂아 신분을 구별했다는 이야기가 나옵니다. 아래는 고구려 쌍영총 고분에서 발견된 벽화 파편이에요. 조우관을 쓴 사람이 말을 탄 모습이죠.

정말 비슷하네요. 고구려 사신들이 정말 바르후만 왕의 즉위식에 참가한 걸까요?

조우관을 쓴 고구려인 벽화 파편, 5세기, 쌍영총 고분 출토, 평안남도 용강군
조우관은 삼국시대 우리나라에서 썼던 관모이다. 중국 문헌에는 고구려 사람들이 조우관을 썼다는 기록이 있어 당시 조우관이 고구려인의 특징으로 인식되었음을 알려준다. 실제로는 고구려인뿐 아니라 신라, 백제 사람들도 조우관을 착용했다.

서로 인접해 있던 소그디아나와 박트리아
중앙아시아에 위치한 두 지역은 오랜 시간 강대국의 침략을 받았다는 공통점이 있다. 박트리아가 비옥한 땅을 바탕으로 농업 중심의 경제구조를 이뤘다면, 교역의 요충지에 있었던 소그디아나는 실크로드 교역으로 번영을 누렸다.

고구려인이 사마르칸트까지 가는 건 쉽지 않았을 겁니다. 두 지역 간의 거리는 6,000킬로미터에 육박하니까요. 이 정도면 경부 고속도로로 서울에서 부산을 일곱 번 왕복하는 것과 맞먹는 거리예요. 위 지도를 보세요. 사마르칸트는 먼 옛날 소그디아나에 속한 도시였습니다. 소그디아나는 소그드인들이 살았던 곳을 말해요.

박트리아 바로 위에 소그디아나가 있네요?

네. 두 지역은 이웃사촌처럼 꼭 붙어 있었습니다. 이렇게 보면 소그디아나가 무척 멀다는 게 새삼 실감 나죠. 그러나 당시 고구려는 실크로드 초원길을 통해 중앙아시아와 교류하고 있었어요. 그 증거가

5세기 초 고구려 무덤에 남아 있습니다. 아래 왼쪽은 고구려 각저총에서 발견된 씨름도입니다. 둘 중에 왼쪽 사람은 부리부리한 눈에 큰 코를 가진 이방인이에요. 중앙아시아에서 온 소그드인과 외모가 비슷하죠. 바로 옆에 있는 북제 석곽의 소그드인과 비교해보세요.

높은 매부리코가 특히 닮았어요.

고구려 고분 벽화에는 이런 생김새를 가진 사람들이 여러 차례 등장합니다. 이 무렵 소그드인들이 고구려에 드나들었다고 추측하는 이유죠. 우리나라에 전해진 서역 문물 또한 소그드인의 흔적일 가능성이 큽니다. 다시 말해 소그드인이 고구려까지 왔다면 고구려인이 사마르칸트에 가지 못할 이유가 없어요.

(왼쪽)씨름도, 5세기, 각저총 고분, 중국 길림성
(오른쪽)북제 석곽 일러스트, 6세기, 중국 산둥성
서구적인 이목구비를 가진 소그드인들은 중국과 우리나라 무덤 벽화에서도 발견된다. 중앙아시아부터 한반도에 이르기까지 당시 소그드인들의 활동 범위가 얼마나 넓었는지 알 수 있다.

| 그림의 위엄을 담아 |

그럼 사마르칸트에 있는 벽화는 고구려인이 맞겠네요!

고구려인처럼 보이는 건 사실입니다. 하지만 명확한 증거는 없어요. 설령 고구려인을 그린 게 맞다고 해도 이들이 실제로 소그디아나를 방문했는지는 알 수 없는 일이고요.
더욱이 아프라시압 궁전 벽화는 당시 소그디아나의 왕이었던 바르후만왕의 권위를 드러내려고 그린 그림입니다. 이 그림을 통해 '나, 바르후만 왕에게 각국의 사신들이 머리를 조아리며 조공을 바쳤다!'라고 떵떵 소리치고 싶었던 거죠. 사실 이보다 훨씬 이른 기원전 6~4세기에 페르시아에서는 이미 비슷한 조각을 제작했습니다.

조공 행렬도(부분), 기원전 6세기, 페르세폴리스 아파다나 궁전
고대 페르시아 아케메네스 왕조 때 조성된 건축물이다. 72개의 기둥이 떠받치고 있는 300평가량 크기의 건축물로, 다리우스 1세에게 조공을 바치는 사신들의 모습을 부조로 새겼다.

기원전에 벌써요?

네. 조공도의 전통이 아주 길지요? 위는 페르세폴리스 아파다나 궁전에 새겨진 조공 행렬도예요. 여러 나라의 사신들이 왕에게 조공을 바치는 모습입니다. 사진만 보면 실감이 나지 않겠지만 이 부조는 아파나다 궁전 외벽에 대규모로 조각돼 있어요. 실제로 이 장면을 마주한다면 왕의 위엄이 피부로 느껴지겠죠. 이처럼 조공 행렬도는 미술에서 왕의 권위를 드러내기 위해 자주 사용하는 주제였습니다. 소그드 벽화의 조공 행렬도도 다르지 않아요.

소그드 벽화가 사실이 아닌 희망 사항을 그렸다는 건가요?

불을 숭배하는 사람들   431

그런 주장도 많습니다. 아프라시압 궁전 벽화는 소그디아나를 방문한 진짜 고구려인을 그린 게 아니라 중국 등지에서 전해진 고구려인의 모습을 모방해 그렸다는 거죠. 그도 그럴 게 이 그림이 그려진 7세기는 정치적 혼란으로 고구려의 운명이 풍전등화 같던 시기였어요. 다른 나라에 사신을 보내는 게 가능한지 의문이 들 만큼 세력이 기울어 있었습니다. 그래서 아프라시압 궁전 벽화의 사신들이 고구려인이 아니라 신라인 혹은 발해인이라는 설도 있죠.

아직은 뭐 하나 분명한 게 없는 거네요.

그래도 중앙아시아에 우리나라 사람으로 추정되는 인물을 그린 벽화가 있다는 건 놀라운 일입니다. 게다가 이 벽화에는 당시 소그드

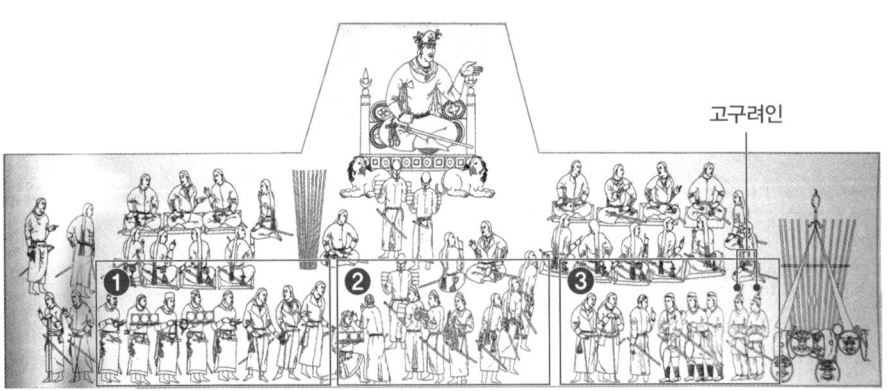

아프라시압 궁전 서쪽 벽화 일러스트
벽화에 남아 있는 명문에 따르면 이 그림은 각국의 사신들이 바르후만 왕에게 조공을 바치는 모습을 표현한 것으로 보인다. 차가니안(사마르칸트 남부의 소국), 중국, 티베트, 고구려 등지에서 온 사절단이 조공을 바치는 중이며 그 주변에는 왕의 가신들이 있다.

아프라시압 궁전 서쪽 벽화 일러스트

인들의 삶을 짐작해볼 수 있는 단서가 많아요. 왼쪽은 서쪽 벽화를 옮긴 일러스트입니다. 이 벽화는 바르후만 왕과 왕을 따르는 신하들, 그리고 외국인 사절단으로 구성돼 있어요. 고구려 사신은 오른쪽 맨 끝 ③번에 위치합니다.

위에서 ①, ②번을 확대한 그림을 보세요. 사절단 대다수는 왕에게 바칠 물건을 손에 들고 있어요. 곳곳에 배치된 신하들이 각국의 사신들을 맞이하는 중입니다.

사절단이 들고 있는 물건들도 다 달라요.

어느 나라 사람이냐에 따라 복장이나 생김새에서도 차이가 나요. 특히 왕의 신하들은 모두 긴 머리카락을 뒤로 묶어 여러 가닥으로 땋아 내린 모습입니다. 이런 머리 모양을 변발이라고 하는데 변발은 북방 유목민들의 오랜 풍속이었어요. 말을 타고 초원을 누비던 유목민들은 머리카락이 바람에 날려 걸리적대는 것을 막기 위해 머리칼을 가닥가닥 땋아 정리했거든요.

소그드인들 사이에서 유목민 스타일이 유행했나봐요.

놀랍게도 이 사람들은 소그드인이 아닌 돌궐인입니다. 6~8세기의 소그디아나는 한참 세력을 떨치던 돌궐제국의 지배를 받았어요. 이들이 돌궐인이라는 것을 확인할 수 있는 증거가 오른쪽 아래에 있습니다. 이 조각은 중국에서 출토된 7세기 돌궐인 석상이에요. 칼라가 넓게 펼쳐진 옷은 물론이고 머리카락을 3~5가닥으로 땋아 뒤로 늘어뜨린 모습이 아프라시압 궁전 벽화의 신하들과 똑같습니다.

돌궐인도 몽골 초원에서 온 유목민인가요?

돌궐은 튀르크 계통의 유목민족입니다. 튀르크인은 기원전부터 몽골 초원 서쪽 알타이산맥에서 유목 생활을 했어요. 몽골 초원의 여느 유목 부족과 달리 튀르크어를 사용한다는 특징이 있었죠.

(위)아프라시압 궁전 벽화 일러스트(부분)
(아래)돌궐인 석상, 649년, 중국 섬서성 소릉(昭陵) 출토
머리카락을 3~5가닥으로 땋아 등 뒤로 길게 늘어뜨린 머리 모양은 당시 돌궐인들의 일반적인 모습이었다. 통이 좁은 소매, 허리에 두른 가는 띠는 활동하기 편한 유목민의 복식을 보여준다.

불을 숭배하는 사람들

| 악어와 악어새의 공존 |

545년에 세워진 돌궐제국은 552년 몽골 초원의 또다른 유목제국 유연을 무찔러 동북아시아 초원의 최강자로 우뚝 섭니다. 567년에는 페르시아 사산 왕조와 손잡고 당시 가장 강력한 유목제국이었던 에프탈까지 멸망시켜요.

아래 지도가 6세기 후반 돌궐제국의 영토입니다. 당시 돌궐은 알타이산맥을 기준으로 서돌궐, 동돌궐로 나뉘어 있었어요. 돌궐의 선대 왕이 드넓은 영토를 쪼개 두 아들에게 물려줬거든요. 이때까지만 해도 서돌궐과 동돌궐은 하나의 나라처럼 사이가 좋았습니다.

돌궐제국의 최대 영토
6~7세기 중앙아시아의 패권을 거머쥔 돌궐은 흑해에서 중국 동북부에 이르는 광범위한 지역을 점령했다. 제2의 흉노라 불릴 만큼 번성했으나 7세기 중반 중국 당나라에 세력을 모두 빼앗긴 뒤 8세기경에는 위구르족에게 패해 완전히 멸망한다.

유목제국이 이렇게 넓은 땅을 차지한 건 처음 봐요.

제2의 흉노라고 해도 과언이 아니죠. 돌궐이 중앙아시아 패권을 거머쥐며 이토록 강력해질 수 있었던 배경에는 실크로드가 있었습니다. 실크로드의 주요 지역을 다스렸던 에프탈을 꺾은 게 신의 한 수였죠. 그중 타클라마칸 사막의 오아시스 도시들과 소그디아나를 손에 넣은 일이 결정적이었어요.

소그디아나도 중요한 땅이었나보군요.

왼쪽 지도에서 사마르칸트가 어디에 위치해 있는지 보세요. 실크로드가 지나는 곳에 자리합니다. 그것도 실크로드가 유럽과 중국으로 이어지는 딱 중간 지점에 말이에요. 이로 인해 소그디아나는 일찍부터 교역의 중심지가 됐습니다. 전 세계 상인들이 몰려들며 저절로 돈이 굴러드는 땅으로 성장했죠. 유목민족은 물론이고 주변의 난다 긴다 하는 나라들 모두 소그디아나를 탐냈습니다.

교역의 요충지에 있다는 게 꼭 좋은 것만은 아니네요.

양날의 검인 셈이죠. 시도 때도 없이 공격을 일삼는 나라들에 맞서 소그드인들은 나름의 생존 전략을 펼쳤어요. 그건 바로 강대국의 지배를 자발적으로 받아들이는 거였습니다. 돌궐과의 관계도 마찬가지였어요. 소그드 사람들은 돌궐의 침략에 맞서는 대신에 오히려 돌궐에 스스로 예속되는 길을 택합니다.

자존심이 있지 어떻게 예속되는 게 생존 전략이 되나요?

생각하기 나름입니다. 자발적인 복속은 의외로 현명한 선택이 될 수 있었어요. 무력으로 맞서는 대신 돌궐에 적극적으로 협력한 덕에 소그디아나는 돌궐의 지배 아래에서도 독립을 유지할 수 있었습니다. 심지어 돌궐의 지배를 받았던 6~7세기는 소그디아나가 가장 풍요로웠던 시기였어요. 강대국과의 공생관계를 통해 무력 충돌 없이 번영을 누린 겁니다.

공생관계라는 게 정확히 어떤 거였나요?

이 무렵 소그드인들은 실크로드를 통해 벌어들이는 수익의 일부를 자진해서 돌궐에 바쳤습니다. 그뿐 아니라 화려한 황금컵들, 보석이 잔뜩 박힌 술잔 등 사치품도 열심히 갖다 날랐죠.
그 대신 돌궐은 소그드인들의 안전을 지켜줬습니다. 소그디아나의 성벽을 보호하고 실크로드 곳곳에서 출몰하는 도적떼를 소탕해 소그드 상인들이 마음 놓고 장사를 할 수 있게 도왔어요. 쉽게 말해 소그드인들은 이 구역에서 제일 센 형님에게 복종하고 그 밑에서 보호를 받은 겁니다.

듣고 보니 밑지는 장사는 아니었군요.

강도와 마주친 소그드인들, 8세기, 막고굴 제45굴, 중국 감숙성 돈황
당나라 때의 그림이다. 소그드 상인 무리가 도적 떼의 습격을 받는 모습을 그렸다. 긴 칼을 든 도적들의 위협적인 태도와 그 앞에서 겁먹은 듯 몸을 웅크리고 있는 소그드인들의 모습이 대비된다.

서로 원원하는 관계였던 거죠. 뼛속까지 상인의 자질을 타고난 소그드인들은 손익계산이 빨랐습니다. 강대국의 지배를 받으면서도 강대국이 가진 힘을 자신들에게 유리하게 사용할 줄 알았어요.

소그드인들은 이 구역 큰형님에게 명목상의 감투는 다 떠넘긴 채 자신들은 돈 버는 일에만 열중했습니다. 그 결과 소그디아나의 정치와 군사는 돌궐인이, 경제는 소그드인이 담당하게 됐죠. 아프라시압 궁전 벽화에서 왕을 호위하는 사람 대다수가 돌궐인이라는 점은 우연이 아닙니다.

그래도 그렇지, 정치와 군사 실권을 군말 없이 넘기다니 놀랍네요. 들고일어나도 이상하지 않을 거 같은데요.

레기스탄 광장, 우즈베키스탄 사마르칸트
사마르칸트는 우즈베키스탄에서 두 번째로 큰 도시로, 수도 타슈켄트와 더불어 관광지로 유명하다. 사진 속 풍경은 사마르칸트의 대표 명소인 레기스탄 광장이다. 이곳에는 15~17세기에 조성된 3개의 마드라사가 있는데, 마드라사는 당시 수학이나 천문학을 가르치던 중동 최고의 교육기관이었다.

| 작은 도시국가의 연합 |

소그드인들은 '여긴 내 나라, 저긴 네 나라!' 하며 편을 갈라 싸우는 사람들이 아니었습니다. 오히려 그런 일에는 심드렁했어요. 소그디아나는 엄밀히 말해 나라가 아니었기 때문입니다.

나라가 아니라뇨?

나라라고 하면 일정한 영토와 사람들로, 그리고 단일한 통치 조직

을 갖춘 사회집단을 말합니다. 그러나 소그디아나는 하나의 통일된 정부를 갖고 있지 않았어요. 독립된 도시국가들로 이루어진 연합체였죠. 이 도시국가들이 모여 있던 지역의 이름이 소그디아나였습니다.

소그디아나가 나라 이름이 아니라 지역 이름이었군요.

여기서 중요한 건 소그디아나의 도시국가들이 각각 독립적으로 존재했다는 겁니다. 도시국가들은 저마다 왕도 따로 있고, 자체적인 행정제도와 군대를 갖추고 있었어요. 그래서 중국 정부는 소그드인들이 소그디아나의 어떤 도시에서 왔느냐에 따라 그들의 성씨를 달리 불러 출신지를 구분했습니다. 강(康), 사(史), 안(安), 조(曹), 석(石),

미(米), 하(何), 화심(火尋), 무지(戊地)가 그 성씨들이죠. 중국에서 이를 통칭하는 말이 소무구성(昭武九姓)이에요. 소무는 기련산 소무성이라는 지역 이름에서 나왔습니다. 소그디아나의 9개 도시국가의 왕들이 모두 소무를 성으로 삼았기에 소무구성이라 불렀죠.

소그디아나의 도시국가가 9개였나봐요.

정확한 사실은 알 수 없지만 적어도 중국에서는 그렇게 여겼습니다. 그중에서 가장 크고 번성한 도시가 강(康)이었어요. 강이 바로 사마르칸트입니다. 사마르칸트는 중국에서 강국 또는 강거국으로 불렸는데, 중국 문헌에는 당나라가 650년에서 658년 사이에 바르후만을 강거 도독으로 삼았다는 기록도 나옵니다. 도독이란 관직 중 하나로, 특정 지역의 통치자를 가리킵니다. 시장이나 도지사 같은 거죠. 다시 말해 아프라시압 궁전 벽화 속 바르후만은 소그디아나의 도시국가 중 하나인 사마르칸트의 왕이었던 겁니다.

바르후만이 소그디아나 전체를 다스린 게 아니군요.

그렇습니다. 소그디아나의 대표적인 도시국가로는 사마르칸트 외에 판지켄트와 부하라가 있었어요. 판지켄트는 미국(米國), 부하라는 안국(安國)으로 불렸죠. 이 도시들의 공통점은 모두 오아시스 도시라는 점입니다. 옆의 지도를 보세요. 소그디아나는 아무다리야강과 시르다리야강 사이에 있는 지역입니다. 예부터 이곳은 파미르고

소그디아나의 오아시스 도시들
오아시스 도시들로 이루어진 소그디아나는 파미르고원에서 아랄해로 흘러드는 아무다리야강과 시무다리야강 사이에 위치했다. 현재 이 지역은 대부분 우즈베키스탄 영토다.

원을 거쳐 아랄해로 흘러드는 두 강 덕분에 물이 풍부하고 땅도 비옥한 오아시스 도시들이 몰려 있었어요. 게다가 이 도시들은 따로 관개시설까지 갖추고 있어 농사를 짓는 데 큰 어려움이 없었습니다. 쌀, 보리 같은 작물은 물론이고 사과, 포도, 복숭아 등의 과일도 재배했죠. 소그디아나의 오아시스 도시들은 다른 나라 사람들이 낙원이라고 부를 만큼 아름다웠답니다.

사막이라고 해서 농사는 꿈도 못 꿀 줄 알았는데 의외네요. 도시국가들이 영토는 작아도 풍요로왔나봐요.

우즈베키스탄의 도시 사마르칸트와 샤흐리삽스 사이에 있는 아름다운 풍경

물론 마냥 좋기만 한 건 아니었습니다. 도시 바깥은 황량한 사막지대였으니까요. 시간이 흐를수록 인구는 늘어나는데 작은 오아시스 도시들의 연합체였던 소그디아나는 이를 감당할 자원이 부족했어요. 그 결과 소그드 사람들은 일찍부터 국제 교역에 눈떴습니다. 소그디아나가 교역에 의존하는 경제구조를 갖게 된 배경이죠. 지척에 있던 박트리아가 비옥한 영토를 바탕으로 농업 중심의 경제를 이룬 것과는 달랐어요. 소그디아나는 실크로드 길목에 위치한다는 이점을 최대한 살려 교역으로 번영을 누렸습니다. 소그드인들에게 상인이 되는 건 가장 현실적인 대안이었어요.

그렇게 해서 실크로드의 소그드 상인이 탄생한 거군요.

상업에 종사하는 소그드인들이 증가하자 이들은 점차 자신들만의 상인 시스템을 만들어갔습니다. 그중 하나가 자식들까지 상인으로 길러내는 거였어요. 상인으로 성공하는 비결을 자녀가 아주 어릴 때부터 가르친 거죠. 그 덕에 어려서 일찍 글을 깨친 소그드인들은 외국어와 산수에도 능통했습니다. 게다가 이들은 걸어 다니는 은행이기도 했어요. 대금 결제는 물론이고 신용을 보증하는 역할까지 도맡았으니까요.

실크로드에서 소그드인들에 대한 신뢰가 상당했나봐요.

맞습니다. 이게 바로 조기교육의 성과죠. 심지어 소그드 사회에서는 갓 태어난 아기에게 입에는 꿀을 바르고, 손에는 아교를 쥐여주는 전통이 있었다고 해요. 아기가 자라 상인이 되면 달콤한 말로 사람들을 꾀고, 손에 들어온 돈은 절대 놓치지 말라는 뜻에서요.

미래의 상인을 위한 맞춤 축복이군요.

그 많은 상인을 제치고 어떻게 소그드인들이 실크로드의 주역으로 성장할 수 있었는지 납득이 가지요? 소그드인들은 상인으로서 엄청난 수완을 발휘하며 실크로드를 주물렀습니다. 그러니 실크로드 하면 소그드인, 소그드인 하면 실크로드를 떠올리는 건 당연합니다.

| 꺼지지 않는 불 |

그 말을 다르게 하면 상인이 아닌 보통 소그드인들에 대해서는 알려진 바가 별로 없다는 뜻도 되겠죠. 소그드인들이 누구이고 어떤 전통을 가진 사람들이었는지 말이에요. 소그디아나 전역에서 발견된 납골기가 그 공백에 한 줄기 힌트를 던져줍니다.

납골기가 뭔가요?

납골기는 죽은 사람의 뼈를 넣는 그릇으로 소그드 사람들의 장례용품 중 하나입니다. 소그드 미술에서 납골기는 무척 중요해요. 소그드인들의 사후 세계관과 장례 풍습에 대한 단서가 녹아 있기 때문입니다. 옆은 사마르칸트 근교에서 출토된 7세기경 납골기입니다.

위가 삼각형이라 그런지 집처럼 보여요.

소그드 납골기는 형태가 여러 가지예요. 피라미드 형태도 있고, 사각형이나 둥근 모양도 있죠. 이 납골기는 피라미드 형태로 죽은 이의 혼이 머무는 성을 형상화한 것으로 해석됩니다. 중간에 산처럼 뾰족뾰족 튀어나온 부분은 성벽을 연상시켜요.
납골기 하단을 보면 가운데 제단 위쪽에 구불거리는 선 모양이 있습니다. 불이에요. 이 제단은 불의 제단입니다. 소그드인은 불을 숭배하는 사람들이었어요.

납골기, 7세기, 우즈베키스탄 출토, 시미르칸트아프라시압박물관
시신이 땅을 오염시킨다고 믿었던 소그드인들은 납골기에 뼈를 넣어 나우스라는 납골당에 안치했다. 이 납골기에는 두 명의 제사장이 불의 제단을 사이에 두고 의식을 치르는 모습이 표현됐다.

불을 숭배하는 사람들

조로아스터의 생애
이란의 예언가 조로아스터는 기원전 6세기경 조로아스터교를 창시했다. 조로아스터의 생애에 대해서는 학자마다 의견이 분분하나, 일반적으로 알려진 바에 따르면 조로아스터는 7세에 사제 훈련을 시작해 15세에 사제로서 최고 경지에 올라, 30세 무렵 아후라 마즈다 신을 만나는 기적을 경험했다고 한다.

불을 숭배하다뇨?

소그디아나는 동서양의 문화가 공존하는 교차로였습니다. 각국의 교역품이 오고 가는 동시에 여러 문화와 종교가 만나는 지역이었죠.

소그디아나에 전해진 종교만 해도 불교, 힌두교, 배화교, 기독교, 마니교 등 종류가 다양했습니다. 그중 소그드인에게 가장 오랫동안 영향을 미친 종교가 배화교(拜火敎)였어요. 배화교는 말 그대로 불을 숭배하는 종교라는 뜻입니다.

조로아스터교 사원의 불의 제단

잘 모르는 종교지만 이름은 들어봤어요.

아마 조로아스터교라는 이름이 더 익숙할지 모르겠군요. 배화교, 즉 조로아스터교는 조로아스터라는 이란의 예언가가 기원전 6세기경 창시한 종교입니다. 혹시 독일 철학자 니체의 『짜라투스트라는 이렇게 말했다』라는 책을 들어봤나요? 그 책의 짜라투스트라가 조로아스터입니다. 조로아스터의 독일어 발음이 짜라투스트라거든요.

짜라투스트라가 조로아스터라니… 뜻밖인데요.

아테쉬카데 사원, 이란 야즈드
이란 중부에 위치한 야즈드에는 조로아스터교 사원인 아테쉬카데가 있다. 이 사원은 5세기경부터 꺼지지 않는 불의 제단이 있는 곳으로 유명하다.

조로아스터가 종교를 창시한 기원전 6세기는 인도에서 석가모니가 불교를 창시한 때이기도 합니다. 3~7세기에 이란 땅을 지배한 페르시아 사산 왕조는 조로아스터교를 국교로 채택하기도 했어요. 위는 이란에 있는 아데쉬카데 조로아스터교 사원입니다. 5세기경부터 꺼지지 않는 불의 제단이 있는 곳으로 유명한 곳이죠.

천 년이 훌쩍 넘도록 불이 꺼지지 않았다고요?

진실이야 알 수 없지요. 분명한 건 조로아스터교는 기원전 6세기부터 기원후 7세기까지 1,200년 넘게 이란 땅에서 가장 중요한 종교였다는 겁니다. 동부 이란계 민족이었던 소그드인들은 일찍부터 조로아스터교의 영향을 받았어요.

그런데 신도 아니고 불을 숭배한다니 뭔가 막연하게 들려요.

조로아스터교는 대표적인 이원 종교입니다. 세계를 선과 악으로 나눠 이분법적으로 파악하는 종교죠. 조로아스터교에는 절대선 '아후라 마즈다'와 절대악 '아리만' 신이 존재합니다. 아후라 마즈다가 빛을 상징한다면 아리만은 어둠을 상징해요. 조로아스터교는 그중 빛의 신인 아후라 마즈다를 섬기는 종교입니다. 따라서 빛의 원천이 되는 불을 매우 신성한 것으로 여겨요.

불을 상징하는 아후라 마즈다 신을 섬기는 거군요.

그렇습니다. 여기서 불은 아후라 마즈다의 신성한 빛과 변치 않는 진리, 그리고 정결함을 상징하는 거라고 볼 수 있어요. 그 때문에 조로아스터교의 의례에는 불이 빠지지 않고 등장합니다. 대표적으로 아프리니간 의례가 있죠.

아후라 마즈다	빛, 광명, 태양, 진리, 생명, 지성
아리만	악, 어둠, 거짓, 육신

| 뼈를 소중히 |

아프리니간은 불의 제단에 향을 피우거나 물을 뿌려 아후라 마즈다를 찬양하고 축복을 기원하는 의식입니다. 꽃이나 나무, 과일 등을 아후라 마즈다에게 바치기도 하지요. 앞에서 본 납골기에는 아프리니간 의례로 추정되는 장면이 표현돼 있습니다. 납골기를 확대한 아래 사진을 볼까요? 두 명의 사제가 불의 제단을 사이에 두고 의식을 치르는 장면입니다. 왼쪽 사제는 기다란 집게를 든 채 불이 꺼지지 않게 제단을 살피는 중이에요. 맞은편 사제는 손에 나뭇가지 묶음을 들었습니다. 이 나뭇가지를 아후라 마즈다에게 바치려는 거죠.

그런데 사제들 얼굴이 좀 특이해요. 사람이 맞나요?

납골기 하단 세부
아프리니간 의례를 행하는 두 명의 사제가 묘사됐다. 두 사제는 신성한 불이 꺼지지 않도록 지키는 동시에 땅에서 자란 생명인 나뭇가지를 바치고 있다.

파담을 착용한 조로아스터교 사제들, 7세기
조로아스터교 사제들은 신성한 불에 땀이나 체액이 닿지 않도록 입과 코를 가리는 마스크를 착용했다.

파담이라고 불리는 마스크를 쓴 모습입니다. 조로아스터교 사제들은 불의 제단에서 의식을 행할 때 이 마스크를 썼어요. 사제들의 숨과 침이 신성한 불에 닿지 않도록 하기 위해서였죠. 파담을 쓴 제사장의 모습은 소그디아나는 물론이고 6~7세기 중국에서도 발견됩니다. 위의 왼쪽이 아프라시압 궁전 벽에 그려진 그림, 오른쪽이 당나라 조각이에요. 이 사람들 모두 조로아스터교 사제들입니다.

납골기에 표현된 의례 장면의 또다른 특징은 아치형 천장과 기둥으로 공간을 구획했다는 점이에요. 이런 식으로 공간을 구분해 그 사이사이에 인물을 집어넣는 건 그리스나 로마 미술에서 흔히 볼 수 있는 방식입니다.

불을 숭배하는 사람들

일월 장식

납골기 상단 세부
납골기 윗부분. 피라미드 모양의 뚜껑에는 춤추는 두 명의 여신을 볼 수 있다. 뚜껑 맨 윗부분의 일월 장식이 눈에 띈다.

납골기 윗부분은 무슨 장면인가요? 의례 같진 않은데요.

이 장면에 대한 해석을 놓고는 학계의 의견이 분분합니다. 죽은 뒤에 가는 천상 세계를 표현한 거라는 주장도 있고, 망자를 인도하는 여신들을 나타냈다는 주장도 있죠. 여기서 눈길을 끄는 건 맨 꼭대기에 있는 일월 장식이에요. 눕힌 초승달 위에 동그란 해가 얹힌 모습이죠. 일월 장식은 페르시아 미술에서 자주 등장하는 요소입니다.

한마디로 이 납골기의 주제는 조로아스터교와 관련돼 있지만 납골기를 꾸민 방식은 페르시아와 그리스·로마 미술에서 영향을 받았다고 볼 수 있어요.

뼈는 납골기에 어떻게 넣은 건가요?

납골기 윗부분이 뚜껑입니다. 이 부분을 들어올리면 납골기 안에 뼈를 넣을 수 있어요. 사진으로는 실감이 안 날 텐데 납골기 자체는 작지 않습니다. 이 납골기만 해도 가로 52센티미터, 높이 69센티미터에 달하니까요. 아래 왼쪽은 아프라시압박물관에 전시되어 있는 또 다른 납골기입니다. 소그디아나에서는 이런 식으로 납골기에 뼈를 넣은 다음 나우스라고 불리는 지상 납골당에 납골기를 안치했어요.

땅에 묻지 않고요?

(왼쪽)뼈가 들어 있는 납골기, 우즈베키스탄 출토, 사마르칸트아프라시압박물관
(아래)나우스, 5~6세기, 우즈베키스탄 카쉬카다리아 출토, 우즈베키스탄 역사박물관

| **침묵의 탑을 향해** |

소그드인들은 시신을 땅에 묻지 않았습니다. 조로아스터교에서는 사람이나 동물이 죽으면 나수(nasu)라는 이름의 악마가 그 몸에 깃든다고 믿었어요. 악마가 깃드는 시신을 부정한 것으로 여겼죠. 반면에 물, 불, 흙, 바람, 이 네 가지 원소는 신성시했습니다.
그래서 소그드 사람들은 부정한 시신을 땅에 묻으면 신성한 땅이 오염된다고 생각했어요. 소그디아나에서 살이 없는 뼈만 모아 납골기에 넣고, 그마저도 땅에 닿지 않게 지상 묘지인 나우스에 안치한 이유입니다.

그럼 살이 다 썩을 때까지 기다렸다가 뼈를 납골기에 넣은 건가요? 불도 신성시했으니 화장도 꺼렸을 거 같은데요.

죽은 육신은 풍장과 조장으로 처리했습니다. 풍장은 시신을 지상에 방치해 자연스레 부패하게 만드는 방법이에요. 조장은 시신을 독수리 같은 맹금류의 먹잇감이 되게 하는 방법이죠.
두 방식 모두 시신을 야외에 두고 처리한다고 해서 간단히 노출 의식이라고도 부릅니다. 풍장과 조장은 주로 산이나 언덕처럼 높은 지역에서 행해졌어요. 지금도 티베트 같은 고산지대에서 이어지는 풍속입니다.

뭔가 섬뜩하네요.

칠픽 다크마, 1세기, 우즈베키스탄 카랄카파크스탄
육신을 부정한 것으로 여긴 조로아스터교에서는 조장이나 풍장을 통해 시신의 살을 제거했다. 침묵의 탑으로 불리는 다크마는 조로아스터교에서 조장이 행해지는 곳이었다.

위 사진에 있는 원형 구조물은 1세기경 조성된 다크마로, 우즈베키스탄 칠픽 지역의 유적입니다. 다크마는 조로아스터교에서 노출 의식을 행할 때 사용한 건축물이었어요. 높게 지은 다크마에 시신을 옮겨놓고 새들의 먹잇감이 되게 했죠. 다크마는 침묵의 탑이라는 이름으로도 알려져 있습니다.

까마귀랑 독수리가 탑 위에서 빙빙 날아다니는 게 상상돼요.

다크마는 소그디아나뿐 아니라 서아시아, 인도 등지에서도 발견됩니다. 종교박해를 피해 인도로 이주한 조로아스터교도들은 여전히 다크마에서 이 의식을 치른다고 해요. 그런데 다크마에 남은 뼈를

불을 숭배하는 사람들

가져다 납골기에 넣는 풍습은 소그드인들만의 전통이었습니다. 이처럼 소그드인과 조로아스터교는 떼려야 뗄 수 없는 관계였어요. 조로아스터교가 소그드 문화와 미술에 미친 영향력은 지대했습니다. 그렇다고 조로아스터교가 소그드 문화의 전부인 건 아니에요. 소그드인들은 다른 문화를 수용하는 데도 서슴없었거든요. 아래는 우즈베키스탄 카라테파 불교사원에서 출토된 소조상 틀입니다.

부처님이네요!

낯익은 얼굴이죠. 심지어 이 유물은 3~4세기경에 제작됐습니다. 당시 소그디아나에서 불교 미술품도 만들었다는 걸 알 수 있어요.

소조상 틀, 3~4세기, 우즈베키스탄 카라테파 불교사원 출토
카라테파 불교사원은 소그디아나 지역의 아무다리야강 인근에 위치한다. 총 면적만 2만 200평에 달하는 대규모 불교사원으로, 우즈베키스탄에서 가장 큰 불교 유적지이다.

불상의 곱슬곱슬한 머리카락이 소그디아나와 가까운 인도 북부의 간다라 불상과 비슷합니다. 이렇듯 문화의 교차로였던 소그디아나에는 갖가지 종교가 흘러들었습니다. 일찍이 소그드인들이 접한 다양한 종교적 상징들은 소그드 미술에 흔적을 남겼어요. 이들이 오랫동안 숭배한 나나 여신도 예외가 아니죠.

| 판지켄트의 수호신 |

나나 여신은 소그디아나 판지켄트의 수호신이었습니다. 판지켄트는 사마르칸트에 비해 크기는 작지만 상인과 귀족의 주거지가 몰려 있는 부유한 도시였어요. 이곳에는 5~6세기에 조성된 사원이 두 곳 있습니다. 하나는 조로아스터교에서 빛의 신으로 숭배받던 아후라 마즈다를 위한 사원, 또 하나는 나나 여신을 위한 사원이었죠. 특이한 점은 나나 여신을 모신 사원에 이란 신과 힌두교 신을 모신 사당도 함께 조성됐다는 거예요.

성당 경내에 절이 있는 것과 마찬가지네요.

소그드인들이 어떤 식으로 외래 종교를 받아들였는지 알 수 있는 광경이죠. 현대에도 종교 갈등으로 숱하게 전쟁이 벌어지고 테러가 발생한다는 점을 생각하면 소그드인들의 태도는 우리에게 시사하는 바가 큽니다. 나나 여신도 마찬가지예요. 판지켄트에 그려진 나나 여

나나 여신 벽화 일러스트, 8세기, 판지켄트 신전
소그디아나에서 나나 여신은 판지켄트의 수호신이었다. 보통은 한 손에는 달을, 한 손에는 해를 들고서 사자 위에 앉아 있는 모습으로 묘사됐으며 도시의 수호자로 권장을 지닌 것도 특징이다.

신은 다양한 종교와 문화가 결합해 탄생한 결과였습니다.

그럼 나나 여신은 원래 판지켄트의 수호신이 아니었나요?

나나 여신은 소그드인들의 전통 종교인 조로아스터교에서도 언급된 적 없는 신입니다. 나나의 유래는 기원전 4000년경 메소포타미아까지 거슬러 올라가요. 이를 시작으로 서아시아, 중앙아시아에 이르는 광대한 지역에서 수천 년간 숭배했던 신이죠. 그사이 나나 여신의 모습과 역할은 시대와 지역에 따라 계속 달라졌습니다. 이 변화는 판지켄트 신전에 있는 나나 여신 벽화에 그대로 담겨 있어요. 위는 판지켄트 벽화를 그린 일러스트입니다.

나나 여신 복원도, 타지키스탄 국립박물관, 타지키스탄 두샨베

실제 벽화는 볼 수 없나요?

벽화 상태가 좋지 않아 실제 그림은 볼 수 없어요. 아쉬운 대로 타지키스탄 국립박물관에서 나나 여신의 모습을 복원한 그림을 보겠습니다. 위가 그 그림이에요.

소그드 사람들은 보통 나나 여신을 팔이 네 개 달린 모습으로 재현했습니다. 손에는 각각 해와 달, 긴 막대기처럼 생긴 권장이 들려 있죠. 나나 여신이 든 권장은 일종의 권리 문서를 상징하는 물건입니다. 도시의 수호자로서 왕을 임명하는 권한을 가졌다는 걸 상징하는 거죠. 도시의 수호신답게 성벽 모양으로 된 왕관을 착용한 점도 특징입니다.

불을 숭배하는 사람들

팔이 네 개라니 독특하네요.

처음에 나나 여신은 팔이 네 개가 아니었습니다. 소그드 지역에서 비로소 이 모습으로 시각화됐다는 게 중요해요. 원래 나나 여신은 옆에 있는 동전 속 모습으로 표현됐어요. 이 동전은 2세기경 박트리아를 지배한 쿠샨 왕조에서 제작됐습니다. 사자를 탄 나나 여신이 손에 권장과 잔을 들고 있죠.

나나 여신이 표현된 쿠샨 왕조 동전, 2세기, 박트리아 출토, 영국박물관
사자 위에 올라탄 나나 여신의 모습이 새겨진 동전이다. 머리 위에 초승달이 얹혀 있고 양손에 권장과 잔을 들었다.

동전 속의 나나 여신은 팔이 두 개네요.

네. 자세히 보면 머리 위에 초승달이 표현된 점도 소그디아나의 나나 여신과 다릅니다. 박트리아는 알렉산더 대왕의 동방 원정으로 헬레니즘 문화가 큰 영향을 미친 지역이에요. 그래서 이 무렵 박트리아의 나나 여신은 그리스 신화에 나오는 아르테미스와 동일시됐습니다. 달과 사냥의 여신이었던 아르테미스의 모습을 본떠 머리 위에 초승달을 얹거나, 초승달 모양의 관을 쓴 모습으로 묘사됐죠. 한편 나나 여신이 타고 있는 사자는 아나톨리아에서 탄생한 대지의 여신 키벨레의 영향을 받은 것으로 보기도 합니다. 아나톨리아는

키벨레, 2세기 후반, 로마 출토, 메트로폴리탄미술관
여신 키벨레가 두 마리의 사자가 끄는 전차를 타고 있다. 전차의 뒷바퀴 중 하나는 19세기에 복원된 것이다. 로마에서 키벨레는 보통 사자와 함께 있는 모습으로 묘사됐다.

오늘날 튀르키예 영토에 속한 지역이에요. 대지의 여신 키벨레는 이후 로마에서 숭배를 받으며 주로 사자와 함께 표현됐는데 박트리아 지역의 나나 여신이 그 속성을 이어받은 겁니다.

나나 여신 속에는 대체 얼마나 많은 여신이 있는 건가요?

여기서 끝이 아닙니다. 판지켄트의 나나 여신은 한발 더 나아가 힌두교의 영향도 받았습니다. 힌두교에는 얼굴과 눈, 팔이 여러 개인 신이 많아요. 힌두교의 여신인 두르가기 대표적이죠. 페이지를 넘기면 인도에서 제작한 7세기 두르가 부조를 볼 수 있습니다.

불을 숭배하는 사람들   463

두르가와 마히샤수라의 전투, 7세기, 마하발리푸람 기념물군, 인도 타밀나두
마하발리푸람 기념물군에 있는 이 부조는 팔이 8개 달린 힌두교 여신 두르가와 물소의 얼굴을 한 악마 마히샤수라의 전투를 묘사했다. 사자 위에 올라탄 두르가가 마히샤수라를 향해 활을 쏘고 있다.

부조 왼쪽에 활을 쏘는 여인이 두르가예요. 물소의 얼굴을 한 악마, 마히샤수라를 무찌르는 중이죠. 사자 위에 올라탄 용맹한 모습이 위협적입니다. 판지켄트의 나나 여신은 지금껏 언급한 여신들의 다양한 모습을 모두 품고 있어요. 심지어 조로아스터교의 영향도 찾을 수 있죠. 옆에서 판지켄트 벽화를 다시 보세요. 나나 여신 왼쪽에 불의 제단을 둘러싸고 무릎 꿇은 사람들이 보입니다.

조로아스터교 의례를 치르는 장면인가봐요.

맞아요. 사람들 바로 위에 있는 개도 조로아스터교와 연관이 있습니다. 조로아스터교에서는 4일간 장례를 치르는데 이때 사그디드

판지켄트 나나 여신 일러스트

의식을 행해요. 사그디드란 부정한 시신을 개에게 보이는 장례 의식입니다. 조로아스터교에서는 개가 시신을 바라보면 시신에 깃든 악령의 힘이 약해진다고 믿었어요. 개의 시선이 악령을 속박해 악령이 몸 밖으로 나오는 것을 막는다고 여겼죠. 그러면 부정한 시신이 세계를 오염시키는 일을 방지할 수 있다고 생각했습니다.

조로아스터교의 상징은 나나 여신 벽화에도 빠지지 않는군요.

소그드인들에게 가장 중요한 종교는 뭐니 뭐니 해도 조로아스터교였으니까요. 이처럼 판지켄트 나나 여신 벽화에서 드러나는 여러 종교적 상징들은 그 자체로 국제적인 소그드 미술의 성격을 보여줍니다. 그만큼 소그디아나를 오간 사람들이 많았으니 당연한 일이겠죠. 소그드 미술은 중앙아시아 미술을 바탕으로 그리스, 로마, 페르시아, 인도, 나아가 유목민 미술까지 두루 영향을 받아 탄생했어요.

소그드 미술의 다양성은 지리적 영향이 가장 컸던 걸까요?

그 말도 사실이지만 새로 접한 문화를 선뜻 수용해 그것을 융합하고 마침내 시각화하는 데 성공한 건 오로지 소그드인들의 의지였을 겁니다. 그런 의미에서 여러 문화가 복합적으로 뒤섞인 소그드 미술은 다른 문화를 편견 없이 받아들인 소그드인들의 개방성에서 나왔다고 할 수 있어요.

이런 점은 어쩐지 유목민과 비슷하다는 생각이 드네요.

맞습니다. 유목민이나 소그드인이나 모두 활동 범위가 넓었던 만큼 새로운 환경에 노출될 기회가 많았어요. 그 덕에 변화를 자연스러운 것으로 여기고 다양한 문화를 수용할 수 있었습니다. 소그드인들의 이 같은 역량은 실크로드 상인으로 활약하며 더 빛을 발했어요. 누구나 좋아할 만한 물건을 고르는 안목은 일찍부터 여러 문화를 접한 덕에 생긴 것이었죠.

그리고 이들 중에는 아예 소그디아나를 떠나 중국을 제2의 고향으로 삼은 소그드 상인들도 적지 않았습니다. 또다시 새로운 환경에 발 딛게 된 소그드인들은 어떻게 자신들만의 전통을 이어나갔을까요? 어떻게 중국 문화와 자신들의 정체성을 융합했을까요? 그로 인해 중국 미술은 또 어떤 변화를 맞았을까요? 다음 강의에서는 중국에 정착한 소그드인들과 그들의 미술을 만나보겠습니다.

| 필기 노트 | 02. 불을 숭배하는 사람들

소그드인들의 고향, 소그디아나는 실크로드 사막길 한가운데에 위치한다. 소그드인들은 교역의 요충지인 소그디아나에서 다양한 문화를 접하며 자연스레 일류 상인으로 성장한다. 이들의 놀라운 문화 융합 능력은 온갖 사람과 문화가 모여든 소그디아나를 밑거름 삼아 발전한다.

- 양날의 검

  소그디아나 독립된 도시국가들의 연합체이자 소그드인들이 살았던 땅. 실크로드 사막길 한가운데에 위치하는 교역의 요충지로 돈이 굴러드는 땅인 동시에 강대국의 먹잇감이 됨.

  상인은 내 운명 실크로드 길목에 위치한 지리적 이점을 살려 소그드인 대부분은 국제 교역으로 생계를 꾸림.

  강대국과의 공생관계 페르시아, 에프탈, 돌궐 등 강대국의 침략에 무력으로 맞서기보다 자발적으로 복종하며 독립을 보장받음.

- 진리의 빛

  납골기 죽은 사람의 뼈를 넣는 함. 육신을 부정하게 생각한 소그드인들은 살을 없앤 뼈만 납골기에 넣고 나우스에 안치함.

  조로아스터교 소그드인들의 전통 종교로, 절대선이자 빛의 신인 아후라 마즈다를 섬기며 불을 신성하게 여김.

  참고 조로아스터교는 기원전 6세기경 조로아스터라는 이란의 예언가가 창시한 종교.

  파담을 쓴 제사장 조로아스터교의 사제들은 입과 코를 가리는 마스크인 파담을 착용함. 파담을 쓴 제사장의 이미지는 소그드 미술에서 자주 발견됨.

  ⋯ 조로아스터교는 소그드 문화와 미술에 지대한 영향을 미침.

- 소그드 미술의 다양성

  판지켄트의 나나 여신 소그디아나 판지켄트의 수호신. 다양한 종교와 문화가 결합해 새로운 모습으로 재탄생함.

  ① **헬레니즘 문화의 영향** 그리스 신화의 아르테미스를 상징하는 초승달.

  ② **아나톨리아 신화의 영향** 나나 여신이 타고 있는 사자는 대지의 여신 키벨레의 영향.

  ③ **힌두교의 영향** 힌두교의 영향으로 팔이 네 개인 나나 여신 탄생.

  ⋯ 소그디아나는 그리스·로마, 페르시아, 인도, 유목민 미술이 한데 모여든 곳.

서역 여인은 꽃과 같이 아름답고
주점에서 봄바람처럼 미소 짓는구나.

– 이백, 「전유일준주행이수(前有一樽酒行二首)」

03

중원의 새로운 이방인

#살보 #편호 #각배 #석장구 #우홍

313년 여름, 하서회랑 주천에 머물던 소그드 상인 나나이 반닥은 고향에 편지를 부칩니다. 사마르칸트에 있는 고용주와 가족에게 보내는 편지였죠. 그러나 이 편지는 국경을 넘지 못하고 중국 땅에 그대로 남았어요. 정확한 이유는 알 수 없지만 전쟁이 잦았던 시기였으니 그럴 만도 합니다.

도착하지 못한 편지라니 참 안타깝네요.

그로부터 약 1,500년 뒤, 영국 탐험가 오렐 스타인은 돈황의 서쪽 경비 초소에서 오래된 편지 뭉치를 발견했어요. 거기에 나나이 반닥이 보낸 편지가 들어 있었죠.

그때까지 편지가 용케 남아 있었군요. 무슨 내용이 적혀 있었나요?

다음은 편지의 일부분입니다.

(중국의) 마지막 황제는 기근으로 낙양에서 달아났다고 합니다. 황궁과 도시는 불탔고 낙양은 파괴되었습니다. … 게다가 흉노, 그들은 … 장안을 점령했습니다. … 주천에서 돈황 지역에 걸쳐 거주하는 우리들은 그저 숨만 붙어 있을 뿐, 가족도 없이 늙어가며 죽음을 기다리고 있습니다. 죽음이 목전에 놓이지 않았다면, 저는 우리의 상황을 편지로 쓰려고 하지 않았을 겁니다. 중국에서 벌어진 모든 일을 알리려 했다면 이루 말할 수 없이 비통했겠지요.

| 중국의 소그드인들 |

이 편지의 내용은 4세기 초 중국의 불안정한 정치 상황을 반영합니다. 이 무렵 중국은 서진 왕조 치하에서 북방 유목민의 위협을 받고 있었어요. 조정은 마비된 지 오래고 황제는 허울뿐인 꼭두각시였죠. 하서회랑의 통치권조차 유목민에게 빼앗긴 상황이었습니다. 당시 중국에 머물던 나나이 반닥은 한 치 앞도 내다볼 수 없는 절망 속에서 유언과도 같은 말을 편지에 덧붙였어요. 사향노루에서 얻은 향료 800그램을 보낼 테니 아들을 위해 써달라, 아들이 장성하면 신붓감을 찾아달라, 늘 아들 곁에 있어달라…. 자신의 죽음을 예견하고 유언처럼 써내려간 편지에서는 비장함마저 느껴집니다.

소그드어 편지, 4세기 초, 중국 감숙성 돈황 출토
영국 탐험가 오렐 스타인이 중국 돈황의 국경지대에서 발견한 편지 중 하나다. 이 편지는 하서회랑에 머물던 나나이 반닥이 사마르칸트에 있는 동업자에게 보낸 편지로, 중국의 혼란한 정국과 그로 인한 두려움, 앞으로의 사업 전망에 대해 밝히고 있다.

이런 내용이 적힌 편지가 전달되지 못했다니 가슴이 아프네요.

당시 중국에는 나나이 반닥과 같은 처지의 소그드인들이 많았어요. 편지에 적힌 다음 문장에서도 확인할 수 있죠. "주천에서 돈황 지역에 걸쳐 거주하는 우리들은 그저 숨만 붙어 있을 뿐…." 이들은 교역을 위해 실크로드를 오가다 잠시 중국에 들른 사람들이 아니라 수년을 중국 땅에 거주한 소그드인들이었습니다.

소그드 사람들이 중국에 이주라도 한 건가요?

네. 소그드인들이 중국에 본격적으로 정착한 시기는 3세기경부터였어요. 7~8세기에는 중국에 거주하는 소그드인이 수천수만 명에 달했죠. 이를 보여주는 증거가 바로 호(胡)라는 명칭입니다.
호는 중국에서 한족을 제외한 이민족을 가리키는 말로, 시대에 따라 호라고 부르는 대상이 달라졌어요. 한나라 때 호는 보통 흉노를 가리켰지만 시간이 흐르며 변방의 이민족들을 통칭하는 말이 됐습니다. 당나라 시대에는 주로 소그드인을 지칭하는 말로 축소돼 소그드인을 호인(胡人), 소그드 상인을 호상(胡商)이라 불렀어요. 그만큼 중국에서 소그드인들을 접하기가 쉬워졌다는 뜻입니다.

중국에 정착한 이민족이 유목민만 있었던 게 아니군요.

남북조시대는 한족을 중심으로 한쪽에 유목민이, 다른 한쪽에 소그드인이 있던 시대라고 해도 과언이 아니에요. 한족의 나라였던 중국은 남북조시대를 기점으로 호와 한의 융합이 활발해지며 다양한 민족이 뒤섞여 사는 나라로 거듭났습니다. 한족이라는 단일 왕조의 역사가 막을 내리고 새로운 중국이 열린 겁니다. 북방 유목민을 사람의 탈을 쓴 짐승이라 부르고 이민족 문화를 멸시하기 일쑤였던 중국에서 천지가 개벽할 만한 변화가 이뤄진 거죠. 중국의 소그드인들이 바로 그런 변화를 주도한 사람들이었습니다.

소그드인들이 정확히 어떤 변화를 불러일으킨 건가요?

| 만능 엔터테이너의 탄생 |

중국에 정착한 소그드인들은 사회 여러 분야에서 차츰 영향력을 키워갔어요. 그들 대다수는 상인이었지만 악단이나 무용수 같은 예능인, 수공업자도 많았습니다. 농사를 짓거나 목축을 하는 소그드인들도 있었죠.

상인이 아닌 소그드인들도 꽤 많았군요.

다음 페이지에서 당시 중국에 머물던 소그드인들의 모습을 확인할 수 있습니다. 이 도자기는 6세기 후반 북조에서 제작된 것으로, 그릇 중앙에 소그드인으로 보이는 사람들이 모여 있어요.

편호, 575년, 중국 하남성 안양 범수묘 출토, 중국 국가박물관
유목민들이 물병으로 사용하던 가죽 주머니를 본뜬 그릇으로, 한족의 전통적인 그릇과 형태가 무척 다르다. 그릇 중앙에는 소그드인으로 추정되는 악사와 무용수가 표현됐다.

이 사람들은 악단인가봐요.

그렇습니다. 그릇 중앙에는 나풀나풀 팔을 흔들며 춤을 추는 어린 무용수도 보여요. 소그드 전통춤인 호선무(胡旋舞)를 선보이는 중이죠. 호선무는 작은 카펫에 올라가 악기 연주에 맞춰 빙빙 돌며 추는 춤입니다. 소그드인들이 조로아스터교 의례를 할 때 추던 춤에서 유래했죠. 당나라 시인 백거이는 호선무를 추는 소그드 무희를 보고 영감을 받아 시를 짓기도 했어요. 다음은 〈호선녀〉라는 시의 일부분입니다.

> 호선녀여, 호선녀여
> 마음은 현을 따르고 손은 북을 따르네
> 현이 튕기고 북소리 울리니 두 팔을 펼쳐드는구나
> 휘날리는 눈송이처럼 회전하며 춤춘다
> 좌로 돌고 우로 돌며 지칠 줄을 모르니
> 천 번 만 번 끝도 없이 돌고 있구나
> 달리는 수레바퀴도 그대보다 더디고
> 회오리바람도 그대보다 느리다

뱅글뱅글 돌며 춤추는 여인의 모습이 저절로 그려져요. 호선무가 이런 춤이었군요.

네. 뱅글뱅글 도는 모습이야말로 호선무의 대표 동작입니다. 호선무는 당나라 때 선풍적인 인기를 끌었지만 그보다 이른 6세기 중엽부터 중국 미술에 표현되기 시작했어요. 도자기는 물론이고 무덤 벽화나 돈황 막고굴 같은 석굴사원에서도 호선무를 추는 무용수 그림이 발견됐습니다. 심지어 고구려와 백제에도 호선무가 전해졌죠. 본래 소그드인의 호선무는 바람처럼 재빨리 도는 동작이 주를 이뤘지만 점차 공 위에 올라가 춤을 추는 등 응용 동작도 생겨났어요.

공 위에 올라가서 춤을 추다니 거의 기예에 가까운데요. 눈이 휘둥그레지는 공연이었겠어요.

사람의 혼을 쏙 빼놓는 소그드인들의 공연은 날이 갈수록 흥행했습니다. 오른쪽 도자기를 보세요. 중국 태원에서 출토된 6세기 북조 청자입니다. 산타 할아버지처럼 수염을 기른 이 남자 역시 소그드인이에요. 남자 양옆에는 사자 두 마리가 몸을 웅크린 채 앉아 있습니다. 사람 어깨에 머리를 부비고 입을 헤벌린 사자들의 모습이 마치 애교를 부리는 것 같아요. 이 소그드인은 잘 길들인 사자를 데리고 서커스 공연을 하는 조련사처럼 보입니다.

이처럼 중국에 머문 소그드인 중에는 무용수를 포함해 뛰어난 엔터테이너가 많았습니다. 악기 연주, 노래, 춤, 기예, 서커스 할 것 없이 온갖 분야에서 활약하며 중국인들의 사랑을 받았죠. 거의 케이팝 아이돌 수준이었어요.

수염이 수북한 아이돌이라니 상상하기 쉽진 않네요.

편호, 6세기, 중국 산서성 태원 출토, 산서성박물관
녹색 유약을 바른 도자기로 그릇의 앞뒤가 납작하다. 손에 채찍을 든 소그드인이 양쪽에 사자를 거느리고 있다.

여기서 또 하나 주목할 점은 도자기의 형태입니다. 이렇게 앞뒤가 납작한 그릇을 편호라고 해요. 편호란 유목민들이 물병으로 사용한 가죽 주머니를 본뜬 그릇을 말합니다. 앞에서 본 호선무를 추는 무용수가 표현된 도자기도 앞뒤기 납작한 모습이었죠. 편호는 그릇의 몸통이 공처럼 둥근 한나라 그릇과 전혀 다르게 생겼어요.

한마디로 이 그릇들은 남북조시대에 일어난 문화 융합의 산물이라 할 수 있습니다. 형태는 유목민에게서 유래했지만 도자기를 장식한 기법이나 소재는 중앙아시아의 소그드인에게서 영향을 받았으니 말이에요. 그런데 이 도자기를 만든 장인은 중국 사람입니다. 중국의 도자기 기술로 완전히 비중국적인 도자기를 만든 거예요.

아주 글로벌한 도자기군요.

| 중국에서 만나는 비중국적인 세계 |

비슷한 예가 또 있습니다. 바로 각배(角杯)죠. 각배란 뿔 모양의 잔을 가리키는데, 고대 페르시아에서 종교 의례나 왕실 연회 때 사용한 술잔에서 유래했습니다. 영어로 리톤(rhyton)이라고도 하지요. 원래 각배는 실제 짐승의 뿔을 가공해 술잔으로 사용했지만 이후 금속으로 뿔 모

각배, 기원전 6~5세기, 이란 출토

양의 컵을 만들고 거기에 동물 장식을 하는 식으로 발전했어요. 위는 기원전 6세기경 페르시아에서 제작된 각배입니다.

백자 각배, 7세기, 중국 출토, 영국박물관
사나운 짐승의 모습이 장식된 각배는 소그드 상인을 통해 중국에 전해져 도자기로도 생산됐다. 이 같은 이국적인 형태의 그릇은 금속기와 더불어 중국 귀족들의 사치품으로 인기를 누렸다.

컵이 좀 무섭게 생겼어요.

야성미가 느껴지죠. 위는 7세기 초 중국에서 생산된 백자 각배예요. 누가 도자기 강국 아니랄까봐 중국 사람들은 각배를 아예 도자기로 만들었습니다. 이 각배를 장식한 동물은 사자입니다. 부리부리한 눈과 뾰족한 송곳니가 동물의 왕 사자답게 위용이 넘쳐요. 컵 양편에는 발톱을 세운 앞발까지 만들었습니다. 컵 표면은 작은 구슬을 이은 연주문으로 장식했고 사자 다리 위에 앉아 있는 사람은 소그드인처럼 보여요. 소그드인들이 자주 착용하는 고깔모자를 썼습니다. 이 그릇은 도자기라는 점을 제외하면 형태부터 장식까지 어느 것 하나 중국적인 게 없어요. 그럼에도 백자로 제작된 걸 보면 중국 상류층을 겨냥해 만든 그릇이겠죠.

귀족들이 쓸 만큼 호화롭긴 하네요.

사실 각배는 유목민족도 즐겨 쓰던 물건이었습니다. 페르시아에서 유래했다고 해도 유목민 역시 기원전부터 각배를 사용했어요. 유목민 문화에서 각배는 일상생활에서 쓰는 그릇이었습니다. 목축과 사냥으로 생계를 꾸렸던 유목민들에게 동물의 뿔로 컵을 만드는 건 자연스러운 일이었을 거예요. 더욱이 6~7세기는 소그드인들이 돌궐의 지배를 받던 때예요. 돌궐의 영향력이 강해지면서 돌궐의 취향이 소그드인을 통해 중국에 전해졌을 개연성이 높습니다.

실제로 이 무렵 소그디아나에서 그 흔적을 찾을 수 있어요. 오른쪽 그림은 6~8세기에 소그디아나 판지켄트에 그려진 벽화입니다. 고깔모자를 쓴 소그드인이 손에 든 컵을 보세요. 길게 휘어진 형태, 동물 모양으로 장식한 컵의 모양이 각배가 틀림없습니다.

소그드에서 유행한 문화가 실시간으로 중국에 영향을 줬나봐요.

그뿐만 아니라 금속공예에 일가견이 있던 소그드 사람들은 중국에서 수공업자로 활약했습니다. 당시 중국에 정착한 소그드 장인들은 호풍에 힘입어 직접 소그드풍의 그릇을 생산했어요.

각배를 든 사람, 6~8세기, 타지키스탄 판지켄트 출토, 예르미타시박물관
연회에 참석한 소그드인이 각배를 들고 있다. 옷깃을 장식한 연주문이 눈에 띈다. 목걸이, 팔찌 등을 착용한 화려한 외양은 부유한 소그드인의 모습을 보여준다.

(위)팔각잔, 6~7세기, 중국 섬서성 하가촌 출토, 섬서역사박물관
잔의 형태, 손잡이에 달린 장식, 연주문으로 꾸민 방식이 전형적인 소그드풍의 그릇이다. 8명의 호인이 악기를 연주하는 모습을 담았다.

(아래)팔각잔, 8세기, 중국 섬서성 서안 출토, 섬서역사박물관
소그드풍의 그릇은 중국 장인에 의해서도 제작됐다. 다만 이 팔각잔은 중국 미술에 자주 등장하는 당초문, 새, 꽃 등으로 장식해 이전보다 중국화했다는 것을 알 수 있다.

왼쪽 위의 잔은 중국의 소그드인이 7세기에 만든 금속기예요. 꼭 커피잔처럼 생겼죠. 이전까지 이런 형태의 잔은 중국에서 거의 볼 수 없었습니다. 팔각형 몸체에는 악기를 연주하는 호인들이 표현됐고 손잡이도 화려하게 장식했어요. 이러한 소그드풍의 그릇은 당나라 때까지 계속 만들어집니다. 아래가 당나라에서 제작된 팔각잔이에요. 컵의 형태는 소그드 양식을 따랐고 장식은 중국적으로 변했어요. 꼬불꼬불한 덩굴 문양 사이로 새와 꽃이 표현돼 있습니다.

컵이 무척 세련됐네요. 현대 물건이라고 해도 믿겠어요.

소그드 미술과 중국 미술이 융합된 결과죠. 남북조시대 초기부터 중국에 정착한 소그드인들은 상업과 문화예술 분야에서 남다른 기량을 뽐내며 자신들의 문화를 중국에 이식했습니다. 중국 곳곳에 형성된 소그드 공동체가 그것을 가능하게 했어요.

| 상인 네트워크를 구축하다 |

중국에 이주한 소그드인들은 소그드 마을을 만들어 함께 살았습니다. 그 덕에 먼 타국에서도 자신들의 정체성을 잃지 않고 소그드 전통과 문화를 이어갈 수 있었어요.

우리나라에 있는 차이나타운 같은 건가보죠?

비슷합니다. 하지만 소그드 마을은 단순한 마을 공동체가 아니었어요. 소그드인들이 실크로드를 가장 활발하게 누비던 3~8세기는 아시아 곳곳에 소그드 마을이 생겨난 때입니다. 아래 지도의 파란색 동그라미가 당시 소그드 마을이 위치한 곳이에요. 실크로드를 따라 점점이 분포한 소그드 마을은 소그디아나에서 시작해 하서회랑을 거쳐 중국 중원까지 이어집니다. 그중 소그드인들이 특히 많이 거주한 지역이 투루판, 돈황, 장안, 북경이었어요.

일부러 실크로드에 소그드 마을을 만든 것처럼 보이네요.

실크로드를 따라 분포한 소그드 마을들
소그드 상인들은 실크로드 거점에 자리 잡고서 자신들만의 교역망을 만들었다. 이렇게 구축된 상인 네트워크는 소그드 상인들이 실크로드의 주역으로 성장하는 데 결정적인 역할을 했다.

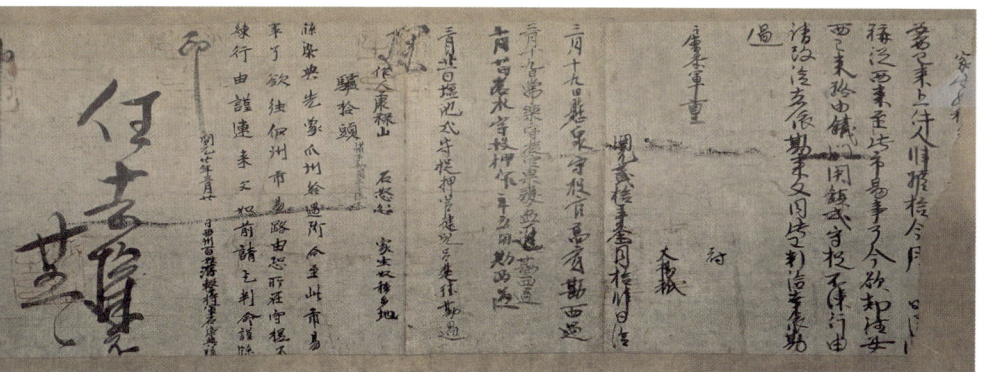

당나라 과소
당나라 때에는 외국인에게 과소(過所)라 불리는 통행증을 발급해 국내 출입을 허락했다. 이 통행증에는 출입을 승인하는 관리자의 사인과 함께 날짜가 적혀 있다. 이 무렵 당나라를 드나든 소그드 상인들은 모두 과소를 지니고 있었다.

이왕이면 자신들이 주로 활동하는 교역 거점에 마을을 만드는 게 여러모로 유리했겠죠. 상업적 이익도 극대화할 수 있었을 테고요. 그 결과 실크로드 거점에 광범위하게 자리 잡은 소그드 마을들은 서로 긴밀히 협력하며 상인 네트워크를 구축했어요. 소그드 상인들은 이 네트워크를 활용해 누구보다도 신속히 물자를 전달하고 최신 정보를 공유할 수 있었습니다.

소그드인들은 마을도 허투루 짓지 않았군요.

한편 소그디아나에서는 타국에 있는 소그드 마을들을 관리하고 보호하는 데 힘썼어요. 상인들을 국외로 파견하거나 배치하는 일도 도맡았습니다. 쉽게 말해 소그디아나에 있는 상인 본부가 타국 곳곳에 소그드 지사를 세우고 그들을 총괄한 겁니다.

이렇게 보면 앞에서 나온 나나이 반닥의 편지는 중국 지사의 상인이 소그디아나 본부에 당시 상황을 보고한 것과 다르지 않아요. 이런 식으로 오간 편지 역시 실크로드 전역에 뻗어 있는 소그드 상인의 교역망을 통해 전해졌겠죠.

4세기 초에 이렇게까지 조직적으로 장사를 했다니 놀랍네요.

소그디아나와 국외 소그드 마을의 지속적인 협력 덕에 소그드 상인들은 더 활발히 국외로 이주할 수 있었습니다. 특히 실크로드의 핵심 교역국인 중국에 정착하려는 소그드인들이 급증했어요. 중국 정부는 몰려드는 소그드인들을 체계적으로 관리할 필요성을 느꼈습니다. 그래야 중국 땅에 머무르는 소그드인들에게 정식으로 세금을 부과하고 부역도 맡길 수 있을 테니까요.

체계적으로 관리한다는 게 정확히 무슨 뜻인가요?

소그드 마을마다 살보를 임명해 소그드인들을 관리하게 했습니다. 살보란 소그드어로 실크로드를 오가는 캐러밴, 즉 대상의 우두머리를 의미하는 'Sartpaw'를 한자로 음역한 말이에요. 원래 상인 무리의 대장을 일컫는 말이지만 중국에서는 소그드 마을의 리더를 가리키는 명칭으로 쓰였습니다.

마을 이장 같은 거라고 보면 될까요?

그보다는 훨씬 큰 권한이 부여된 자리였어요. 살보는 이름뿐인 명예직이 아니라, 정5품이나 되는 높은 관직이었습니다. 중국은 6세기부터 아예 살보부를 따로 설치했어요. 오늘날로 따지면 살보부가 여가부, 교육부 같은 정부 부처가 된 겁니다. 중국에서 소그드인들이 갈수록 늘어나고 이들의 영향력이 강해지면서 살보의 권위도 함께 높아진 거예요.

돈 벌러 왔다가 중국 감투까지 쓰게 됐네요.

그만큼 살보가 하는 일도 많았습니다. 소그드 마을의 대표로서 행정 업무는 물론이고 소그드인들의 전통 종교인 조로아스터교와 관련된 일까지 감독했어요. 때로는 중국의 사신으로 다른 나라를 방문하기도 했습니다. 살보가 외교관 역할까지 한 거예요.

나라를 대표하는 사신으로 외국인을 보냈다고요?

소그드인만큼 사신으로 적합한 부류도 없었습니다. 어려서부터 상인 교육을 철저히 받은 소그드인들은 외국어에 능통했을 뿐 아니라 협상의 귀재였어요. 더욱이 오랜 세월 중국에 머무르며 중국 백성의 한 사람으로 의무를 다하고 있었고요. 세금을 내는 건 물론이고 부역에도 나가 경제 성장에 힘을 보탰죠. 그러니 중국 입장에서 능력 있는 소그드인들을 기용하지 않을 이유가 없어요. 게다가 유목민 왕조가 다스리던 북조는 한족, 이민족 할 것 없이 능력이 뛰어난

관롱집단의 본거지
관롱집단은 관중(현재 섬서성)과 농서(현재 감숙성 동쪽) 지역을 기반으로 세력을 일군 정치집단을 말한다. 북주의 우문태가 관롱 지역을 중심으로 한과 호의 결합을 추진하는 과정에서 형성됐으며 북주부터 당나라 때까지 300여 년간 중국의 중심 세력이었다.

사람을 등용했잖아요.

소그드인들이 남조에 정착한 예는 없나요?

남북조시대에 소그드 마을은 대부분 중국 북방에 몰려 있었습니다. 소그드인들이 중국 사회에 받아들여질 수 있었던 배경에는 한족과 이민족의 통합을 추구한 북조 왕조의 거듭된 노력이 있었어요. 출신에 상관없이 실력 있는 인재를 국정에 투입한 것도 북조의 사회통합 정책 중 하나였습니다.

특히 중국 북방의 북주는 선비족 귀족과 한족 귀족의 혼인으로 결속력을 다진 관롱집단이 지배계층이었어요. 북주의 관롱집단은 한과 호 융합의 결정체나 마찬가지였습니다. 이들은 관롱 지역을 본거지로 성장했는데 이곳은 오늘날 중국 섬서성과 감숙성 동쪽 지역입니다. 왼쪽 지도에서 붉게 표시된 곳이죠. 섬서성이 한족의 오랜 준거지였다면 감숙성 동쪽은 이민족이 드나드는 통로였어요.

위치가 정말 절묘하네요. 중원도 하서회랑도 지척에 있어요.

지리적 위치부터 한과 호가 결합하기 쉬웠다는 걸 알 수 있습니다. 북주는 관롱집단의 활약에 힘입어 577년 북제를 꺾고 중국 북방을 통일합니다. 이후 북주를 계승한 수나라는 남조까지 집어삼켜요. 아래 지도는 589년 수나라가 중국 전체를 통일한 모습입니다. 이때 수나라는 서방 진출의 야심을 품고 수도를 낙양에서 장안으로 옮겼어요. 이로써 수백 년간 지속된 남북조시대가 막을 내리게 됐죠.

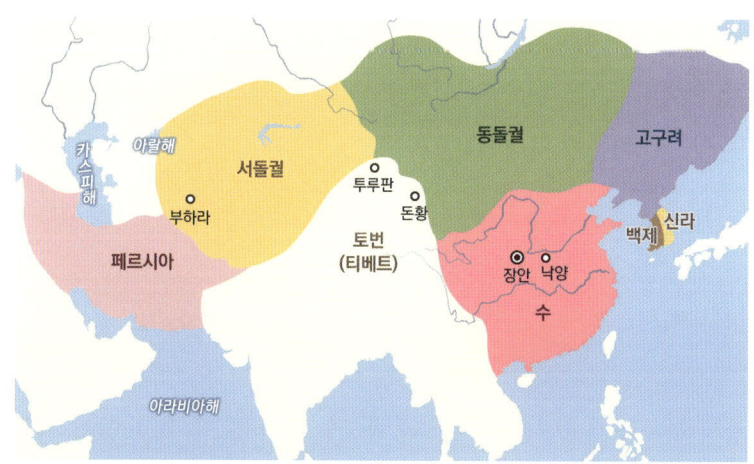

6세기 수나라의 중국 통일과 아시아의 판도
577년 북주는 북제를 제압해 중국 북방을 통일한다. 이후 북주는 수나라로 이름을 바꾸고 7년 뒤 남조를 멸망시키며 통일 제국을 건설했다.

북조와 남조는 영원히 대립할 거 같았는데 결국 통일을 맞았네요.

네. 결과만 보면 남북조시대의 최후 승리자는 북조 계통의 이민족 왕조였습니다. 북조 왕조는 차별과 배척보다 통합과 포용을 내세워 중국을 다스렸어요. 이 정치적 기조가 마침내 통일이라는 결말을 낳은 거죠. 중국의 소그드인들은 이 같은 북조의 개방적인 사회 분위기 속에서 자신들의 기량을 맘껏 펼칠 수 있었습니다. 그사이 이민족 상인에 불과했던 소그드인들은 어느새 중국의 경제는 물론이고 정치와 문화에까지 관여하는 큰손으로 성장해요. 중국 사회에서 무시 못할 영향력을 행사하는 존재로 거듭난 겁니다.

중국 귀족에게 굽신거리며 산호를 바칠 때와는 또 다른 모습이네요.

이와 함께 소그드 공동체의 리더인 살보도 귀한 대접을 받게 됩니다. 이들은 중국 귀족이나 고위 관료만큼 부귀영화를 누렸어요. 장례 역시 호화롭게 치러졌고요.

| 로마에서는 로마법을 따른다 |

중국에서 소그드인들의 무덤이 발굴된 건 비교적 최근 일입니다. 1990년대 말부터 2000년대에 걸쳐 중요한 소그드 무덤이 연이어 발견됐어요. 대부분 살보의 무덤으로 추정되죠.

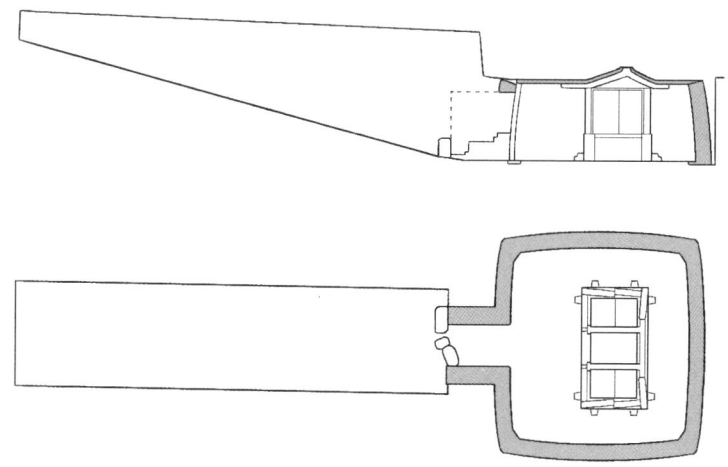

우홍묘의 측면도와 평면도
소그드 살보의 무덤은 당시 북조에서 일반적으로 썼던 묘의 구조와 일치한다. 전축분으로 조성한 묘실은 반구형 천장으로 이루어졌으며, 무덤 곳곳에 벽화로 장식한 흔적이 남아 있다.

소그드인들은 시신을 땅에 안 묻잖아요.

맞습니다. 소그드 전통에서 시신은 부정하기 때문에 매장하지 않습니다. 그래서 뼈를 넣은 납골기를 지상 납골당에 안치하죠. 그러나 중국에 살던 소그드인들은 달랐어요. 한족의 영향을 받아 무덤을 조성했습니다. 6세기 후반에서 7세기 초에 걸쳐 집중적으로 조성된 살보의 무덤은 동시대 북조 무덤과 여러 면에서 흡사합니다. 위 평면도는 592년 사망한 우홍의 무덤이에요. 땅을 경사지게 파고 들어가 맨 안쪽에 묘실을 둔 방식이 북조의 누예묘나 서현수묘와 똑같습니다. 당시 소그드 무덤 대부분이 이런 식으로 조성됐어요.

우홍도 살보였겠죠?

우홍은 중앙아시아 출신으로 북제, 북주, 수나라에서 연이어 살보에 임명된 인물입니다. 교육열이 높은 할아버지 밑에서 일찍이 조로아스터교 경전 『아베스타』를 익히는 등 수준 높은 교육을 받았죠. 성장해서는 유목제국 유연의 사신으로 페르시아에 파견돼 왕과 함께 사냥할 정도의 위치까지 올랐어요. 이후 북제에 방문했다가 정치적 혼란에 휩쓸려 오도 가도 못하는 신세가 되자 북제 황제가 우홍을 스카우트합니다. 그렇게 중국에 머무르게 된 우홍은 살보가 되어 북조 왕조의 사신으로 뛰어난 외교 실력을 뽐냈어요. 58세의 나이로 세상을 떠날 때까지 황제의 신망을 받으며 권세를 누렸습니다.

무슨 영화 주인공 같아요. 인생이 드라마틱하네요.

해피엔딩을 맞은 것까지 딱 주인공 서사입니다. 이 무렵 소그드 무덤의 또다른 특징을 꼽자면 당시 북조에서 유행한 석장구를 사용해 장례를 치렀다는 점이에요. 석장구의 장구(葬具)는 한자로 장사 지낼 장(葬) 자에 갖출 구(具) 자를 써서 장례에 쓰는 기구를 뜻합니다. 돌로 만든 장례 용구라는 의미죠. 석장구는 모양에 따라 크게 두 종류로 나뉘는데, 옆 페이지 위에서 왼쪽이 침상 형태의 석관 받침, 오른쪽이 중국 목조 건물을 모방한 석당입니다. 바로 아래 사진은 571년 조성된 강업묘의 발굴 당시 모습이에요. 침상 형태의 석관 받침에는 이런 식으로 시신을 놓았습니다.

정말 시신이 침대에 누워 있는 것처럼 보여요. 으스스하네요.

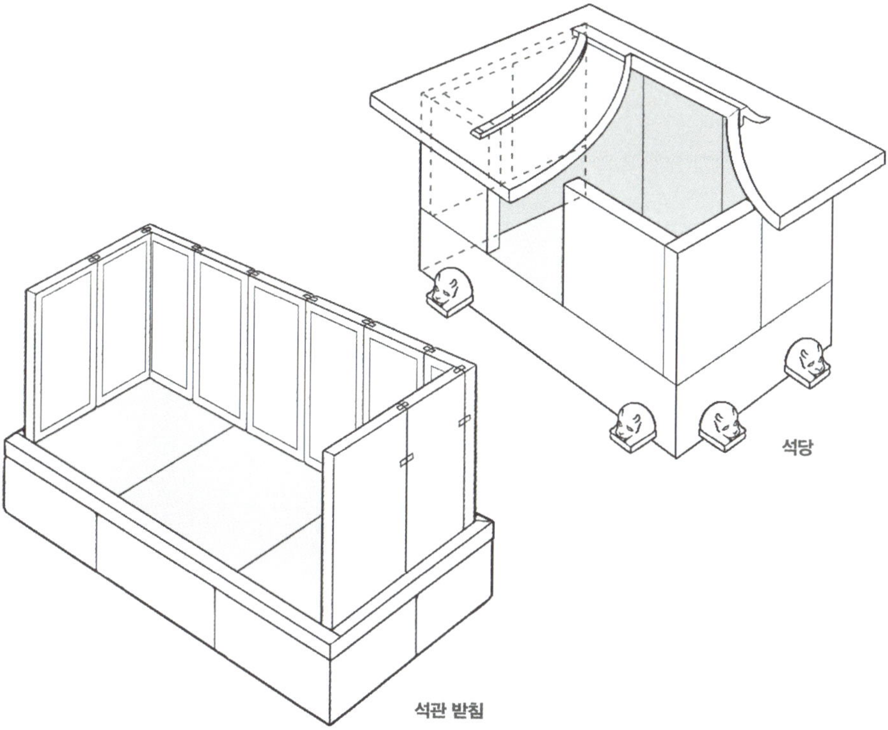

석당

석관 받침

석관 받침, 571년, 강업묘 출토, 중국 섬서성 서안
2004년 발굴된 강업묘에서는 비단옷을 입은 시신이 놓여 있는 석관 받침이 발견됐다. 사마르칸트 왕가의 후손이었던 강업은 북주의 장수로 권세를 누렸다.

| 사라지지 않는 것 |

이 유골은 비단 옷을 입은 채 발견됐답니다. 무덤 주인의 성이 강씨인 것으로 보아 소그디아나 사마르칸트 출신 관리로 추정되죠.

그러네요. 사마르칸트가 강국이었죠!

이처럼 중국에 정착한 소그드인들은 한족 전통에 따라 무덤을 조성했습니다. 그러나 무덤을 장식한 소재는 여러 지역의 문화가 혼재된 소그드 특유의 이국적인 요소로 채워졌어요. 오른쪽에서 소그드 석장구 중 대표적인 석관 받침과 석당을 보겠습니다. 위가 일본 미호박물관에 소장된 석관 받침이고, 아래가 우홍묘에서 발견된 석당이에요. 두 석장구는 모두 흰 대리석으로 제작됐다는 공통점이 있습니다.

대리석이면 비싼 돌 아닌가요?

지금도 대리석은 높은 가격에 거래되지만 남북조시대에는 아무나 가질 수 없을 만큼 비쌌습니다. 구하기도 힘들었고요. 게다가 대리석을 깎는 일이 어디 쉬웠겠어요? 위에 있는 미호박물관 석관 받침은 부조로 장식된 병풍만 12개입니다. 그 아래 우홍묘 석당은 9개의 석판에 부조가 새겨졌어요. 장인들의 정성이 엄청나게 들어간 무덤이라는 뜻입니다. 웬만한 재력가가 아니고서는 이토록 호화로운 석장구를 주문해 무덤에 넣기 어려웠을 거예요.

(위)석관 받침, 6세기, 일본 미호박물관
(아래)석당, 592년, 우홍묘 출토, 중국 산서성 태원
소그드 살보의 무덤에서 발견된 석장구로, 위는 침상 형태의 석관 받침, 아래는 석당의 형태를 띠고 있다. 두 석장구 모두 연회도, 출행도, 묘주 초상 등 중국 장례 미술에 등장하는 정형화된 주제들로 장식됐다.

그런데 우홍묘 석당에 지붕이 안 보여요.

사진으로는 볼 수 없지만 발굴 당시엔 중국 전통 가옥처럼 지붕이 있었습니다. 그래서 우홍묘의 석당은 중국과 서방 미술이 본격적으로 융합한 대표적인 사례로 여겨지기도 해요. 석장구의 형태는 중국 목조 건축물을 모방했으면서도 거기에 새겨진 부조는 전혀 중국적이지 않으니까요.

물론 무덤의 전체적인 형식은 중국 무덤을 따랐습니다. 옆에서 두 석장구의 구조도를 보세요. 연회도, 출행도, 수렵도 등 중국 무덤 미술의 단골 주제가 여기서도 반복됩니다. 중국 사람들이 무덤 벽에 생활풍속도나 천상 세계를 그린 것처럼 중국의 소그드인들은 살아생전의 위엄과 죽은 뒤의 소망을 석장구에 표현했습니다.

소그드인들은 왜 벽화가 아니라 석장구에 그런 장면을 새긴 건가요? 당시의 중국 전통을 따랐다면 벽화를 그려야 맞지 않나요?

소그드 무덤에 벽화가 하나도 없는 건 아니에요. 하지만 누예묘나 서현수묘 같은 동시대 중국 무덤에 비하면 벽화의 비중이 낮은 건 사실입니다. 아마도 납골기에 뼈를 넣는 소그드의 장례 풍습이 영향을 준 거겠죠. 소그드인에게 석장구는 일종의 커다란 납골기였는지 모릅니다. 그래서 석장구를 이토록 정성스레 꾸민 거예요.

아무리 중국 풍속을 따랐다지만 이럴 땐 또 소그드인 같네요.

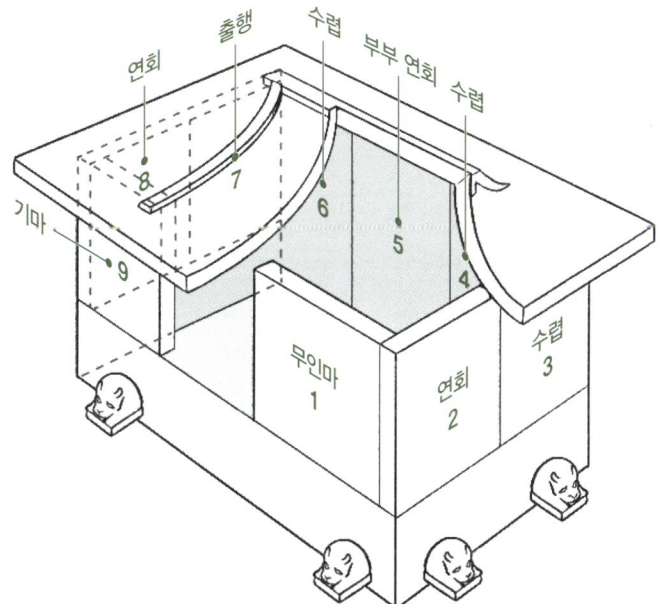

(위)일본 미호박물관 석관 받침 부조에 표현된 주제들
(아래)우홍묘 석당 부조에 표현된 주제들

❶ 부귀영화를 누리며

이제 석장구의 세부를 살펴보겠습니다. 오른쪽 위는 일본 미호박물관 석장구의 부부 연회 장면입니다. 음식을 앞에 두고 남편과 아내가 마주앉아 술잔을 들고 있어요. 부조의 전체적인 구성이 앞에서 본 서현수묘 벽화의 부부 연회도와 상당히 비슷합니다.

건물 안에 부부가 나란히 앉아 있는 모습이 그렇네요.

그런데 미호박물관 석장구에 표현된 부부는 생김새가 무척 달라요. 오른쪽에 있는 남편을 보세요. 긴 턱수염에 고깔모자를 쓴 모습이 한눈에 봐도 소그드인입니다. 그뿐 아니라 남성을 표현한 방식도 이국적이에요. 바로 옆에 있는 페르시아 부조와 비교해보세요. 인물 표현법이 비슷합니다. 반면 남자 맞은편에서 다소곳하게 술잔을 든 아내는 작고 가는 이목구비가 중국 여성처럼 보여요. 소그드 남성과 중국 여성 커플입니다.

페르시아 부조(부분), 기원전 6세기, 페르세폴리스 아파다나 궁

국제 결혼한 부부군요!

(위)부부 연회, 6세기, 일본 미호박물관
(아래)부부 연회, 571년, 시현수묘, 중국 산시성 태원
부부가 마주 앉아 술잔을 들고 있는 장면은 부부 연회도의 흔한 구성이다. 소그드 살보 무덤에서는 당시 북조 고위 관료들의 무덤과 같은 구성의 벽화로 석장구를 장식했다.

부부 연회, 6세기, 일본 미호박물관
무용수가 무대 중앙에서 춤을 추고, 악단이 주변에 둘러서서 악기를 연주하는 연회 장면은 무덤 벽화부터 공예품에 이르기까지 다양한 곳에 장식됐다.

부부가 앉은 평상 아래로는 왁자지껄한 공연이 열렸습니다. 무대 중앙의 무용수가 한쪽 다리를 굽힌 채 호선무를 추고 있어요. 펄럭이는 치맛자락이 무용수의 경쾌한 몸놀림을 상상하게 하죠. 석판 하단에는 두 손을 모은 사람이 무용수의 발을 받치고 있고, 각종 악기를 연주하며 흥을 돋우는 악단도 있습니다. 왼쪽 맨 아래에 놓인 항아리도 눈길이 가요. 목이 길고 손잡이가 달린 모양이 전형적인 호병입니다. 비슷한 장면은 옆에 있는 우홍묘 석장구에서도 발견돼요.

부부 연회, 592년, 우홍묘, 중국 산서성 태원
어린 시절부터 페르시아 문화를 가까이 접했던 우홍은 자신의 무덤을 이국적인 요소로 채웠다. 머리와 목에 스카프를 두른 사람들은 페르시아 미술에서 자주 볼 수 있다.

화면 중앙에 묘주 부부가 마주 앉아 술잔을 들고 있습니다. 그 아래에는 원형 카펫에 올라가 호선무를 추는 무용수가 보여요. 그 주변에 악단이 있는 것까지 미호박물관 석장구와 똑같습니다.

앞에서 본 편호에도 같은 장면이 있지 않았나요?

연회 장면은 워낙 많이 반복되는 소재다보니 표현 방식이 정형화돼 있었어요. 차이가 있다면 소그드 석장구의 세부 표현이 훨씬 이국적

우홍묘의 부부 연회 일러스트

이라는 점입니다. 두 석장구에는 용이나 봉황처럼 중국 미술에서 흔히 보이는 길상도 눈에 띄지 않아요. 특히 우홍묘는 미호박물관 석장구보다 더 이국적입니다. 위 일러스트에서 우홍의 모습을 보세요.

엄청나게 화려하네요.

중국에서 보기 힘든 옷차림입니다. 게다가 부조 속 인물들은 모두 머리 뒤쪽에 스카프 같은 끈 장식을 달았어요. 심지어 지붕 위의 새들도 목에 비슷한 장식을 달고 있죠.
바람에 나풀거리는 듯한 이 끈 장식은 페르시아 미술에서 자주 보

한족 귀족과 소그드 상인의 접견 장면 일러스트

이는 요소입니다. 그중 목에 리본을 단 새의 이미지는 동시대 중국 관료 무덤에서도 재현될 만큼 중국 내에서 인기를 끌었어요. 위에 있는 북조 석곽의 그림을 보세요.

앞에서 본 그림이네요.

소그드 상인이 중국 귀족에게 산호를 바치며 뭔가를 청탁하는 모습이었죠. 중국인 묘주 머리 위에 날개를 펼친 새 한 마리가 날고 있습니다. 이 새 역시 목에 나풀거리는 리본을 달았어요. 이처럼 페르시아풍의 이국적인 이미지들은 소그드인들을 통해 중국 미술에 스며들었습니다.

❷ 짐승을 제압하는 왕

옆은 우홍이 사냥하는 장면을 담은 석판을 그림으로 옮긴 겁니다. 여기에서도 목에 리본을 단 새를 볼 수 있어요.

이 새는 꼿꼿이도 서 있네요.

그런 새의 모습도 중국과 다른 점입니다. 중국에서는 새를 표현할 때 곡선미를 강조하는 게 일반적이거든요. 북조 석곽에 표현된 새만 해도 날개를 펼친 유연한 모습으로 재현됐어요. 하지만 우홍묘의 새는 곡선미는커녕 페

수렵 장면 일러스트

르시아 부조처럼 직선적이고 딱딱한 느낌을 줍니다. 둘 다 목에 리본을 달았지만 새를 표현하는 방식에는 차이가 있는 거죠.
이 석장구의 주인공인 우홍도 페르시아적이기는 마찬가지입니다. 옆 페이지에 있는 페르시아 은접시의 인물과 우홍의 모습을 비교해 보세요. 이 은접시는 4세기경 페르시아 사산 왕조에서 제작됐습니다. 페르시아 왕이 말을 타고 활을 쏘는 수렵 장면이 표현됐죠.

(왼쪽)수렵 장면, 592년, 우홍묘 (오른쪽)페르시아 사산 왕조 은접시, 4세기 말, 이란 출토
소그드 석장구에 표현된 우홍의 초상은 페르시아 사산 왕조 은접시에 묘사된 페르시아 왕과 흡사하다.

설마 우홍과 페르시아 왕이 동일 인물인가요. 너무 똑같은데요.

아닙니다. 그런데 같은 사람으로 착각할 만큼 모습이 흡사하죠? 생김새는 물론이고 머리에 쓴 관과 너풀거리는 스카프 장식, 몸에 딱 달라붙는 옷차림이 페르시아 왕과 구별이 안 갈 정도입니다. 두 인물은 사냥 중이라는 점도 똑같아요. 다만 우홍은 말이 아닌 코끼리를 타고 있어요. 사자를 향해 칼을 뽑아 든 우홍의 모습이 위협적이죠. 주인의 사나운 기세를 느꼈는지 코끼리도 덩달아 긴 코를 힘껏 치켜세웠어요.

중원의 새로운 이방인 505

코끼리도 우홍만큼이나 박력이 넘치네요.

심지어 우홍묘 석장구에는 낙타가 사자의 허벅다리를 무는 모습도 나옵니다. 아래 석판을 보세요. 낙타의 갑작스러운 공격에 사자가 '꽥!' 소리를 지르며 고통으로 입을 쩍 벌렸어요. 실은 코끼리나 낙타가 이렇게 전투적으로 사냥에 참여하는 모습은 중국 미술에서 좀처럼 보기 힘든 장면입니다. 소그드 석장구에서나 접할 수 있는 독특한 이미지죠.

또 페르시아나 중앙아시아에서는 왕이 사나운 짐승을 사냥하는 모습을 통해 권력자의 용맹함과 위엄을 드러내는 전통이 있었어요. 앞에서 본 페르시아 은접시도 같은 모습을 보여주죠. 우홍묘는 석장구 장식 가운데 3분의 1이 사냥이나 싸움 장면입니다. 이를 통해 우홍의 권위를 뽐내려 한 거예요.

수렵 장면, 592년, 우홍묘

우홍은 왕이 아니잖아요?

살아생전 우홍은 왕이 아니

출행 장면, 592년, 우홍묘
동물들 간의 격투, 사냥 장면 같은 수렵도는 우홍묘 석장구에서 가장 큰 비중을 차지한다. 이를 통해 우홍의 강력한 권세를 왕에 버금가도록 표현했다

었지만 이 석장구에서는 왕과 같은 모습으로 묘사됐습니다. 사후 세계에서 왕에 버금가는 권세를 누리고자 스스로를 왕처럼 이상화해 무덤에 남긴 거예요. 우홍이 머리에 쓴 보관이 페르시아 왕관에서 유래한 일월 장식으로 꾸며졌다는 점만 봐도 알 수 있죠. 한편 왕처럼 군림하는 우홍 아래쪽에는 사자가 기세등등한 모습으로 사냥하고 있습니다. 이 장면은 우홍의 용맹함과 강인함을 더 부각하는 역할을 해요.

위엄을 뽐내는 방법이 확실히 중국과 다르네요.

❸ 유목민과 나란히

수십 수백의 마차와 하인을 데리고 행렬하는 모습을 무덤에 담아 묘주의 위엄을 뽐낸 중국인과는 또 다르죠. 소그드 석장구에 짐승들의 격투 장면이 유난히 많이 등장하는 이유가 있습니다. 수백 년간 에프탈과 돌궐의 지배를 받았던 소그드인들은 자연스레 유목민 문화를 흡수했어요. 그 결과 소그드 석장구에는 짐승들의 격투 장면을 비롯해 유목민과 관련된 문화도 비중 있게 표현됩니다.

짐승들이 싸우는 장면 말고도요?

물론입니다. 옆에서 안가묘 석장구를 보세요. 북주의 살보였던 안가는 579년에 사망해 무덤에 묻혔어요. 오른쪽 석판은 안가가 돌궐인 부족장과 유르트 안에서 이야기를 나누는 모습입니다.

유르트는 유목민의 전통 가옥으로, 가죽이나 짐승의 털로 만든 천막이에요. 조립식이라 이동이 용이하다는 장점이 있죠. 오늘날 몽골과 중앙아시아 초원에는 여전히 유르트에 거주하는 사람이 많습니다.

유르트
유목민들의 전통 가옥으로 가죽이나 펠트로 만든, 이동이 용이한 조립식 천막이다.

소그드인과 유목민이 가깝게 지냈다는 게 실감 나요.

야영 장면, 579년, 안가묘, 중국 섬서성 서안
유르트 안에서 안가와 돌궐인이 대화를 나누는 중이다. 화면 하단에 짐을 잔뜩 짊어진 낙타와 말이 있는 것으로 보아 교역과 관련된 장면이라는 것을 추측할 수 있다.

유르트 바깥에서는 안가 일행이 무릎을 꿇고 앉아 두런두런 이야기를 나누고 있습니다. 화면 아래에 낙타가 무리 지어 있는 걸 보니 이들이 낙타를 타고 돌궐인을 만나 교역을 하는 모습 같군요.

실크로드에서 마주친 게 아닐까요?

그럴지도 모르죠. 석장구만 보면 안가는 유능한 상인이자 외교관처

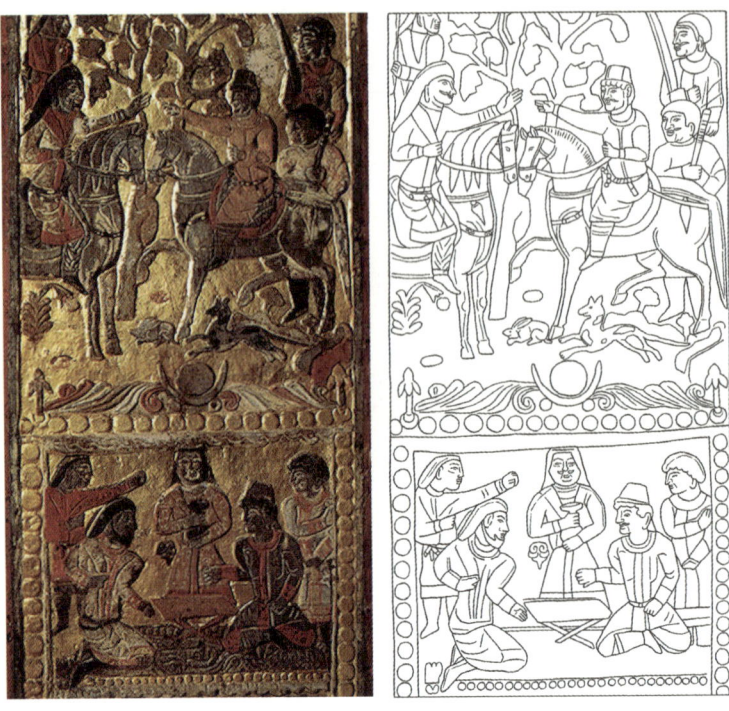

협상 장면, 579년, 안가묘
소그드인과 돌궐인의 협상 장면은 당시 실크로드를 놓고 소그드인과 돌궐인이 경쟁을 벌였던 역사적 사건에 기반한 것으로 보인다.

럼 보입니다. 위에 있는 부조 역시 안가와 돌궐 사람의 교류 장면이에요. 석판 상단에 말을 탄 두 사람이 손을 번쩍 들어 인사를 나누고 있습니다. 오른쪽이 안가, 왼쪽이 돌궐인입니다.

사이가 무척 좋아 보여요.

글쎄요. 속마음은 서로를 견제하느라 바쁘지 않을까요? 사실 두 사람은 중요한 협상을 앞두고 있거든요. 석판 하단을 보세요. 돌궐인

석장구, 579년, 안가묘 출토, 섬서역사박물관
비교적 온전한 상태로 발견된 석장구로 강렬한 붉은색과 화려한 금칠이 그대로 남아 있다. 이 석장구는 12개의 석판으로 이루어졌으며 출행, 연회, 사냥 장면 등으로 구성됐다.

과 소그드인이 증인을 사이에 두고 협상을 벌이는 장면입니다. 표정을 보아하니 두 사람 모두 만족할 만한 계약이 성사된 것 같군요.

무슨 계약을 한 건지 궁금해지네요.

아마도 교역과 관련된 계약이겠죠. 소그드인과 돌궐인이 동맹을 맺는 모습은 소그드 무덤에서만 볼 수 있는 특별한 장면이랍니다. 이처럼 중국의 소그드 사람들은 석장구에 자신들만의 고유한 문화와 풍속을 담았어요. 그중에서도 석장구에 표현된 장례 모습은 소그드적인 색채가 강하게 드러나는 장면입니다.

장례 장면, 6세기, 일본 미호박물관
소그드 석장구에는 중국 무덤 미술에서 볼 수 없는 조로아스터교와 관련된 장례 장면이 등장한다. 화면 상단 중앙에 파담을 쓴 조로아스터교의 제사장이 보인다.

④ 빛의 신을 향해

왼쪽 석판은 미호박물관 석장구에 표현된 장례 모습입니다. 석판 중앙에 박스로 표시한 부분을 보세요. 파담을 쓴 조로아스터교 사제가 양손에 무언가를 든 채 서 있어요. 그 앞에는 마치 장구를 세워 놓은 것 같은 불의 제단이 보입니다. 조로아스터교 의식을 치르는 장면이 석장구에 표현된 거예요. 이와 비슷한 이미지는 우홍묘 석장구에서도 발견됩니다.

아래는 우홍묘 석당에 있는 이미지 중 하나를 일러스트로 옮긴 겁니다. 상체는 사람이고 허리 아래는 새의 모습을 한 두 인물이 불의 제단을 바라보고 있어요. 예사 존재가 아닌 듯 화려한 외형이 신비로운 느낌을 주죠. 불의 제단을 지키는 신성한 존재들이에요.

이 인물들도 스카프를 두르고 있네요.

불의 제단을 지키는 존재들, 592년, 우홍묘

사그디드 의식을 상징하는 개, 6세기, 일본 미호박물관
소그드 석장구에 등장하는 개들은 시신의 몸에 깃든 악령을 억압하는 사그디드 의식과 관련이 깊다.

보통 존재가 아니라는 의미겠죠. 조로아스터교와 관련된 이미지는 또 찾을 수 있습니다. 제사장 발아래에 있는 개를 보세요. 이 개는 조로아스터교에서 시신을 개에게 보이는 사그디드 의식을 암시합니다. 앞에서도 말했지만 사그디드는 개의 시선이 시신에 깃든 악령의 힘을 빼앗아 악령이 밖으로 나오는 것을 막는 의식이에요.

악령의 힘을 빼앗는 개치고는 너무 귀엽네요.

다른 장면을 보면 그 생각이 싹 사라질걸요. 사제 바로 뒤에 있는 네 사람은 손에 하나같이 칼을 들었습니다. 심지어 그 칼로 지금 자기 얼굴에 상처를 내는 중이에요.

아니, 왜 그런 잔인한 행동을 하는 건가요?

이 사람들은 돌궐인입니다. 북방 유목민들의 장례 풍습 중에는 장례 기간에 칼로 자기 얼굴을 그으며 통곡하는 의례가 있었어요. 돌궐인은 이 풍속을 오래도록 지킨 사람들이었습니다. 죽은 이의 친족이 자신들 얼굴에 일부러 상처를 내며 피와 눈물로 망자를 애도하는 거죠. 중국 문헌에는 이 풍습에 대한 기록도 남아 있습니다.

> 사람이 죽으면 그 시신을 천막 안에 두고, 가족과 친족이 양이나 말을 죽여 천막 앞에 둔 채 제사를 지낸다. 말을 타고 천막 주위를 일곱 번 도는데, 천막 입구에 올 때마다 칼로 얼굴에 상처를 내며 운다. 피와 눈물이 함께 흐르지만, 이 같은 행위를 일곱 번 한다. 날을 골라 죽은 이가 탔던 말이나 일상에서 사용했던 물건을 시체와 함께 태운다. 그리고 남은 재를 거두어 때를 기다렸다가 묻는다.

돌궐인들은 슬픔을 표현하는 방식이 남달랐네요. 친척이 여럿 죽으면 얼굴이 흉터투성이가 되겠어요.

사실 조로아스터교에서는 이렇게 격렬한 방식으로 슬픔을 표현하는 일을 금지했습니다. 이런 흥분 상태가 악마를 부른다고 믿었거든요. 그러나 돌궐의 장례 풍습은 소그드인들에게도 큰 영향을 주었던 모양이에요. 얼굴을 칼로 그으며 망자를 애도하는 모습은 소그드 석장구뿐만 아니라 소그디아나의 유적이나 납골기에서도 자

칼로 얼굴을 긋는 사람들, 6세기, 타지키스탄 판지켄트
벽화 하단의 사람들이 칼로 얼굴을 그으며 망자를 애도하고 있다. 머리카락을 쥐어뜯기도 하며 죽은 이를 떠나보내는 슬픔을 격렬하게 표현했다.

주 발견되니까요. 위는 소그디아나 판지켄트에 그려진 벽화입니다. 화면 아랫부분을 보세요. 날카로운 도구로 얼굴에 상처를 내는 사람들의 무리가 있습니다.

소그드인들이 믿은 조로아스터교는 이란의 조로아스터교와 달랐던 걸까요?

여러 지역을 오가며 장사를 했던 소그드인들은 다양한 문화를 접할 수밖에 없었어요. 그 영향으로 소그드 문화는 갖가지 문화가 뒤섞여 만들어졌습니다. 이 혼종성이야말로 소그드 문화의 핵심이라고 할 수 있어요. 이란의 조로아스터교와 차이가 날 수밖에요. 그럼에도 조로아스터교가 소그드인에게 미친 영향은 매우 컸습니다. 아래 미호박물관 석장구에는 조로아스터교 경전『아베스타』에 등장하는 친바트 다리도 등장해요.

어디요? 안 보이는데요?

오른쪽 귀퉁이의 구조물이 친바트 다리 입구입니다. 친바트 다리는 망자를 천국으로도, 지옥으로도 이끄는 심판의 다리예요. 죽은 이가 생전에 선하게 살았다면 친바트 다리를 무사히 건너 천국에 이를 수 있지만, 악하게 살았다면 다리에서 떨어져 지옥으로 가게 되죠.

친바트 다리 입구, 6세기, 일본 미호박물관

나나 여신, 6세기, 일본 미호박물관
소그드 석장구에는 조로아스터교의 다양한 상징을 포함해 나나 여신도 등장한다. 소그디아나의 나나 여신 도상과 똑같지는 않지만 팔이 4개인 점과 양손에 해와 달을 들고 있는 모습이 유사하다.

친바트 다리는 나나 여신과도 관련이 깊습니다. 소그드 사람들은 친바트 다리를 무너뜨릴지 말지를 심판하는 존재가 나나 여신이라 믿고 숭배했거든요.

옆은 미호박물관 석장구에 표현된 나나 여신의 모습입니다. 석판 맨 위에 팔이 네 개인 여인이 보여요. 위로 들어올린 두 손은 각각 해와 달을 쥐고 있죠. 양옆으로 너울대는 건 특유의 스카프 장식이에요. 이처럼 메소포타미아에서 유래한 나나 여신은 소그드 사람들을 통해 또다른 정체성을 얻게 됐습니다.

소그드인들의 문화 융합 능력은 정말 놀랍네요.

그 덕에 소그드인들은 중국 전통을 따라 무덤을 만들면서도 자신들의 독자성을 유지할 수 있었습니다. 이제껏 살펴본 소그드 석장구에서 그 점을 확인할 수 있었죠. 소그드 석장구에 담긴 이야기는 중국에 이주한 소그드인의 삶, 그 자체라 말할 수 있어요.

이쯤에서 강조하고 싶은 것이 하나 있습니다. 중국의 소그드인들은 소그디아나에 머무는 소그드인들과는 다른 존재였다는 점입니다. 중국인과 소그드인 사이, 그 어디엔가 위치한 사람들이었으니까요. 중국 사회의 일원이 된 소그드인들이 중국에 몰고 온 변화는 중국 안방을 차지한 북방 유목민만큼이나 격렬하고 폭발적이었습니다. 중국 미술도 그 영향을 고스란히 받았어요.

소그드인들이 중국에서 이토록 중요한 존재가 될 줄은 몰랐어요.

| 혁신은 혼란으로부터 |

오늘날 우리는 중국을 막연히 드넓은 땅에 자리한 거대한 나라라고만 생각합니다. 그 땅에 있는 모든 것을 '중국'이라는 이름으로 단순하게 정의 내리죠. 그러나 수천 년에 이르는 역사 내내 중국이 오늘날 우리가 생각하는 온전한 중국이기만 했던 건 아닙니다. 가령 한족의 고향인 중원이 그랬죠. 지금도 중원은 한족의 상징처럼 여겨지지만 이민족들이 중원을 차지한 때도 있었습니다. 아주 이른 시기부터 흉노 같은 다양한 이민족이 중원에 칼끝을 겨눴어요. 진시황의 만리장성도 그 과정에서 축조됐고요.

저도 은연중에 중원은 언제나 한족 차지라고 생각했던 것 같아요. 실은 그렇지 않았는데도요.

맞습니다. 이번 강의의 주무대인 3~6세기는 중국을 차지하려는 자들과 중국을 지키려는 자들의 싸움이 극에 달한 시기였어요. 저돌적으로 돌진해오는 이민족 세력과 이를 악물고 버티는 한족 세력 간의 다툼이 중원에서 끝없이 이어진 시기가 바로 이 무렵이죠.
그렇게 중국 땅에 발 딛게 된 이민족 중에는 북방 유목민처럼 창과 칼을 앞세워 중원을 점령하려 한 이들이 있었는가 하면, 소그드인처럼 교역을 통해 중원에 자신의 자리를 만들어낸 사람들도 있었습니다. 소그드인들은 모든 것을 파괴하고 인간을 사지로 내모는 전쟁 대신에 꿀과 아교로 중국을 사로잡았어요. 소그드인들을 통해 들어온 서방 문화는 또다른 자산이 되어 중국 미술의 성공적인 도약을 이끌었습니다.

북방 유목민이나 소그드인이나 이민족이라는 점은 같은데 중국을 점령한 방법은 전혀 달랐네요.

누군가는 이 시대를 중국 역사의 암흑기라고 말합니다. 거듭된 전쟁과 정치적 혼란으로 얼룩진 때라고요. 그러나 이번 강의에서 우리가 살펴본 미술만 떠올려봐도 이 시기를 단순히 중국 역사의 암흑기라 부르긴 어려울 것 같습니다. 오히려 중국의 미술과 문화가 새로운 차원의 풍성함을 얻은 시대라고 말하는 게 옳지 않을까요? 이 시간에 만나본 동양의 미술은 지극히 중국적인 것부터, 중국과 아주 거리가 먼 것까지 골고루 포함돼 있습니다. 여기서 중국적이라는 말은 한족의 성격이 두드러지는 미술을 뜻해요. 산수화를 포함한 회화, 그리고 은은하게 빛나는 청자 같은 것들 말이죠.

반면에 중국에서 나왔다고는 믿어지지 않는 미술도 많았습니다. 금속제 컵이나 접시, 목이 긴 병, 소그드 석장구 등이 그렇죠. 얼핏 보면 서아시아, 즉 페르시아나 중앙아시아 어디쯤에서 제작된 것처럼 보이는 미술품들이었어요. 하지만 놀랍게도 이 모두가 중국 땅에서 발굴됐습니다. 얼마나 다종다양한 미술품이 중국에 들어왔는지 실감하는 순간이었을 거예요.

정말 다양한 미술이 등장해서 지루할 틈이 없었어요.

그런 의미에서 3~6세기의 중국은 시대의 혼란을 자양분 삼아 변화와 혁신이 일어난 때라고 볼 수 있습니다. 중국의 이민족들은 한족이 품에 꽁꽁 싸매고 있던 중국 땅을 한순간에 갈아엎고 새롭게 일군 주역이었어요. 그 결실 중 하나가 바로 이 시대의 미술입니다. 당시 호와 한의 이중주는 이전에 없던 다채로운 선율을 빚어냈어요. 그리고 이들의 연주는 다음 시대로 이어져 마침내 당나라 미술이라는 화려한 오케스트라로 세상에 울려퍼지게 됩니다.

| 필기 노트 | 03. 중원의 새로운 이방인

북조 왕조는 중국에 이주한 소그드인들을 적극적으로 포용하는 정책을 실시한다. 소그드인들은 중국의 정치, 경제, 문화에 깊이 관여하며 점차 중국의 일원으로 자리 잡는다. 한족의 나라였던 중국은 3~6세기를 기점으로 북방의 이민족과 소그드인을 통해 새로운 중국으로 거듭나며 미술도 그 영향을 받게 된다.

- **이방인에서 현지인으로**
  - **중국의 소그드인** 대부분이 상인. 그 밖에 예능인, 수공업자, 외교관 등 다양한 분야에서 활약함.
  - **살보** 본래 상인의 우두머리라는 뜻이었으나 중국 땅에 조성된 소그드 마을을 관리하는 대표로서 영향력을 행사함. 중국 황실은 살보를 높은 관직으로 삼고 살보부를 설치함.

- **미술에 스며든 호풍**
  - **편호** 앞뒤가 납작한 그릇으로, 유목민들이 물병으로 사용한 가죽 주머니를 본떠 만듦.
  - **각배** 고대 페르시아의 술잔에서 유래한 뿔 모양의 잔. 유목민 문화에서 매우 흔한 물건. 실제 짐승의 뿔을 가공하여 만들었으나 중국에서는 아예 도자기로 제작함.
  - ⋯› 유목민 문화와 함께 소그드인들이 전파한 서방의 문물과 미술이 중국에 녹아듦

- **소그드 석장구**
  - **소그드 무덤** 시신을 매장하지 않는 소그드 전통에서 벗어나 중국 한족의 영향을 받아 무덤을 조성함. 반면 무덤을 장식한 소재는 소그드인 특유의 혼종적인 성격을 띰.
  - **석장구** 돌로 만든 장례 용구. 침상 형태의 석관 받침, 중국 목조건물을 모방한 석당(석곽)이 있음.
  - ⋯› 소그드 석장구는 납골기에 뼈를 넣는 소그드 장례 풍습의 연장선으로 보기도 함.

- **우홍묘**
  - **우홍묘** 북조의 살보였던 우홍의 묘.
  - ① **한족적 주제** 연회도, 출행도, 수렵도 등 묘주 생전의 위엄과 사후의 소망을 석장구에 장식함.
  - ② **소그드 문화** 조로아스터교와 관련된 이미지, 페르시아풍의 끈 장식, 호선무를 추는 무용수, 유목민이 연상되는 수렵 장면 등 여러 문화가 한데 뒤섞인 소그드 문화의 다양성을 보여줌.
  - 참고 호선무 뱅글뱅글 도는 동작이 특징인 소그드인들의 전통 춤.

소그드 미술 다시 보기

5~6세기
금속기
박트리아에서 제작한 금속기로 중국에서 발견됐다. 타원형의 몸통에 기다란 목과 비죽 솟은 손잡이가 전형적인 호병의 모습이다.

5~6세기
황금단지
얇은 금판을 다듬어 동그랗게 만들고 그 안에 붉은 보석을 상감한 황금단지다. 뚜껑은 팔메트 문양으로 장식해 이국적인 분위기를 풍긴다.

575년
편호
그릇의 앞 뒤가 납작한 편호는 유목민이 물병으로 사용하던 가죽 주머니를 본떠 만들었다. 그릇 정중앙에는 소그드인 악단과 호선무를 추는 소그드 무용수가 표현됐다.

	돌궐제국 건국		북주, 중국 북방 통일
	552년		577년

5세기경
에프탈, 소그디아나 점령

6세기경
소그드 석장구
침상 형태의 석관 받침이다. 12개의 석판과 2개의 궐로 이루어졌다. 중국의 부유한 소그드 살보들은 한족처럼 무덤을 조성하고 화려한 석장구를 제작했다.

7세기경
아프라시압 궁전 벽화
소그디아나 아프라시압 궁전 벽화에는 고구려인으로 추정되는 사신들이 등장한다. 바르후만 왕의 즉위식을 주제로 삼은 이 벽화는 각국의 사신들이 왕에게 조공을 바치는 모습을 담았다.

7세기경
납골기
소그드인들의 장례용품. 납골기 하단에는 조로아스터교 사제들의 의례 장면이, 상단에는 춤추는 두 여인이 표현됐다.

북주, 수나라로 이름 바꿈	돌궐, 동돌궐과 서돌궐로 분열	수나라, 중국 통일	우홍묘 조성	수나라 멸망 당나라 건국
581년	582년	589년	592년	618년

6세기경
서돌궐, 소그디아나 점령

7세기경
아랍, 소그디아나 침략

인명·지명 찾아보기

4권에 등장하는 주요 인물과 장소 명칭을 가나다순으로 정리하고, 독자의 심화 학습을 돕기 위해 널리 통용되는 다른 이름들과 원어명 등을 함께 넣었습니다. 관련된 본문 위치는 쪽번호만 표시했습니다.

가욕관 지아위관, 嘉峪關[Jiāyù Guān]
130, 137, 142, 145, 153~154, 171

고개지 顧愷之[Gù Kǎizhī]
223, 239, 251, 282, 284

낙양 뤄양, 洛陽[Luòyáng]
55, 305, 308, 471, 489

난주 란저우, 蘭州[Lánzhōu]
72, 83, 107

남경 난징, 南京[Nánjīng]
56, 195, 368

내몽골 네이멍구, 내몽골자치구, 內蒙古[Nèi Měnggǔ]
32, 275

누예 婁睿[Lóu ruì]
308~323, 327~328, 337~338, 372, 491, 496

대동 다퉁, 大同[Dàtóng]
261, 275, 392

돈황 둔황, 敦煌[Dūnhuán]
71~72, 74, 90, 107, 111, 127, 290, 469, 472, 476, 484

돌궐	突厥[Tūjué] 434~439, 480, 508~511, 515
막고굴	돈황 석굴, 천불동, 모가오쿠, 莫高窟[Mògāokū] 74~79, 81, 83, 90, 278, 284, 286, 289, 318, 476
만리장성	장성, 長城[Chángchéng] 15~17, 21~22, 28~30, 126, 144, 520
바르후만	Varkhuman, Vargoman 425, 427, 430, 433, 442
박트리아	Bactria 394~396, 399, 401~402, 407~409, 428, 444, 462
병령사	빙링쓰, 炳靈寺[Bǐnglíngsìi] 83, 86, 88, 91, 99
사마금룡	司馬金龍[sīmǎjīnlóng] 261~266, 293, 308, 320
사마르칸트	강거, Samarkand 425, 428, 429, 430, 437, 442, 446, 459, 469, 494
사마염	司馬炎[Sīmǎyán] 53, 90~91, 129
사혁	謝赫[Xièhè] 223, 225
서역	西域[Xīyù] 70, 73~74, 78~80, 82, 88, 91, 204, 290, 332, 335~337, 377, 408, 429

서왕모	西王母[Xīwángmǔ] 64, 119, 156, 158~159
서현수	徐顯秀[xúxiǎnxiù] 322~323, 326~328, 330, 332~333, 336~337, 377, 420, 491, 496, 498
선비족	鮮卑[Xiānbēi] 47, 49, 56~57, 264, 273, 275, 300, 305~308, 320, 322, 488
소그드인	속특, Sogdian 377~378, 388~389, 391, 396, 419~422, 428~429, 434, 437~447, 449, 451, 456, 458~460, 465~466, 472~476, 478~488, 490~491, 494~498, 503, 508, 511, 515~521
소그디아나	Sogdiana 422, 428, 430, 432, 434, 437~439, 441~444, 446, 449, 453, 455~459, 462, 465, 466, 480, 484~486, 515~516, 519
신장위구르	신장, 신장웨이우얼, 新疆省, 新疆維吾爾[Xīnjiāng Wéiwú'ěr] 70, 414, 422
아프라시압	아프로시압, Afrasiab 425, 430, 432, 434, 439, 442, 453, 455
알선동	嘎仙洞[Gāxiān Dòng] 273~274
알타이	Altai 24, 41, 44, 434
양자강	양쯔강, 장강, 揚子江[YángzǐJiāng] 56, 195, 262

오르도스	악이다사, 어얼둬쓰, 鄂爾多斯[Eěrduōsī] 22, 27, 29~30
우홍	虞弘[Yúhóng] 491~496, 500, 502, 504~507, 513
월주요	越州窯[Yuèzhōuyáo] 353~354, 358, 413
절강성	저장성, 浙江省[ZhèjiāngShěng] 354~355, 338, 342, 342~344, 355
조로아스터	Zoroaster 449, 450
조조	曹操[Cáo Cāo] 53, 112, 129, 227
종병	宗炳[Zōngbǐng] 205~209, 211, 214~216, 225
주천	주취안, 酒泉[Jiǔquán] 107~109, 111, 126, 151, 469, 472
중원	中原[Zhōngyuán] 19~20, 73, 112~115, 142, 153, 156, 178, 194~196, 257~268, 292, 300, 484, 489, 520
진시황	시황제, 진시황제, 秦始皇[Qínshǐhuáng] 16, 21~22, 29~30, 116~117, 169, 265
태원	타이위안, 太原[Tàiyuán] 308~309, 322, 476

판지켄트	판자켄트, 펜지켄트, Panjakent 442, 459~460, 463~465, 480, 516
하서회랑	하서주랑, 河西回廊[hexihuilang] 71~74, 79, 81, 83, 104, 107, 109~116, 126~127, 129~130, 137, 141~142, 144, 146, 151, 153~154, 159, 174, 290, 292, 469~470, 484, 489
황하	황허, 黃河[Huánghé] 19, 29, 72, 83, 86
효문제	孝文帝 299~300, 305~306, 308~309, 320,
흉노	匈奴[Xiōngnú] 18, 22, 24~25, 27~38, 43, 49, 50, 56, 107, 110, 151, 275, 437, 472, 520

본문에 나온 중요한 장소를 모아 구글 지도로 만들었습니다.
왼쪽의 QR코드로 접속하면 살펴볼 수 있습니다.

사진 제공

수록된 사진 중 일부는 노력에도 불구하고 저작권자를 확인하지 못하고 출간했습니다. 게재 허락을 받지 못한 사진에 대해서는 확인이 되는 대로 통상의 기준에 따라 사용료를 지불하겠습니다.
저작권을 기재할 필요가 없는 도판은 따로 표기하지 않았습니다.

― 1부 ―

문무왕릉 비석 ⓒ국립경주박물관

마구의 종류 ⓒ국사편찬위원회

흉노 카펫(부분) ⓒThe State Hermitage Museum / photo by Vladimir Terebenin

사슴장식(코스트롬스카야) ⓒKozuch

사슴장식(필리포브카) ⓒOleg Nabrovenkov

사르마트 금관 ⓒColonel Lobo

금관(금령총) ⓒ국립중앙박물관

건무 4년명 금동불좌상 ⓒAsian Art Museum of San Francisco

기련산 ⓒStefan Wagener

막고굴 제275굴 ⓒDunhuangAcademy

미륵보살상(간다라) ⓒsailko

미륵교각상(막고굴 제275굴) ⓒDunhuangAcademy

미륵교각상(섬서성) ⓒG41rn8

병령사 제169굴 내부 모습 ⓒLi Wenbo

칼리 제8굴 ⓒSatish Parashar / Shutterstock.com

병령사 제169굴의 명문 ⓒLi Wenbo

유마거사와 문수보살의 대담 ⓒLi Wenbo

벽화(병령사 제169굴) ⓒLi Wenbo

귀부인과 시녀들(수산리 고분) ⓒ동북아역사재단

다카마쓰츠카 고분 ⓒTsuyoshi chiba

T형 비단 ⓒSmarthistory

출행도 복원도 ⓒMaocheng / Dreamstime.com

대형 행렬도(안악 3호분) ⓒ동북아역사재단

위진벽화묘(전경) ⓒ김민수

위진벽화묘 6호분 입구 ⓒ김민수

위진벽화묘 6호분 무덤 통로 ⓒ김민수

천상 세계(위진벽화묘 6호분) ⓒ김민수

위진벽화묘 6호분 묘실 내부 ⓒ馬希平

천마도 ⓒ국립경주박물관

천마도 복원 모습 ⓒ김윤정

T형 비단의 천상세계 ⓒSmarthistory

묘주 초상화(안악 3호분) ⓒ동북아역사재단

백제금동대향로 ⓒ국립중앙박물관

백제금동대향로(다섯 악사) ⓒ국사편찬위원회

백제금동대향로(다섯 악기) ⓒ국립국악원

부엌 모습(안악 3호분) ⓒ동북아역사재단

– 2부 –

형산 ⓒ牛糞

군사 도용 행렬(사마금룡묘) ⓒBY Chu

칠기병풍 ⓒBY Chu

감계화(서현수묘) ⓒSiyuwj

운강 석굴 제20굴 ⓒZhangzhugang

수렵도(막고굴 제249굴) ⓒZhanghaobeibei / Dreamstime.com

효자고사도 ⓒThe Nelson~Atkins Museum of Art, Kansas City, Missouri

진파리 1호분 벽화 ⓒ국립중앙박물관

식사를 준비 중인 몽골 유목민 ⓒDmitryChulov / Shutterstock.com

황제예불도 ⓒMetropolitan Museum of Art

묘실 통로 서쪽 벽화(누예묘) ⓒShanxi Museum, Shanghai Museum

말을 탄 두 사람(누예묘) ⓒShanxi Museum, Shanghai Museum

기마병들(누예묘) ⓒShanxi Museum, Shanghai Museum

선비족 복식을 입은 병사들(누예묘) ⓒShanxi Museum, Shanghai Museum

묘실 통로 전경(서현수묘) ⓒJL Cogburn

오늘날 의장대 ⓒStock for you / Shutterstock.com

출행도(서현수묘) ⓒChina Modern Contemporary Art Document

생 ⓒPraktykantSiM

공후 ⓒWs227

망루 모형 ⓒ국립중앙박물관

유약 바르기 ⓒ국가유산청 무형유산기록관

토기 ⓒBritish Museum

자기(달항아리) ⓒ국립중앙박물관

이두호에 잠겨 있는 도자기 사금파리들 ⓒSiyuwj

사자 모양 뷜주 청자 ⓒZhangzhugang

월주 청자 ⓒTokyo Fuji Art Museum

불상이 있는 월주 청자 ⓒGary Todd

오름가마 불칸 모형 ⓒ강희정

전라남도 강진에서 발견된 만두요 가마터 ⓒ민족문화유산연구원

청자 계수호 ⓒ국립중앙박물관

흑유 계수호(수촌리 고분) ⓒ국립중앙박물관

청자 계수호(월산리 고분군) ⓒ국립중앙박물관

청자 계수호(중국) ⓒCleveland Museum of Art

녹유 첩화병 ⓒTop Pics

- 3부 -

소그드인 도용 ⓒPHGCOM

포도를 수확하는 아이들 ⓒIsogood_patrick / Shutterstock.com

상감청자 ⓒ국립중앙박물관

금속기를 장식한 트로이 전쟁 이야기 ⓒ강희정

금속기(페르시아 사산 왕조) ⓒHermitage Museum

손잡이를 장식한 에프탈인 두상 세부 ⓒ강희정

황금단지 ⓒ강희정

황금컵 ⓒ강희정

목걸이 ⓒ국립중앙박물관

연주문 장식이 있는 옷을 입은 사람들(아프라시압 궁전) ⓒ동북아역사재단

비단신 ⓒ강희정

사신들(아프라시압 궁전) ⓒ동북아역사재단

조우관을 쓴 고구려인 벽화 파편(쌍영총 고분) ⓒ국립중앙박물관

조우관을 쓴 고구려인 벽화 파편_일러스트 ⓒ동북아역사재단

씨름도 ⓒLove29son

아프라시압 궁전 서쪽 벽화 일러스트 ⓒDavide Mauro

납골기 ⓒZunkir

불의 제단 ⓒTadeusz Płodzie?

아데쉬카데 사원 ⓒOPIS Zagreb / Shutterstock.com

납골기 하단 세부 ⓒALFGRN

파담을 착용한 조로아스터교 사제들(왼쪽) ⓒ동북아역사재단

파담을 착용한 조로아스터교 사제들(오른쪽) ⓒsailko

나우스 ⓒmaximus101

나나 여신 복원도 ⓒPascal Coconnier

나나 여신이 표현된 쿠샨 왕조 동전 ⓒBritish Museum

키벨레 ⓒMetropolitan Museum of Art

두르가와 마히샤수라의 전투 ⓒSeenema

소그드어 편지 ⓒBridgeman Images

백자 각배 ⓒBritish Museum

당나라 과소 ⓒ강희정

석관 받침(미호박물관) ⓒMiho Museum

부부 연회(미호박물관) ⓒMiho Museum

페르시아 사산 왕조 은접시 ⓒNasser~sadeghi

장례 장면(미호박물관) ⓒMiho Museum

나나 여신(미호박물관) ⓒMiho Museum